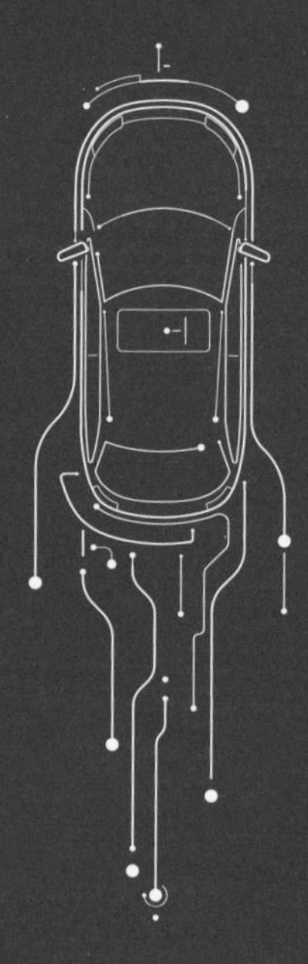

U0423594

新能源与智能汽车技术丛书

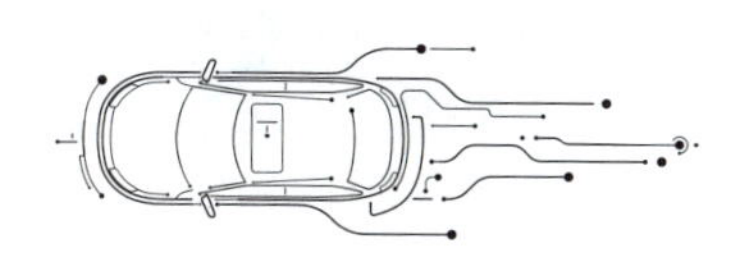

Introduction to
Electric Vehicles Technology

# 新能源汽车技术导论

田晋跃 编

化学工业出版社
·北京·

**内容简介**

本书分为基础篇、技术篇、控制篇、网络篇和安全篇进行介绍，重点阐述不同类型新能源汽车的新技术，包括混合动力汽车（HEV）、纯电动汽车（BEV）、燃料电池汽车（FCV）、插电式混合动力汽车（PHEV）等，并结合新能源汽车整车开发实例，系统讲解了传统电机、先进电机、电池能源以及新能源汽车底盘技术、新能源汽车的安全装置等内容。

全书图文并茂，结合实际，放眼未来，便于读者学习和应用。通过本书的阅读，读者可以了解新能源汽车技术的基本概念和特点，了解当前主流的新能源汽车技术，以及对未来新能源汽车发展的趋势进行预测。

本书可为有兴趣挑战新能源汽车技术领域相关未知问题的大学生、科研人员、工程师、技术经理等提供参考，也可作为新能源汽车专业的研究生教材。

**图书在版编目（CIP）数据**

新能源汽车技术导论 / 田晋跃编. -- 北京 : 化学工业出版社， 2025. 2. -- （新能源与智能汽车技术丛书）. -- ISBN 978-7-122-46828-4

Ⅰ. U469.7

中国国家版本馆 CIP 数据核字第 2024AV7150 号

责任编辑：黄　滢　　　　装帧设计：王晓宇
责任校对：田睿涵

出版发行：化学工业出版社
（北京市东城区青年湖南街 13 号　邮政编码 100011）
印　　装：北京云浩印刷有限责任公司
787mm×1092mm　1/16　印张 13½　字数 348 千字
2025 年 5 月北京第 1 版第 1 次印刷

购书咨询：010-64518888　　　　售后服务：010-64518899
网　　址：http://www.cip.com.cn
凡购买本书，如有缺损质量问题，本社销售中心负责调换。

定　　价：128.00 元　

# 前言

在全球能源危机和环境污染压力日益增大的背景下，新能源汽车技术的研发和应用已成为世界各国汽车工业发展的重要战略方向。作为一本全面介绍新能源汽车技术的导论书籍，本书旨在为读者提供一个系统、深入了解新能源汽车技术的平台，帮助读者更好地理解这一领域的现状和发展趋势。

本书从新能源汽车的基本概念入手，详细介绍了各类新能源汽车的技术原理、结构特点、性能指标以及应用前景，内容涵盖了纯电动汽车、混合动力汽车、燃料电池汽车等多种类型的新能源汽车，同时涉及新能源汽车的关键技术，如电池技术、电机技术、电机控制技术等。本书编写采用基础篇、技术篇、控制篇、网络篇和安全篇的分类方式，将新能源汽车的复杂技术分解为更易于理解的部分，便于读者更好地掌握相关概念和原理。通过本书的阅读，读者可以了解新能源汽车技术的基本概念和特点，了解当前主流的新能源汽车技术，以及未来新能源汽车发展的趋势。从而为进一步研究和应用新能源汽车技术打下坚实的基础。

本书适合作为高等院校汽车相关专业的教学用书，对于从事新能源汽车技术研发和应用的工程技术人员也具有重要的参考价值。

希望本书能够为读者提供全面、准确的信息，帮助读者更好地理解新能源汽车技术，并为相关行业的从业人员、学者和决策者提供参考及指导。

在撰写本书的过程中，笔者力求内容的系统性和完整性，同时也注重实用性和可读性。希望通过本书的出版，能够为推动我国新能源汽车技术的发展和普及做出一定的贡献。

由于新能源汽车技术发展迅速，新成果、新进展不断涌现，加之编者水平有限，书中难免存在不足之处，恳请读者批评指正。

编　者

# 目录

## 第1篇　基础篇

## 第2篇 技术篇

## 第3篇 控制篇

# 第4篇 网络篇

## 第5篇 安全篇

第
1
篇

# 基础篇

# 第1章 绪论

自20世纪80年代开始，基于对能源和环境方面的长远考虑，世界上很多国家越来越重视清洁能源的开发和应用，目前全世界各种清洁能源汽车的保有量已近千万辆。其中电动汽车、混合动力汽车和燃料电池汽车（统称“新能源汽车”）的研发也取得了可喜的进展，在各国政府及社会的积极支持下，加大了电池等关键部件、整车技术路线、一体化动力传动、控制技术、设计理论、系统集成、工艺工装、标准法规和示范应用等研究开发，其技术已日趋成熟，新能源汽车的产量、保有量和车型覆盖面迅速增长。

在中国，新能源汽车发展很快，可以预见，在未来的汽车市场中新能源汽车将占有较大的份额。近年来，新能源汽车年销量已占汽车总销量的25%，新能源汽车保有量占汽车总保有量的32%。

## 1.1 新能源和新能源汽车

什么是新能源？1980年联合国召开的“联合国新能源和可再生能源会议”对新能源的定义为：以新技术和新材料为基础，使传统的可再生能源得到现代化的开发和利用，使用取之不尽、周而复始的可再生能源取代资源有限、对环境有污染的化石能源，重点开发太阳能、风能、生物质能、潮汐能、地热能和核能。由此可见，这里所定义的新能源首先是可再生能源，且取之不尽、周而复始，其次是取代对环境有污染的化石能源，即煤、石油制品（汽油、柴油）等。对于新能源汽车，2007年11月我国在《新能源汽车生产企业及产品准入管理规则》中定义：新能源汽车是指采用非常规的车用燃料作为动力来源（或使用常规的车用燃料、采用新型车载动力装置），综合车辆的动力控制和驱动方面的先进技术，形成技术原理先进，具有新技术、新结构的汽车。由此确定了新能源汽车的范围，即新能源汽车包括混合动力汽车（HEV）、纯电动汽车（BEV，包括太阳能汽车）、燃料电池汽车（FCEV）和其他新能源（如超级电容器、飞轮等高效储能器）汽车等。其特征在于能耗低、污染物排放少。

为加快新能源汽车的发展，2009年2月6日我国出台了《节能与新能源汽车示范推广财政补助资金管理暂行办法》。该办法决定，在北京、上海等13个城市开展节能与新能源汽车示范推广试点工作，以财政政策鼓励在公交、出租、公务、环卫和邮政等公共服务领域率先推广使用节能与新能源汽车，对推广使用单位购买节能与新能源汽车给予补助。节能40%以上的混合动力汽车，每辆车可获5万元的财政补贴；而燃料电池汽车的每辆车补贴为25万元；购车补贴标准最高的为最大电功率比50%以上的燃料电池公交汽车，每辆车可获60万元的推广补助，而对长度10m以上的混合动力城市公交汽车，则分为使用铅酸电池和使用镍氢电池、锂离子电池两类，最高补贴额分别为8万元/辆和42万元/辆；纯电动汽车补贴标准为50万元/辆。

2020年12月，我国发布《关于进一步完善新能源汽车推广应用财政补贴政策的通知》，规定了2021年新能源汽车的政策方向和技术标准，新能源乘用车补贴方案见表1-1，新能源客车补贴方案见表1-2，新能源货车补贴方案见表1-3。

**表1-1　2021年新能源乘用车补贴方案**　　单位：万元

| 车辆类型 | 纯电动续驶里程 $R$(工况法)/km | | |
|---|---|---|---|
| | $300 \leqslant R < 400$ | $R \geqslant 400$ | $R \geqslant 50$ |
| 纯电动乘用车 | 1.3 | 1.8 | — |
| 插电式混合动力乘用车(含增程式) | — | | 0.68 |

注：1. 纯电动乘用车单车补贴金额＝Min{里程补贴标准，车辆带电量×400元}×电池系统能量密度调整系数×车辆能耗调整系数。

2. 对于非私人购买或用于营运的新能源乘用车，按照相应补贴金额的0.7倍给予补贴。

**表1-2　2021年新能源客车补贴方案**

<table>
<tr><th rowspan="2">车辆类型</th><th rowspan="2">中央财政补贴标准/[元/(kW·h)]</th><th rowspan="2" colspan="3">中央财政补贴调整系数</th><th colspan="3">中央财政单车补贴上限/万元</th></tr>
<tr><th>6m<车长≤8m</th><th>8m<车长≤10m</th><th>车长>10m</th></tr>
<tr><td rowspan="3">非快充类纯电动客车</td><td rowspan="3">400</td><td colspan="3">单位载质量能量消耗量/[W·h/(km·kg)]</td><td rowspan="3">2.0</td><td rowspan="3">4.4</td><td rowspan="3">7.2</td></tr>
<tr><td>0.18(含)～0.17</td><td>0.17(含)～0.15</td><td>0.15及以下</td></tr>
<tr><td>0.8</td><td>0.9</td><td>1</td></tr>
<tr><td rowspan="3">快充类纯电动客车</td><td rowspan="3">720</td><td colspan="3">快充倍率 C</td><td rowspan="3">1.6</td><td rowspan="3">3.2</td><td rowspan="3">5.2</td></tr>
<tr><td>3C～5C(含)</td><td>5C～15C(含)</td><td>15C以上</td></tr>
<tr><td>0.8</td><td>0.9</td><td>1</td></tr>
<tr><td rowspan="3">插电式混合动力(含增程式)客车</td><td rowspan="3">480</td><td colspan="3">节油率水平</td><td rowspan="3">0.8</td><td rowspan="3">1.6</td><td rowspan="3">3.04</td></tr>
<tr><td>60%～65%(含)</td><td>65%～70%(含)</td><td>70%以上</td></tr>
<tr><td>0.8</td><td>0.9</td><td>1</td></tr>
</table>

注：单车补贴金额＝Min｛车辆带电量×单位电量补贴标准；单车补贴上限｝×调整系数（包括：单位载质量能量消耗量系数、快充倍率系数、节油率系数）。

**表1-3　2021年新能源货车补贴方案**

| 车辆类型 | 中央财政补贴标准/[元/(kW·h)] | 中央财政单车补贴上限/万元 | | |
|---|---|---|---|---|
| | | N1类 | N2类 | N3类 |
| 纯电动货车 | 252 | 1.44 | 2.8 | 4.0 |
| 插电式混合动力(含增程式)货车 | 360 | — | 1.6 | 2.52 |

注：根据GB/T 15089—2001，N1类指最大设计总质量不超过3500kg的载货汽车；N2类指最大设计总质量超过3500kg，但不超过12000kg的载货汽车；N3类指最大设计总质量超过12000kg的载货汽车。

为创造稳定的政策环境，2022年保持现行购置补贴技术指标体系框架及门槛要求不变。

根据财政部、工业和信息化部、科技部、发展改革委发布的《关于完善新能源汽车推广应用财政补贴政策的通知》(财建〔2020〕86号)中“综合技术进步、规模效应等因素，将新能源汽车推广应用财政补贴政策实施期限延长至2022年底”要求，2022年新能源汽车购置补贴政策于2022年12月31日终止，2022年12月31日之后上牌的车辆不再给予补贴。政府的相关政策保持了新能源汽车产业良好发展势头。

2019年国家提出的新能源汽车的政策方向和技术标准如下。

**(1) 新能源乘用车的技术要求**

① 纯电动乘用车30min最高车速不低于100km/h。

② 纯电动乘用车工况法续驶里程不低于250km。插电式混合动力乘用车（含增程式）工况法续驶里程不低于50km。

③ 纯电动乘用车动力电池系统的质量能量密度不低于125W·h/kg，125（含）～140W·h/kg的车型按0.8倍补贴，140（含）～160W·h/kg的车型按0.9倍补贴，160W·h/kg及以上的车型按1倍补贴。

④ 根据纯电动乘用车能耗水平设置调整系数。纯电动乘用车整车能耗比《关于调整完善新能源汽车推广应用财政补贴政策的通知》(财建〔2018〕18号)规定门槛提高10%（含）～20%的车型按0.8倍补贴，提高20%（含）～35%的车型按1倍补贴，提高35%（含）以上的车型按1.1倍补贴。

⑤ 工况法。纯电续驶里程低于80km的插电式混合动力乘用车B状态燃料消耗量（不含电能转化的燃料消耗量）与现行的常规燃料消耗量国家标准中对应限值相比小于60%，比值介于55%（含）～60%之间的车型按0.5倍补贴，比值小于55%的车型按1倍补贴。工况法纯电续驶里程大于等于80km的插电式混合动力乘用车，其A状态百公里耗电量应满足纯电动乘用车2019年门槛要求。

**(2) 新能源客车的技术要求**

① 非快充类纯电动客车单位载质量能量消耗量（$E_{kg}$）不高于0.19W·h/(km·kg)，电池系统能量密度不低于135W·h/kg，续驶里程不低于200km（等速法）。计算$E_{kg}$值所需的附加质量按照《关于2016—2020年新能源汽车推广应用财政支持政策的通知》(财建〔2015〕134号)执行，能量消耗率按《电动汽车　能量消耗率和续驶里程　试验方法》(GB/T 18386—2017)测试（新能源货车也按此计算）。

② 快充类纯电动客车快充倍率要高于3$C$。

③ 插电式混合动力客车（含增程式）节油率水平要高于60%。对于燃用气体燃料的插电式混合动力客车，以油电混合动力客车为基准按照一定比例进行折算。插电式混合动力客车（含增程式）纯电续驶里程不低于50km（等速法）。

④ 取消新能源客车电池系统总质量占整车整备质量比例不高于20%的门槛要求。

**(3) 新能源货车的技术要求**

① 纯电动货车装载动力电池系统能量密度不低于125W·h/kg。

② 纯电动货车单位载质量能量消耗量（$E_{kg}$）不高于0.30W·h/(km·kg)。作业类纯电动专用车吨百公里电耗（按试验质量）不超过8kW·h。

③ 插电式混合动力货车（含增程式）燃料消耗量（不含电能转化的燃料消耗量）与现行的常规燃料消耗量国家标准中对应限值相比小于60%。

④ 纯电动货车续驶里程不低于80km。插电式混合动力货车（含增程式）纯电续驶里程不低于50km。

## 1.2 新能源汽车分类

新能源汽车包括纯电动汽车、混合动力汽车和燃料电池汽车三种类型。配置大容量电能储存装置，行驶的里程中全部或部分由电机驱动完成的汽车统称为新能源汽车。而清洁能源汽车除包括新能源汽车外，也包括以压缩天然气（CNG）、液化石油气（LPG）和液化天然气（LNG）为燃料的汽车。

与传统汽车相比，清洁能源汽车是采用非常规的车用燃料作为动力来源（或使用常规的车用燃料，但采用新型车载动力装置），综合车辆的动力控制和驱动等方面的先进技术，形成的技术原理先进，具有新技术、新结构的汽车。

**(1) 纯电动汽车**

纯电动汽车（battery electric vehicle，BEV）是完全由可充电电池（如铅酸电池、镍镉电池、镍氢电池或锂离子电池）提供动力源的汽车。铅酸电池能量密度低且污染严重，以铅酸电池为动力的低速电动汽车是不列入新能源汽车行列的，主要是因为其不能满足高速电动汽车（以后称电动汽车）的性能指标，但铅酸电池做混合动力汽车的电源是可以的。

如图 1-1 所示为纯电动汽车底盘外形。虽然纯电动汽车已有 130 多年的历史，但一直仅限于在某些特定范围内应用，市场较小。主要是由于各种类别的蓄电池普遍存在价格高、寿命短、外形尺寸和重量大、充电时间长等严重缺点。

图 1-1　纯电动汽车底盘外形

**(2) 混合动力汽车**

混合动力汽车是指使用电机和传统内燃机联合驱动的汽车，按动力耦合方式的不同可以分为串联式(图 1-2)、并联式(图 1-3) 和混联式(图 1-4)。混联式按驱动方式又分为油电混合动力汽车（HEV）和插电式混合动力汽车（PHEV）。

混合动力汽车的主要特点在于：采用小排量的发动机降低了燃油消耗；将制动和下坡时的能量回收到蓄电池中再次利用，降低了燃油消耗；在繁华市区，可关停内燃机，由电机单独驱动，实现“零排放”。

**(3) 燃料电池汽车**

燃料电池汽车（FCEV）是利用氢气和空气中的氧在催化剂的作用下，在燃料电池中经电化学反应产生电能进行驱动的汽车。其特点主要表现在：燃料电池的能量转换效率可高达 60%～80%，为内燃机的 2～3 倍；燃料电池零排放，不会污染环境。氢燃料来源不依赖石油燃料，如图 1-5 所示。

图 1-2　串联式混合动力汽车底盘外形

图 1-3　并联式混合动力汽车底盘外形

图 1-4　混联式混合动力汽车底盘外形

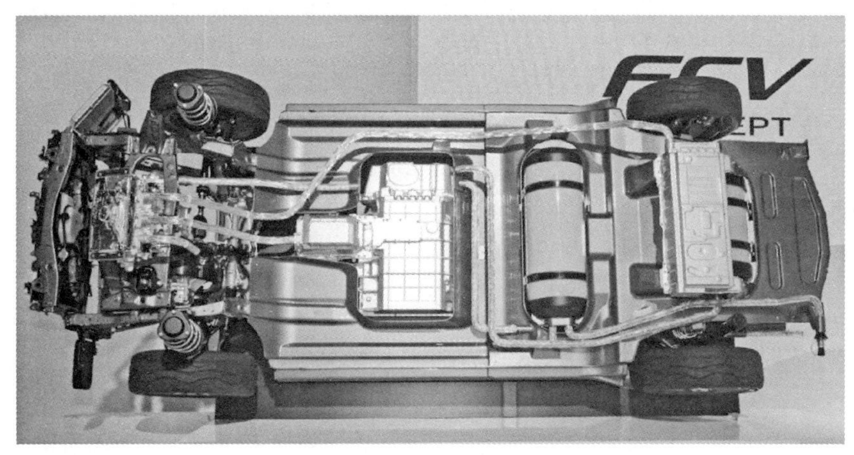


图 1-5 燃料电池汽车底盘外形

## 1.3 新能源汽车关键技术

**(1) 电机技术**

面向混合动力大规模产业化需求，开发混合动力发动机/电动机总成（发动机+ISG/BSG）和机电耦合传动总成（电动机+变速器），形成系列化产品和市场竞争力，为混合动力汽车大规模产业化提供技术支撑。面向纯电驱动大规模商业化需求，开发纯电动汽车驱动电机及其传动系统系列，同步开发配套的发动机/发电机组（APU）系列，为实现纯电动汽车大规模商业化提供技术支撑。面向下一代纯电驱动系统技术攻关，从新材料/新结构/自传感电机、IGBT芯片封装和驱动系统混合集成、新型传动结构等方面着手，开发高效率、高材料利用率、高密度和适应极限环境条件的电力电子、电动机与传动技术，探索下一代车用电机驱动及其传动系统解决方案，满足电动汽车可持续发展需求。

**(2) 电池技术**

以动力电池模块为核心，实现我国以能量型锂离子动力电池为重点的车用动力电池大规模产业化突破。以车用能量型动力电池为主要发展方向，兼顾功率型动力电池和超级电容器的发展，全面提高动力电池输入输出特性、安全性、一致性、耐久性和性价比等综合性能；强化动力电池系统集成与热-电综合管理技术，促进动力电池模块化技术发展；实现车用动力电池模块标准化、系列化、通用化，为支撑纯电驱动电动汽车的商业化运营模式提供保障；瞄准国际前沿技术，深入开展下一代新型车用动力电池自主创新研发，为电动汽车产业中长期发展进行技术储备；重点研究新型锂离子动力电池，研究新型锂离子动力电池设计、性能预测、安全评价及安全性新技术。新体系动力电池方面，重点研究金属空气电池、多电子反应电池和自由基聚合物电池等，并通过实验技术验证，建立动力电池创新发展技术研发体系。通过新型锂离子动力电池和新体系动力电池的探索，确立我国下一代车用动力电池的主导技术路线。

**(3) 电控技术**

重点开发混合动力专用发动机先进控制算法（满足国Ⅵ以上排放法规）、混合动力系统先进实时控制网络协议、多部件间的转矩耦合和动态协调控制算法，研制高性能的混合动力系统（整车）控制器，满足混合动力汽车大规模产业化技术需求。重点开发先进的纯电驱动汽车分布式、高容错和强实时控制系统，高效、智能和低噪声的电动化总成控制系统（电动空调、电动转向、制动能量回馈控制系统），电动汽车的车载信息、智能充电及其远程监控技术，满足纯电动汽车大规模生产需要。

重点开发基于新型电动机集成驱动的一体化底盘动力学控制、高性能的下一代整车控制器及其专用芯片、电动汽车智能交通系统（ITS）与车网融合技术（V2X，包括 V2G——汽车到电网的链接、V2H——汽车到家庭的链接、V2V——汽车到汽车的链接等网络通信技术），为下一代纯电驱动汽车开发提供技术支撑。

**(4) 纯电动汽车整车技术**

以小型纯电动汽车关键技术研发作为纯电动汽车产业化突破口，开发纯电动小型轿车系列产品，并实现大规模商业化；开发公共服务领域纯电动商用车并大规模商业化推广；加大插电式混合动力电动汽车研发力度，开发系列化插电式混合动力轿车和商用车系列产品。

小型纯电动汽车方面，针对大规模商业化需求，开发系列化特色纯电驱动车型及其能源供给系统，并探索新型商业化模式。实现小型纯电动汽车关键技术突破，重点掌握电气系统集成、动力系统匹配和整车热-电综合管理等技术。开发出舒适、安全、性价比高的小型纯电动轿车系列产品。

纯电动商用车方面，重点研究整车 NVH、轻量化、热管理、故障诊断、容错控制与电磁兼容及电安全技术。

插电式混合动力汽车方面，掌握插电式混合动力构型及专用发动机系统研发技术；突破高效机电耦合技术，轻量化、热管理、故障诊断、容错控制与电磁兼容技术，电安全技术；开发出高性价比、可满足大规模商业化需求的插电式混合动力轿车和商用车系列产品。

**(5) 混合动力汽车整车技术**

针对常规混合动力汽车大规模产业化需求，开展系列化混合动力系统总成开发，协调控制、能量管理等关键技术攻关和整车产品的产业化技术研发，将节能环保发动机开发与电动化技术有机结合，重点突破产品性价比，形成市场竞争优势；突破混合动力汽车产业化关键技术，构建混合动力汽车零部件配套保障体系，开展批量化生产装备与工艺、质量管理体系及配套的维修检测设备开发，建成混合动力汽车专用的装配、检测、检验生产线。

中度混合动力方面，突破混合动力汽车关键技术，深化发动机控制技术研究，解决动力源工作状态切换和动态协调控制，以及能源优化管理，掌握整车故障诊断技术，进一步提高整车的可靠性、耐久性、性价比，开发出高性价比、具有市场竞争力、可大规模产业化的混合动力汽车系列产品。

深度混合动力方面，突破混合动力系统构型技术和能量管理协调控制技术，开发深度混合动力新构型；开发出高性价比、可大规模批量生产的深度混合动力轿车和商用车产品。

**(6) 燃料电池汽车整车技术**

面向高端前沿技术突破需求，基于高功率密度、长寿命、高可靠性的燃料电池发动机技术，突破新型氢-电结构耦合安全性等关键技术，攻克适应氢能源供给的新型全电气化底盘驱动系统平台技术，研制出达到国际先进水平的燃料电池轿车等汽车，并进行工业考核；掌握车载供氢系统技术，实现关键部件的自主开发，掌握下一代燃料电池汽车动力系统平台技术，研制下一代燃料电池轿车等汽车产品，并进行运行考核。

为了加速推进新能源汽车产业市场化进程，电动汽车科技规划将紧跟电动汽车产业和新能源、新材料等新型经济发展，把握关键重点，在下一代电机电控系统、新能源汽车的智能化技术和安全等重点领域开展技术攻关。

在动力电池方面，要加强新材料的研究与应用，如开展高电压材料、副离层材料、硅碳负极板材料等多元新材料的研究以及电极、电解质的研究来提高电池性能；研发高功率极片、电芯结构的电池组，尽早实现专利布局；在正负极、锂离子电池生产方面提质量、降成本，进行基础关键技术的研发。

在电机方面，聚焦驱动电机，研发高性能电力电池装置，开发出高效量轻的电池系统，提升电机系统的核心竞争力。在整车控制和信息系统方面，要瞄准电动汽车与信息化技术相互融合的新趋势，鼓励企业将互联网技术与新能源汽车技术结合，将智能电网、移动互联网、物联网、大数据等信息技术深深地融入新能源汽车技术创新和推广应用中，大力开展智能化电动汽车、充电设施的研发。

# 第2章 新能源汽车底盘技术

底盘技术水平的高低决定了汽车产品的性能和质量。底盘设计考虑的关键在于满足整车性能的各项指标。底盘通常包括传动系统、转向系统、悬架系统、制动系统和车轮等，与这些系统直接相关的整车性能有制动性、操稳性和平顺性。底盘的性能则决定了汽车的可靠性、舒适性、安全性、动力性和经济性。

底盘是整个汽车的基体，支承汽车动力装置、车身等各种零部件，同时将汽车动力装置的动力进行分配和传递，并使汽车按照驾驶员的意志行驶（加速、减速、转向、制动等）。

传统汽车的重要构成部分就是汽车发动机。电动汽车中纯电动汽车和氢燃料汽车最重要的一点就是在底盘设计中取消了汽车发动机设备，相对应的转向系统、制动系统也有自己独有的设计特色；电动汽车中混合动力汽车增加了电机驱动的模式，其传动形式和控制方法也变化较大。

## 2.1 汽车底盘组成

汽车底盘由传动系统、行驶系统（悬架系统）、转向系统和制动系统四大部分组成，其功用为接收汽车动力装置的动力，使汽车运动并保证汽车能够按照驾驶员的操作正常行驶。

### 2.1.1 传动系统

功用：将发动机发出的动力传递给驱动车轮，使汽车在各种不同的工况下均能正常行驶，并具有良好的经济性和动力性。

汽车在运行过程中需要具有减速、变速、倒车、中断动力、轮间差速和轴间差速等功能，具体要点如下。

① 减速：通过传动系统的作用，使驱动轮的转速降低为发动机转速的若干分之一，相应驱动轮所得到的转矩增大到发动机转矩的若干倍。

② 变速：保持发动机在有利的转速范围内工作，汽车牵引力又在足够大的范围内变化。

③ 倒车：在传动系统的变速器中加设倒挡，使汽车能在某些情况下倒车。

④ 中断传动：发动机只能在无负荷情况下启动，而且启动后转速必须保持在最低稳定转速以上，所以在汽车起步以前，必须将发动机与驱动轮之间的传动路线切断，即传动系统的中断传动作用。

⑤ 差速作用：汽车转弯时，左右车轮滚过的距离不同，传动系统的差速作用可以使左右两驱动轮以不同的角速度旋转。

不同的汽车，其底盘的组成稍有不同。如对于载货汽车及部分轿车，其底盘一般由离合器、手动变速器、万向传动装置、驱动桥等组成；而现在轿车中采用自动变速器的越来越多，其底盘包括自动变速器、万向传动装置、驱动桥等，即用自动变速器取代了离合器和手动变速器；如果是越野汽车以及部分 SUV（运动型多功能车），还应包括分动器。如图 2-1 所示是新能源汽车集成动力传动总成示意。

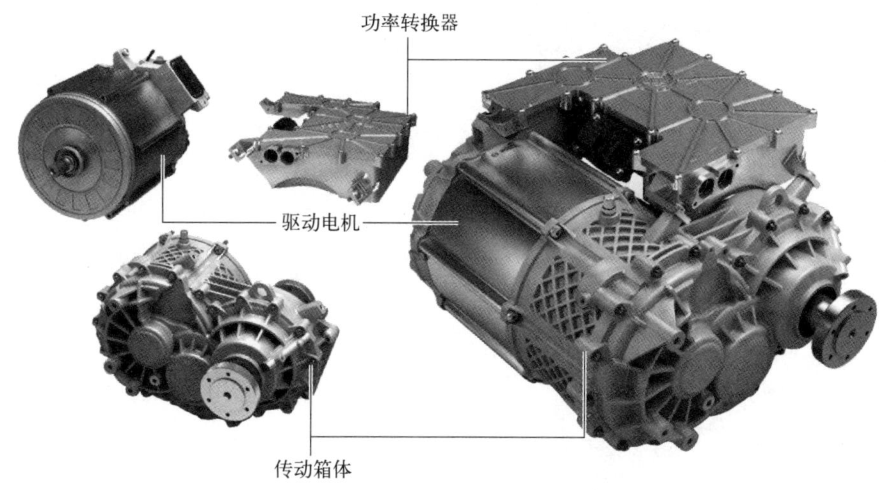

图 2-1 新能源汽车集成动力传动总成示意

## 2.1.2 行驶系统（悬架系统）

行驶系统的功用是支承、安装汽车的各零部件总成，传递和承受车上、车下各种载荷，以保证汽车的正常行驶，主要由车架（车身）、车桥、悬架、车轮等组成。

悬架系统作为影响整车性能的重要系统，其自重对整车载荷的影响较大。当前新能源汽车悬架普遍为传统汽车的悬架结构，技术进步的方向是优化悬架系统的控制，提高车辆的安全性和平顺性。传统汽车的悬架系统大多采用板簧结构，其自重大、占据空间大，无法有效优化整车载荷、提高新能源汽车的续驶里程。

悬架系统主要有导向元件、弹性元件和阻尼元件三大组成部分（图 2-2），其中导向元件主要有推力杆、导向臂、摆臂等，弹性元件主要有钢板弹簧、螺旋弹簧、扭杆弹簧、橡胶弹簧、油气弹簧及空气弹簧等，阻尼元件主要有减振器、转向阻尼器等。

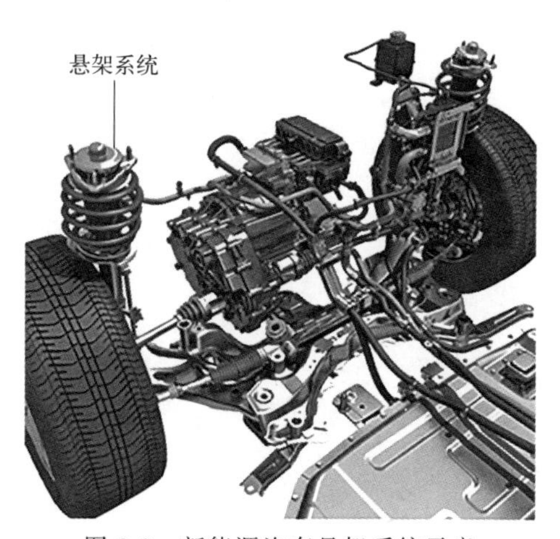

图 2-2 新能源汽车悬架系统示意

## 2.1.3 转向系统

转向系统的功用是保证汽车能够按照驾驶员选定的方向行驶，主要由转向操纵机构、转向器、转向传动机构组成。现在的新能源汽车普遍采用动力转向装置。如图 2-3 所示为新能源汽车动力转向装置。

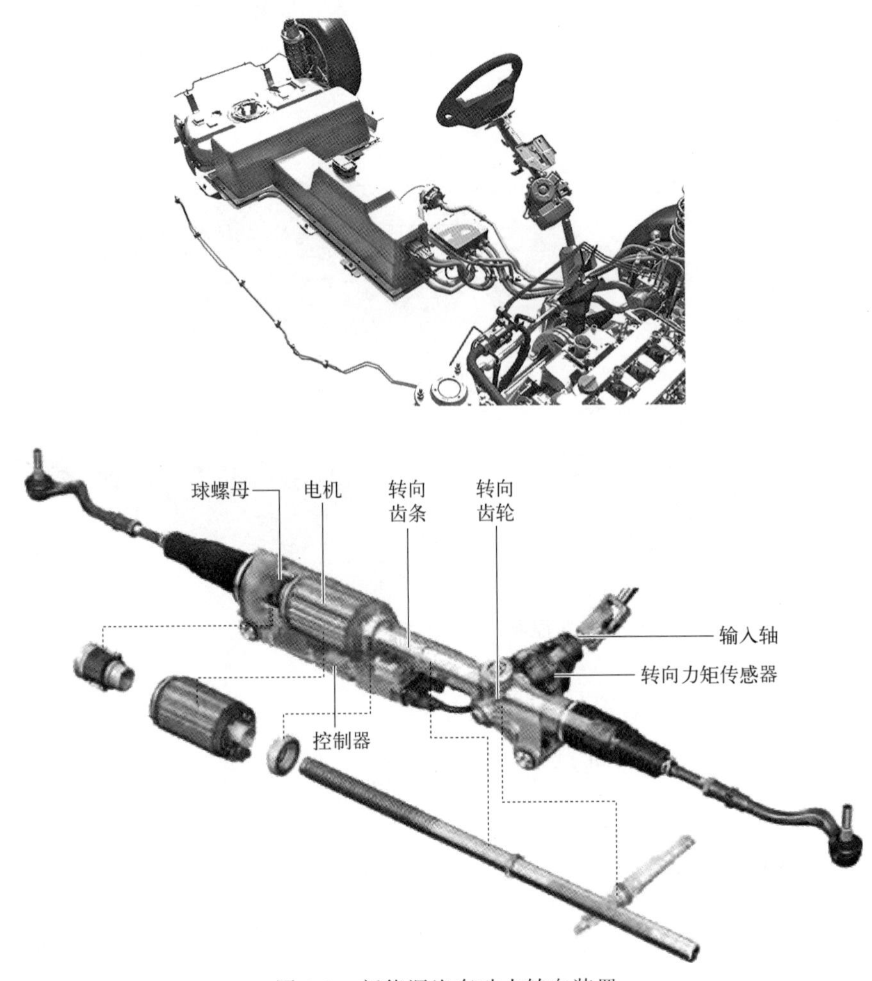


图 2-3 新能源汽车动力转向装置

**（1）新能源汽车自动转向系统**

自动转向系统控制通常指通过控制新能源汽车的行驶方向，让新能源汽车可以依照规划完成的路径行驶。由于需要多种技术的融合才能保证新能源汽车安全稳定地行驶在道路环境中，因此新能源汽车自动转向系统是一个需要不断完善的复杂技术研究平台。

新能源汽车自动转向控制架构组成简图如图 2-4 所示。对新能源汽车自动转向控制进行研究时，为了能够让新能源汽车在转向控制的过程中更接近驾驶员操作的转向控制过程，新能源汽车自动转向系统需要通过环境感知系统获得的车辆位姿信息（航向角、横向位置、转向角等），结合路径规划系统给出的目标路径信息，基于新能源汽车自动转向实时的状态信息，通过合理的控制算法计算出转向轮的理想转向角，然后将控制转角指令传送给转向执行机构，完成相应的操作动作并反馈转向状态信息。在整个车辆转向控制的过程中，车辆基于自身的状态不断地纠正自己的方向偏差，同时不断调整车辆的转向角，最终实现自动的转向控制，完成新能源汽车的路径跟踪。

**（2）新能源汽车自动转向系统架构**

新能源汽车自动转向系统是集环境感知、规划决策、运动控制三大模块为一体的复杂平台，新能源汽车自动转向系统关键技术的系统架构如图 2-5 所示。

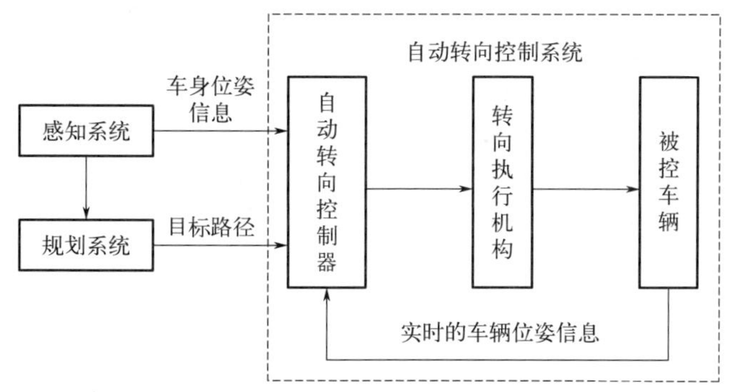


图 2-4　新能源汽车自动转向控制架构组成简图

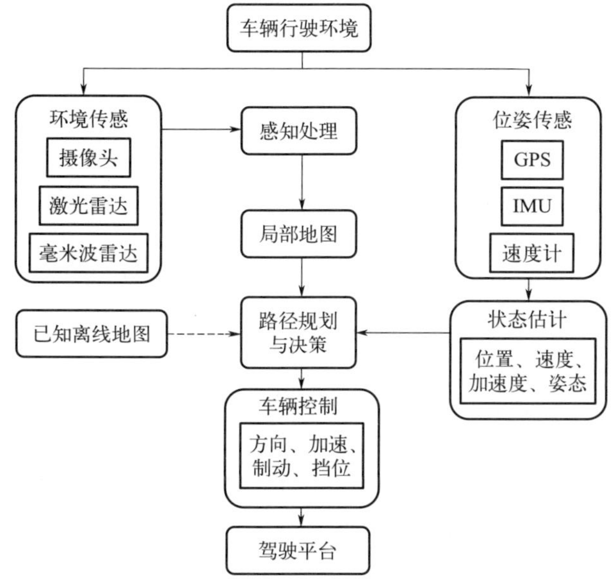


图 2-5　新能源汽车自动转向系统关键技术的系统架构

① 环境感知模块。该部分等同于驾驶员的耳朵和眼睛，摄像头和雷达是环境感知模块对道路交通环境实施探测的传感器，为提高自动转向系统的可靠性，逐渐出现了多传感器如摄像头、激光雷达、毫米波雷达等信息的融合技术，从而获得行车周边环境情况及自身状态，这将为接下来的规划决策与运动控制做好环境信息准备，同时预想到不久将来车辆的智能网联化，即利用 V2X 技术来达到与附近车辆和公共交通基础设施的信息互联，将会推进车辆智能网联化的快速发展。

② 规划决策模块。车辆感知模块在完成了对路况的探测及状态信息的采集后，把融合的信息下传给该模块，进行相对应的规划决策。该模块依据接收到的路况环境和车辆信息，规划出一条最佳的汽车驾驶路径，让车辆具有与熟练司机一样的决策处理功能。该模块在算法调试阶段，大部分研究者都会优先考虑使用工控机来作为实现算法的控制器硬件，得益于工控机嵌入式设备配套软件的多样化，运行稳定性相对更高。

③ 运动控制模块。该部分向被控的车辆发送指令，让被控车辆沿着之前规划的期望轨迹行驶。本模块所扮演的角色是整个系统的执行层，该部分的控制核心包括横向的转向功能控制和纵向的车辆速度控制两部分，与司机操控车辆方向盘、刹车踏板、加速踏板等让汽车遵循司机的意愿行进相似。然而，大概率情况下为了确保车辆的行驶安全性、舒适性以及稳

定性，需要考虑横向、纵向、垂向的综合控制，它们之间存在耦合关系，这种关系的稳定性和复杂性是实现运动精确控制的重点与难点。由于计算机技术的不断更新换代，也随之逐渐提高了控制器的运算性能，使得汽车自动转向系统运动控制的实时性有了强劲的保障。

新能源汽车自动转向技术是包含内容众多的复杂工程。现阶段有一部分品牌的汽车都装有不同的智能辅助系统，这就是自动转向的雏形，是向着自动转向过渡的初级阶段。比如已经出现的智能泊车系统、自动倒车系统都能体现出环境感知和运动控制的踪迹。显然，无论是辅助驾驶还是自动转向技术，转向控制技术都将会是必不可少的一个重要环节。

## 2.1.4 制动系统

制动系统的功用是使汽车减速、停车并能保证可靠驻停。汽车制动系统一般包括行车制动系统和驻车制动系统两套相互独立的结构，每套制动系统都包括制动器和制动传动机构。现在汽车的行车制动系统一般都装配有制动防抱死系统（ABS）。

根据车辆制动原理，路面所提供的最大制动减速度为峰值附着系数状态下，预测路面峰值附着系数作为制动系统压力阈值可以实现最大制动力的极限制动。因此，考虑路面实时附着特性有助于准确计算所需制动压力控制量，从而实时判断车辆自身安全状态。

**（1）新能源汽车主动制动原理**

新能源汽车施加在从动轮缸上的期望制动压力值就是车辆 ECU 控制系统根据周围环境实时向新能源汽车发送命令，来保证新能源汽车安全行驶的压力值。其中，期望制动压力取决于期望加速度与实时车速。

利用实时识别的路面峰值附着系数获得期望制动加速度，通过逆制动系统模型将期望制动加速度转化为期望制动压力阈值。新能源汽车 ECU 控制系统通过制动踏板模拟器计算所需制动压力，由制动执行机构判断当前车辆所处的制动场景并发出制动信号给压力控制器快速响应，由车轮上的制动器实时输出实际制动力并作用到轮胎上，实现车辆自动制动过程（图 2-6）。

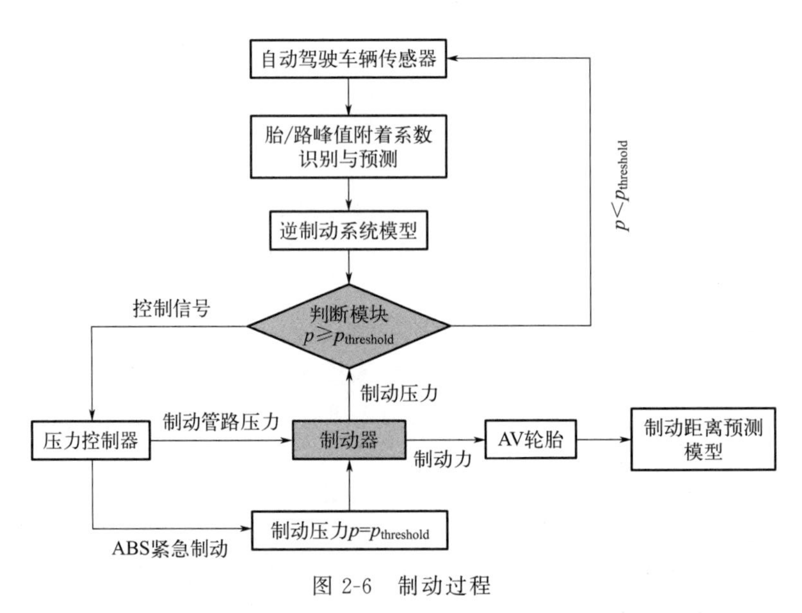

图 2-6 制动过程

当出现紧急制动时，新能源汽车 ECU 根据当前路面状态判断所需制动压力是否大于期望制动压力阈值。如果车辆所需制动压力大于期望制动压力阈值，则压力控制器直接控制阀门开度，将制动器轮缸压力保持与阈值一致，实现基于路面实时附着特性的最大制动力防抱死制动，以此体现新能源汽车自动避撞的优势。

**(2) 新能源汽车主动制动控制架构**

为便于功能分解、任务分配及后续新功能的扩展，新能源汽车制动系统基于如图 2-7 所示的模块化和分层控制架构，包括状态参数估算模块、下层执行模块和上层控制模块。

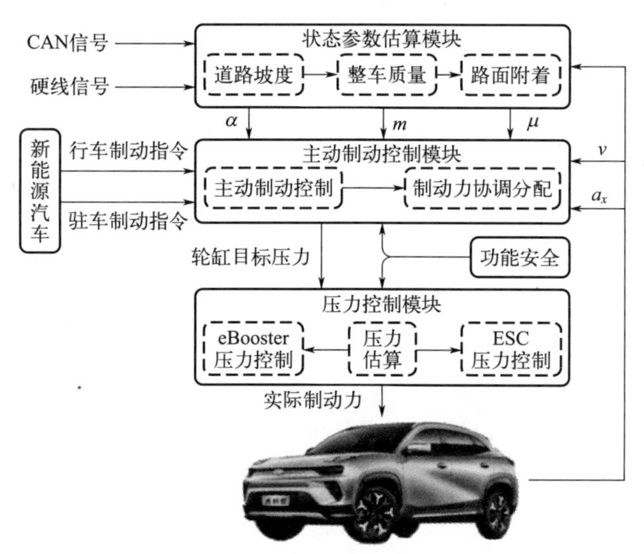


图 2-7 主动制动系统整体控制架构

状态参数估算模块根据输入的 CAN 信号和硬线信号，对整车质量、路面附着、路面坡度及轮胎力等关键状态参数进行估算，为主动制动系统上层控制模块提供必要的车辆状态信息。

压力估算模块和压力控制模块为主动制动系统的下层执行模块。压力估算模块根据主缸压力及 ESC 的阀和电机控制指令对轮缸压力做出估算，一方面用于制动力矩估算，为车辆状态参数估算提供必要的信息输入，另一方面输入压力控制模块，实现对轮缸压力的闭环控制。压力控制模块根据上层的目标轮缸压力控制指令控制 eBooster 或 ESC 输出相应的电机和阀指令，以实现目标压力跟随。

主动制动控制模块和制动力协调分配模块为主动制动系统的上层控制模块。主动制动控制模块根据输入的行车制动和驻车制动请求计算目标纵向力，制动力协调分配模块根据路面附着等输入将目标纵向力转化为四个轮缸的目标压力，以实现控制指令跟随。

功能安全模块实时监测执行机构和输入信号状态，出现故障时进行功能降级和信号报警，提高主动制动的可靠性和安全性。

## 2.2 纯电动汽车底盘

对于纯电动汽车，由蓄电池的能量使电动机通过传动系统驱动车轮。蓄电池提供电流，通过能源子系统调节后输出到电动机，电动机提供输出转矩，经机械传动装置驱动后轮，实现汽车的行驶，如图 2-8 所示为纯电动汽车工作流程框图。

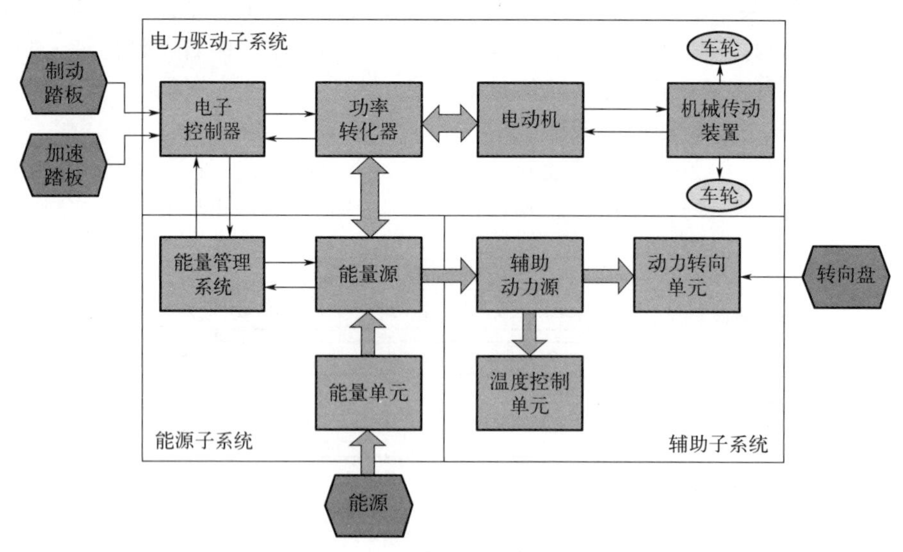

图 2-8 纯电动汽车工作流程框图

如图 2-9 所示为纯电动汽车底盘。虽然纯电动汽车已有 130 多年的历史，但一直仅限于在某些特定范围内应用，市场规模较小。主要原因是各种类别的蓄电池普遍存在价格高、寿命短、外形尺寸和重量大、充电时间长等严重缺点。

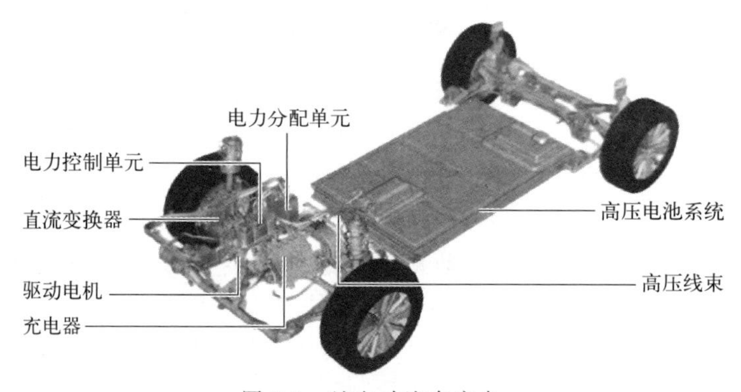

图 2-9 纯电动汽车底盘

## 2.3 混合动力汽车底盘

混合动力汽车是传统汽车向纯电动汽车的过渡产品，其主要保留了传统汽车的发动机总成，同时增添了电动机、储能元件和电力电子元件等，实现动力传送到车轮，提供驱动车辆前进的能量，由两种不同形式的能量转换来实现，车辆上具有能量储存装置，并且这个能量储存装置可以释放能量，也可以回收能量。

混合动力汽车一般由发动机、发电机、电动机、储能装置、功率转换装置和控制装置等组成，如图 2-10 所示。其操控装置也保留了传统汽车的基本装置，包括发动机控制装置、加速踏板、制动踏板、离合器、变速器的操纵装置等。

汽车启动时电动机作为发动机的起动机，发动机运转时带动发电机发电，为电池充电。

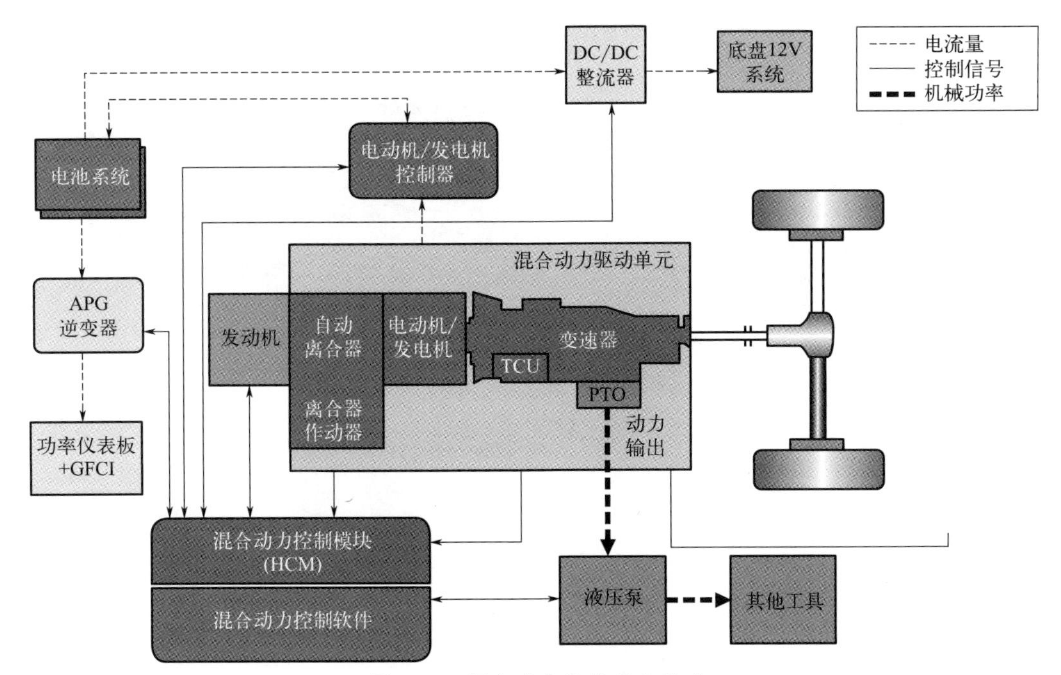


图 2-10　混合动力汽车基本组成

根据不同的混合动力结构，发电机的功率大小和布置不同；储能装置根据车辆的实际工况，有时作为辅助动力，有时作为车辆制动时的能量回收装置。

混合动力汽车按动力耦合方式的不同可以分为串联式(图 2-11)、并联式(参见图 1-3)和混联式(图 2-12)。混联式按驱动方式又分为混合动力汽车（HEV）和插电式混合动力汽车（PHEV)，其驱动系统连接示意如图 2-13。

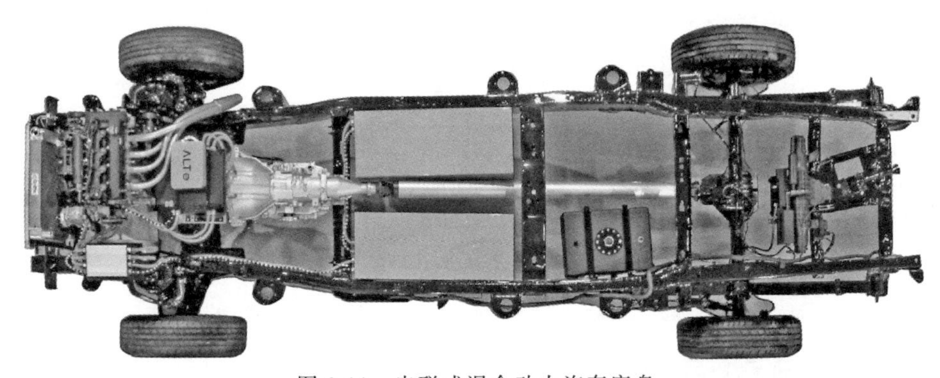

图 2-11　串联式混合动力汽车底盘

串联式混合动力汽车的能量流向为：发动机带动发电机发电，电能传输至电动机，将电能转换为机械能驱动汽车。在串联式结构中电池相当于蓄能器，在发电机和电动机之间进行能量调节。

并联式混合动力汽车的能量路径有两条，具有两套驱动系统，即发动机驱动系统和电机驱动系统。两套驱动系统根据车辆的工况，可以混合驱动，也可以独立驱动。

混联式混合动力系统兼具有并联驱动模式和串联式驱动模式，结构设计复杂，传动中需要通过一组齿轮耦合机构实现能量合流或分流。

混合动力汽车的主要特点在于：采用小排量的发动机降低了燃油消耗；将制动和下坡时

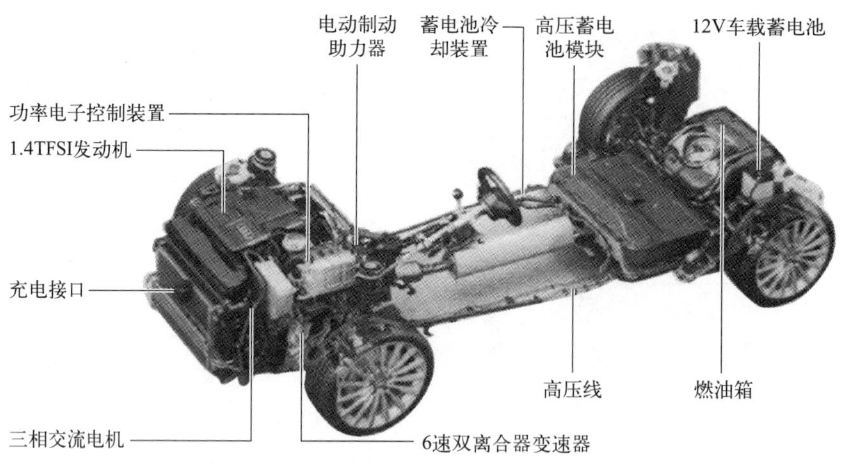


图 2-12 混联式混合动力汽车底盘

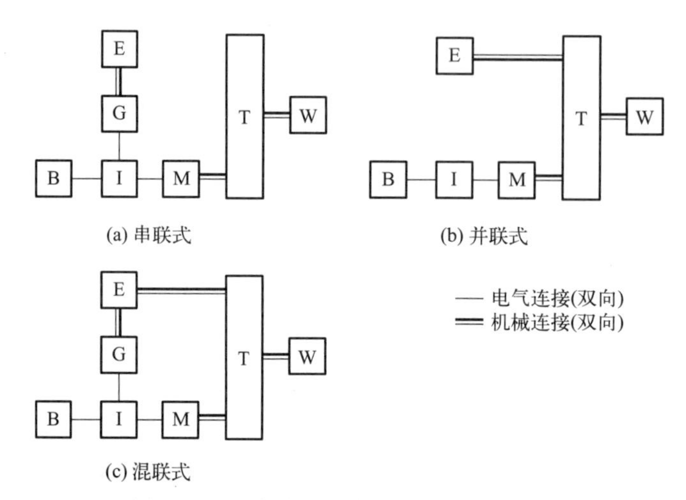


图 2-13 混合动力汽车驱动系统连接示意

B—电池；E—发动机；G—发电机；I—逆变器；M—主电机；T—传动系统；W—驱动轮

的能量回收到蓄电池中再次利用，降低了燃油消耗；在繁华市区，可关停内燃机，由电机单独驱动，实现“零排放”。

## 2.4 燃料电池汽车底盘

燃料电池汽车（FCEV）是利用氢气和空气中的氧气，在催化剂的作用下，在燃料电池中经电化学反应产生的电能驱动的汽车。其特点主要表现在：燃料电池的能量转换效率可高达 60%～80%，为内燃机的 2～3 倍；燃料电池零排放，不会污染环境；氢燃料来源不依赖石油燃料。燃料电池汽车底盘结构如图 2-14 所示。

燃料电池汽车在整体结构上与传统汽车相似，主要不同之处是驱动方式和燃料，其由燃料电池供电的电动机直接驱动车辆，同时存储于高压罐体内的氢气燃料替代汽油和柴油，氢气压力为 35～70MPa。燃料电池汽车底盘示意如图 2-15 所示。

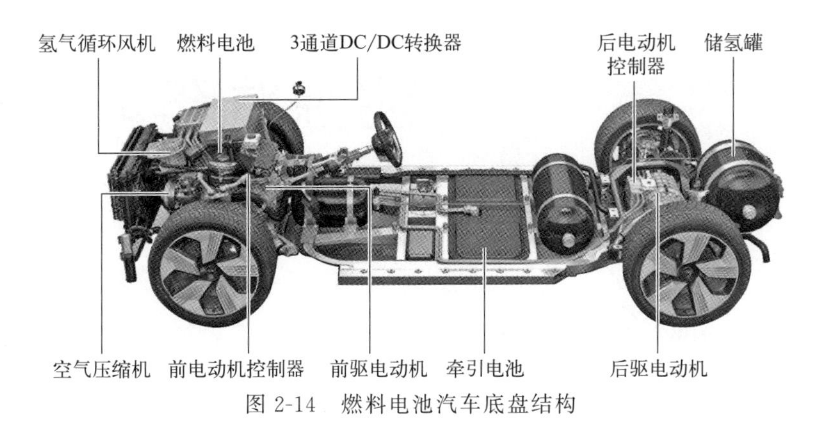


图 2-14　燃料电池汽车底盘结构

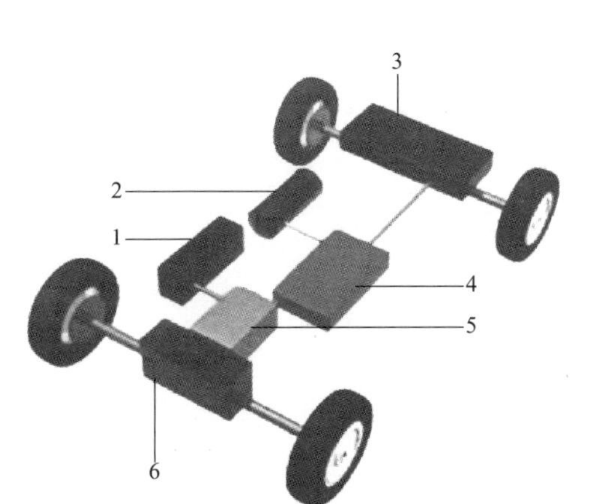


图 2-15　燃料电池汽车底盘示意

1—蓄电池；2—空气压缩机；3—高压氢储存罐；4—燃料电池组；5—能量控制单元；6—电动机

# 第3章 新能源汽车动力装置

从全球新能源汽车的发展来看，新能源汽车的动力主要有动力电源、燃料电池与混合动力等类型。动力电源主要包括锂离子电池、镍基电池、燃料电池、铅酸电池、超级电容器，其中超级电容器大多以辅助动力源的形式出现，主要原因是这些电池技术还不完全成熟或缺点明显，与传统汽车相比，无论是从成本上、动力上还是续驶里程上都有不小的差距，这也是制约新能源汽车发展的重要原因。燃料电池具有能量转化效率高、安装地点灵活、负荷响应快和运行质量高等特点，是比较有前景的汽车动力系统，混合动力在汽车上也具有较好的应用前景。

## 3.1 动力电源

动力电源主要针对电源的储能方式进行分类，目前动力电源的储能技术主要有化学储能、物理储能和电磁储能三大类。

化学储能通过提升化学材料的应用范围，提高能量密度，实现其产业化应用，而各类化学储能电池在生产和研究中具有不同的技术路线及应用方向。当前，主要的化学储能电池有铅酸电池、镍基电池、锂离子电池、钠硫电池、锌空电池等。

物理储能主要是指抽水蓄能、压缩空气储能和飞轮储能等，具有环保、绿色，利用天然资源来实现，规模大、循环寿命长和运行费用低等优点。但需要特殊的地理条件和场地，建设局限性较大，且一次性投资费用较高，不适合较小功率的离网发电系统。典型的物理储能的动力电源如飞轮电池。

电磁储能包括超导线圈和超级电容器等。其中，超导储能（superconducting magnetic energy storage，SMES）采用超导体材料制成线圈，利用电流流过线圈产生的电磁场来储存电能。由于超导线圈的电阻为零，电能储存在线圈中几乎无损耗，储能效率高达95%。超导储能装置结构简单，没有旋转机械部件和动密封问题，因此设备寿命较长；储能密度高，可做成较大功率的系统；响应速度快（1～100ms），调节电压和频率快速且容易。

**(1) 铅酸电池**

铅酸电池又称为铅酸水电池，其电极由铅和铅的氧化物构成，电解液为硫酸的水溶液，1个单格铅酸电池的标称电压是2.0V，能放电到1.5V、充电到2.4V。在应用中，经常用6个单格铅酸电池串联起来组成标称是12V的铅酸电池。此外，还有24V、36V和48V等规格。

铅酸电池的主要优点是电压稳定、价格便宜；缺点是比能（即每千克蓄电池存储的电能）低、使用寿命短和日常维护频繁。

12V的铅酸电池最明显的特征是其顶部有6个可拧开的塑料密封盖，上面有通气孔，如图3-1所示，这些密封盖用于加注、检查电解液和排放气体。理论上，铅酸电池需要在每次保养时检查电解液的高度，如果有缺少需添加蒸馏水。但随着蓄电池制造技术的进步，铅酸电池已发展为免维护型，即在使用中无须添加电解液或蒸馏水，利用充电和放电达到水分解循环。目前，普通铅酸电池大多应用在三轮车上，而免维护电池则应用范围更广，包括不间断电源和普通燃油（气）客车及新能源（电动）客车上的照明及低压控制电源。由于其与锂离子电池相比，能量密度较低，还无法在新能源（电动）汽车上作为动力电源使用。

图 3-1 铅酸电池外形结构

**（2）镍基电池**

镍基电池主要包括镍镉、镍锌和镍氢三种。

镍镉电池的比能量可达 55W · h/kg，比功率超过 190W/kg，可快速充电，循环使用寿命长（>2000 次），自放电率低（<0.5%/天），但成本高（为铅酸电池的 2～4 倍），且镉是剧毒物，污染环境。镍镉电池放电时若不予以完全放电，而是以特定的放电深度来重复充放电，那么在经过几次之后，因为每次放电电池都有残余容量，使得电池会有记忆现象而将此放电终止电压的值记住，当电池不再只以此放电深度来放电，电压逐渐下降超过被记忆住的电压值时，电池电压会突然间崩溃性地急速下降很大的准位，然后才继续慢慢地下降，这种现象称为记忆效应。记忆效应在周围温度高时会比较明显，而使用较低充电电流时也会有记忆效应。记忆效应形成之后，若要消除其所造成的影响，必须对电池做一两次完全充放电。

镍锌电池的比能量高（可达 65W · h/kg），比功率高（300W/kg），成本低（低于前者），但循环寿命偏短（大约为 300 次）。镍氢电池和镍镉电池一样，同属于碱性电池，其特性和镍镉电池相似，但镍氢电池不含镉、铜，不存在重金属污染问题。随着镍氢电池技术的发展，其比能量已超过 80kW · h/kg，循环使用寿命有可能超过 500 次。镍氢电池正极板的活性物质为 NiOOH（放电时）和 Ni（OH）$_2$（充电时），负极板的活性物质为 $H_2$（放电时）和 $H_2O$（充电时），电解液采用 30% 的氢氧化钾溶液。充电时，负极析出氢气，储存在容器中，正极由氢氧化亚镍（NiOOH）变成氢氧化镍和 $H_2O$；放电时氢气在负极上被消耗掉，正极由氢氧化镍变成氢氧化亚镍。如图 3-2 所示为某镍氢电池的结构。

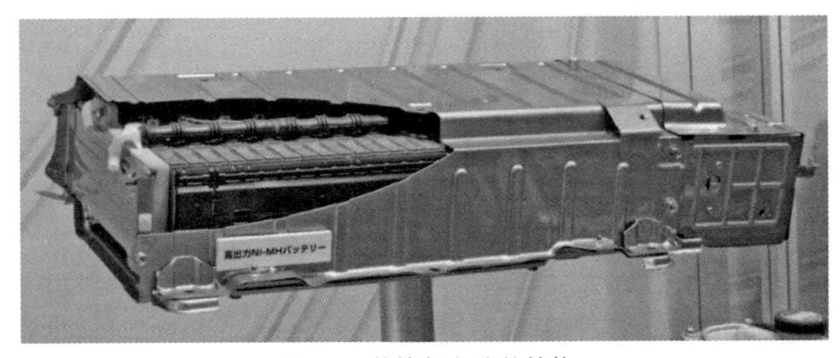

图 3-2 某镍氢电池的结构

我国有世界上连续化带状泡沫镍的最大生产基地，有一大批从事新能源客车镍氢电池的研究开发单位，其中有色金属研究院、湖南神舟科技公司、天津和平海湾及沈阳三普等单位的镍氢电池样品基本指标，已接近国际先进水平，基本达到车用要求。但由于工艺问题，目前电池的均匀一致性较差，在车用电池领域几乎已经全部被锂离子电池所取代。

**(3) 锂离子电池**

根据锂离子电池所用电解质材料不同，可以分为液态锂离子电池（lithium ion battery，LIB）和聚合物锂离子电池（polymer lithium ion battery，LIP）两大类，如图 3-3 所示。其中，液态锂离子电池是指 $Li^+$ 嵌入化合物为正、负极的二次电池。正极采用锂化合物 $LiCoO_2$、$LiNiO_2$ 或 $LiMn_2O_4$，负极采用锂-碳层间化合物 $Li_xC_6$。

典型的电池体系为：$(-)C|LiPF_6\text{-}EC+DEC|LiCoO_2(+)$，其工作原理如图 3-4 所示。

正极反应：$LiCoO_2 = Li_{1-x}CoO_2 + xLi^+ + xe$。

负极反应：$6C + xLi^+ + xe = Li_xC_6$

电池总反应：$LiCoO_2 + 6C = Li_{1-x}CoO_2 + Li_xC_6$。

图 3-3　锂离子电池

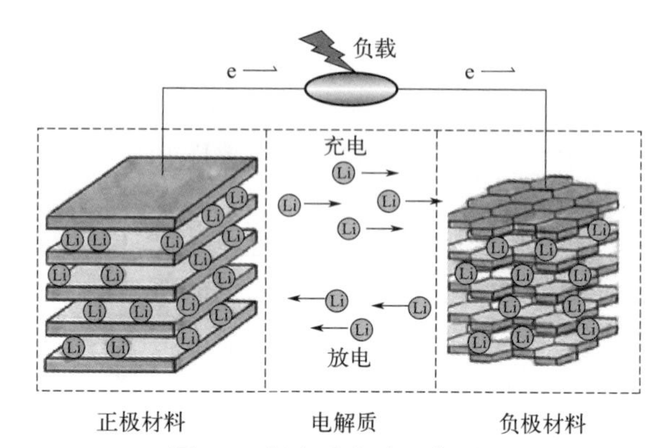

图 3-4　锂离子电池工作原理

聚合物锂离子电池的原理与液态锂离子电池相同，主要区别是电解液不同。电池主要的构造包括正极、负极与电解质三项要素。所谓的聚合物锂离子电池是指在这三种主要构造中至少有一项或一项以上使用高分子材料作为主要的电池构件。而在目前所开发的聚合物锂离子电池系统中，高分子材料主要应用于正极材料及电解质。正极材料包括导电高分子聚合物或一般锂离子电池所采用的无机化合物，电解质则可以使用固态或胶态高分子电解质，或有机电解液。一般锂离子技术使用液体或胶体电解液，因此需要坚固的二次包装来容纳可燃的活性成分，这既增加了重量，也限制了尺寸的灵活性。而聚合物锂离子工艺中没有多余的电解液，因此更稳定，也不易因电池的过量充电、碰撞或其他损害以及过量使用而造成危险。

锂离子电池的能量密度已达到铅酸电池的 3～4 倍，镍氢电池的 2 倍，且循环寿命也较长，性能价格比明显优于镍氢电池，被认为是最有希望的新能源客车用蓄电池。目前，市场上推出的混合动力汽车、插电式混合动力汽车以及新能源（纯电动）汽车基本上都采用了锂离子电池。

**(4) 钠硫电池**

钠硫电池由美国福特（Ford）公司于 1967 年首先发明公布，其比能量高，可大电流、高功率放电。随后，日本东京电力公司（TEPCO）和 NGK 公司合作开发钠硫电池作为储能电池，其应用目标瞄准电站负荷调平、UPS 应急电源及瞬间补偿电源等，并于 2002 年开始进入商品化实施阶段。

钠硫电池以钠和硫分别用作阳极与阴极，β-氧化铝陶瓷同时起隔膜和电解质的双重作用。其结构和工作原理如图 3-5 所示。

$$(-)Na(L)/\beta\text{-氧化铝}/Na_2S_x(L)/C(+)$$

基本的电池反应是：$2Na + xS \xlongequal{} Na_2S_x$。

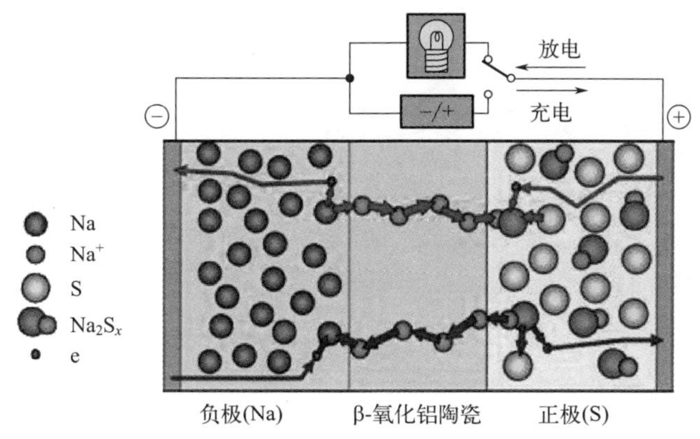


图 3-5 钠硫电池结构和工作原理

钠硫电池的特性如下。

① 理论比能量高。钠硫电池的理论比能量高达 760W·h/kg，且没有自放电现象，放电效率几乎可达 100%。

② 单体电池储能量大。钠硫电池的基本单元为单体电池，用于储能的单体电池最大容量达到 650A·h，功率 120W 以上。将多个单体电池组合后形成模块，模块的功率通常为数十千瓦，可直接用于储能。

③ 技术成熟。钠硫电池在国外已是发展相对成熟的储能电池，其使用寿命可达 10～15 年。

钠硫电池已被美国福特汽车公司的新能源客车 Minivan 使用，并被美国先进电池联合体（USABC）列为中期发展的新能源客车蓄电池。德国 ABB 公司生产的 B240K 型钠硫电池，其质量为 17.5kg，蓄电量为 19.2kW·h，比能量达 109W·h/kg，循环使用寿命为 1200 次。由于目前该电池工作温度高，使用寿命尚达不到要求，且其安全性还有待评估，因此在我国还没有实际批量装车的案例。

**（5）锌空电池**

锌空电池靠金属锌和空气在特种电解质作用下发生化学反应来获得电能，其实物照片如图 3-6 所示。锌空电池的容量比其他电池高 3～10 倍，具有工作电压平稳、杂音小等优点。但从严格意义上来讲，它并不是蓄电池，而是利用锌和空气直接发电。在电池用完后，只需要更换封装好的锌粉（在几分钟内完成）即可。

锌空电池由阳极、阴极、电解液、隔离层、绝缘和密封衬垫及外壳等组成，其结构示意如图 3-7 所示。呈糊状的锌粉在阴极端，起催化作用的碳在阳极，电池壳体上的孔可让空气中的氧气进入腔体附着在阳极的碳上，同时阴极的锌被氧化，这一化学反应与小型银氧或汞氧电池的化学反应类似。其中：

阳极——起催化作用的碳从空气中吸收氧气；

阴极——锌粉和电解液的混合物，呈糊状；

电解液——高浓度的氢氧化钾（KOH）水溶液；

隔离层——用于隔离两极间固体粉粒的移动；

绝缘和密封衬垫——尼龙材料；

电池外表面——镍金属外壳，具有良好防腐性的导体。

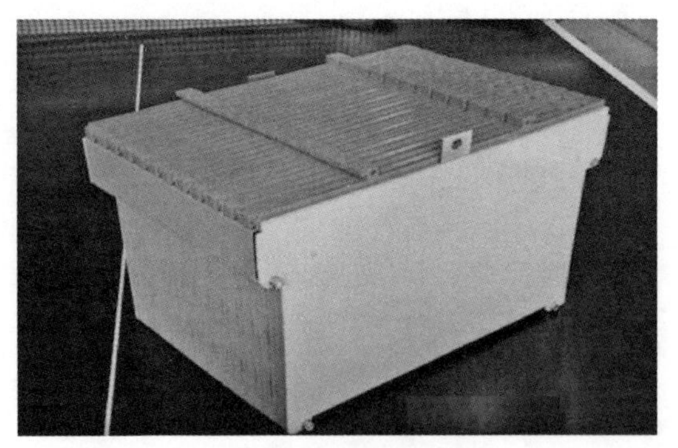
图 3-6　锌空电池实物照片

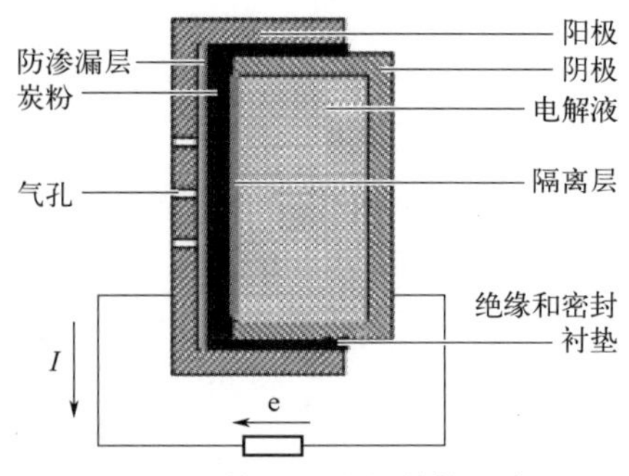

图 3-7　锌空电池的结构示意

锌空电池的工作原理如下。

阴极：$Zn+2OH^{-}$ ══ $ZnO+H_2O+2e$。

阳极：$O_2+2H_2O+4e$ ══ $4OH^{-}$。

综合：$2Zn+O_2$ ══ $2ZnO$。

通常这种反应产生的电压是 1.4V，但放电电流和放电深度可引起电压变化，空气必须能不间断地进入阳极。在正极壳体上开有小孔，以便空气源源不断地进入才能使电池产生化学反应。

锌空电池的特性如下。

① 比能量高。比能量约 275W・h/kg，为锌锰电池的 4～5 倍。

② 体积小，重量轻（电极的活性物质不在锌空电池内部），容量大。

③ 内阻小。由于内阻小，因此大电流放电和脉冲放电性相当好。

④ 储存寿命长。

⑤ 使用温度范围广。最佳工作温度 0～50℃，能在－40～60℃下工作。

⑥ 工作电压平稳。

⑦ 使用安全，对生态环境污染小。

锌空电池可以作为充电电池运用于电动车行业，如电动自行车、电动助力车、电动出租车以及电动城市公交客车等。其原因是锌空电池解决了现有电池在电动车辆应用方面所存在的主要问题：比能量达到 200W・h/kg，是现有市场上铅酸电池比能量的近 6 倍，使电动汽车续驶里程可达 200km 以上；单位成本可与铅酸电池相比，具有很好的市场性价比；在能源再生体系中可保证对环境无污染。

但是，由于锌空电池内部含有高浓度的电解质（氢氧化钾，具有强碱性和强腐蚀性），一旦发生渗漏，将腐蚀电池附近部件，且这种腐蚀可能是不可修复和致命的。此外，电池上有孔，电池在激活使用后存放时间又很短，所以锌空电池较易发生电池漏液。因其比功率小、不能输出大电流，所以在新能源客车实际运用中常与其他蓄电池共同使用。由于不是充电，而是添加燃料“锌”，所以废液处理成本是制约其发展的瓶颈。近年来，锌空电池的发展引人注目，其主要优势是废液处理方法简单，成本低。

**（6）飞轮电池**

飞轮电池是 20 世纪 90 年代提出的概念，其突破了化学电池的局限，采用物理方法的飞轮旋转实现储能。飞轮电池的结构如图 3-8 所示。

飞轮电池的结构主要包括飞轮转子、电机定子、电池轴承和高真空室。电力电子变换装置从外部输入电能驱动电动机旋转，电动机带动飞轮旋转，飞轮储存动能（机械能），当外部负载需要能量时，用飞轮带动发电机旋转，将动能转化为电能，再通过电力电子变换装置变成负载所需要的各种频率、电压等级的电能，以满足不同的需求。由于输入和输出是彼此独立的，设计时常将电动机和发电机用一台电机来实现，输入和输出变换器也合并成一个，这样就可以大大减少系统的大小和重量；同时，由于在实际工作中，飞轮的转速可达 40000～50000r/min，一般金属制成的飞轮无法承受这样高的转速，所以飞轮一般都采用碳纤维制成，既轻又强，进一步减轻了整个系统的重量；为了减少充放电过程中的能量损耗（主要是摩擦力损耗），电机和飞轮都使用磁轴承，使其悬浮，以减少机械摩擦；将飞轮和电机放置在真空容器中，以减少空气摩擦，这样飞轮电池的净效率（输入输出）可达 95%左右。

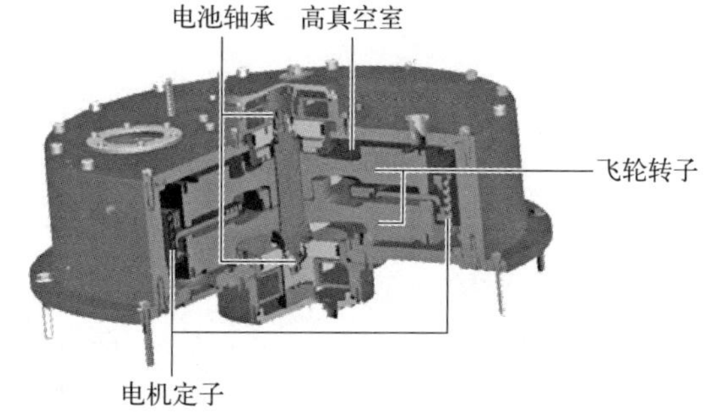

图 3-8　飞轮电池的结构

在实际使用的飞轮装置中，主要包括飞轮、轴、轴承、电机、真空容器和电力电子变换器等部件。其中，飞轮是整个电池装置的核心部件，它直接决定了整个装置的储能多少（储存的能量由公式 $E=j\omega^2$ 决定，式中，$j$ 为飞轮的转动惯量，与飞轮的形状和重量有关；$\omega$ 为飞轮的旋转角速度）。

电力电子变换器通常是由金属-氧化物半导体场效应晶体管（MOSFET）和绝缘栅双极型晶体管（IGBT）组成的双向逆变器，它们决定了飞轮装置能量输入和输出量的大小。

飞轮电池体积小、重量轻、充电快、寿命长，其使用寿命达 25 年，可供新能源客车行驶 500 万千米。但将其用作新能源汽车的能量源仍面临两大问题，即当车辆转弯或产生颠簸偏离直线行驶时，飞轮将产生陀螺力矩，从而严重影响车辆的操纵稳定性；若飞轮出现故障，以机械能形式存储在飞轮中的能量就会在短时间内释放出来，大功率输出将导致车辆损坏。因此，超高速飞轮在电动汽车上使用将面临结构可靠性、充电、自放电、噪声以及振动等方面的更进一步改进和完善。

**(7) 超级电容器**

超级电容器（supercapacitors，ultracapacitor），又名电化学电容器（electrochemical capacitors）、双电层电容器（electrical double-layer capacitor）、黄金电容器和法拉电容器等，如图 3-9 和图 3-10 所示。超级电容器不同于传统的化学电源，是一种介于传统电容器与电池之间、具有特殊性能的电源，主要依靠双电层和氧化还原假电容电荷储存电能。但在

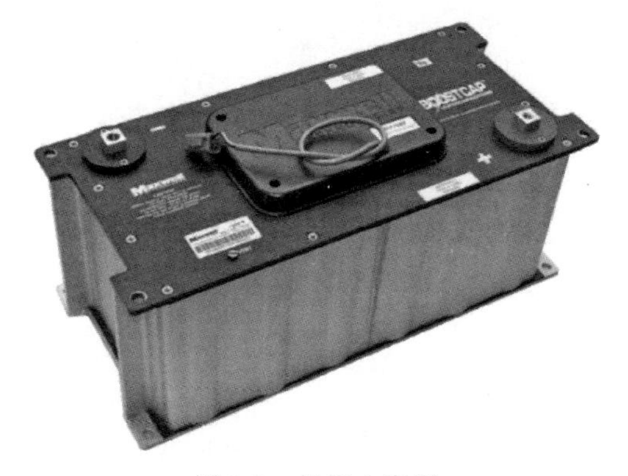

图 3-9　超级电容器

图 3-10　一种车用超级电容器模块

其储能的过程中并不发生化学反应，且这种储能过程是可逆的，也正因为如此，超级电容器可以反复充放电数十万次。其基本原理和其他种类的双电层电容器一样，都是利用活性炭多孔电极和电解质组成的双电层结构获得超大容量。

超级电容器的突出优点是功率密度高、充放电时间短、循环寿命长和工作温度范围宽，是目前世界上已投入量产的双电层电容器中容量最大的一种。

超级电容器的电流是在电极/电解液界面通过电子或离子的定向排列造成电荷的对峙而产生的，如图 3-11 所示。对一个电极/溶液体系，会在电子导电的电极和离子导电的电解质溶液界面上形成双电层。当在两个电极上施加电场后，溶液中的阴阳离子分别向正负电极迁移，在电极表面形成双电层；撤消电场后，电极上的正负电荷与溶液中的相反电荷离子相吸引而使双电层稳定，在正负极间产生相对稳定的电位差。这时对某一电极而言，会在一定距离内（分散层）产生与电极上的电荷等量的异性离子电荷，使其保持电中性；当将两极与外电路连通时，电极上的电荷迁移而在外电路中产生电流，溶液中的离子迁移到溶液中呈电中性，这便是双电层电容器的充放电原理。

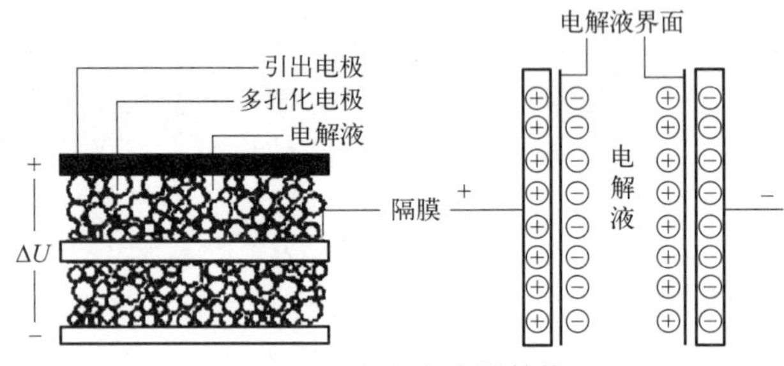

图 3-11　超级电容器结构

超级电容器作为一种新型储能装置，具有充电时间短、使用寿命长、温度特性好、节约能源和绿色环保等特点。超级电容器用途广泛，可用作起重装置的电力平衡电源，提供超大电流的电力；用作车辆启动电源，启动效率和可靠性都比传统蓄电池高，可以全部或部分替代传统蓄电池；用作车辆的牵引能源可以生产电动汽车、替代传统的内燃机、改造现有的无轨电车，如图 3-12 所示。

图 3-12　采用超级电容器的插电式混合动力客车

纵观新能源客车动力源的选择，在传统充电蓄电池技术上，国外有一种看法认为改进型铅酸电池（主要指双极性、亚双极性水平电池）和聚合物锂离子电池是发展方向。由于改进型铅酸电池成本低、运行可靠，因此是目前使用较多的启动电池。而聚合物锂离子电池的性价比有望达到市场化的指标，是未来可以实现且市场能够接受的电池。镍氢电池技术日趋成熟，在锂离子电池技术成熟以前，有一定的市场前景。对钠硫电池、钠氯化镍电池以及锌空电池等新型电池的发展，业界寄予厚望，但目前钠硫电池、钠氯化镍电池的技术还有待成熟，安全性也有待评估。特别是近年来，在燃料电池技术发展的影响下，这些新型电池的发展已显得不那么引人注目了。

## 3.2 燃料电池

燃料电池（fuel cell）是一种将存在于燃料与氧化剂中的化学能直接转化为电能的发电装置，其特殊之处在于将燃料和空气分别送进燃料电池，电就被奇妙地生产出来。从外表上看，燃料电池有正负极和电解质等，像一个蓄电池，但实质上它不能“储电”，而是一个“发电厂”。

燃料电池是一种电化学装置，组成与一般电池相同，其单体电池是由正负两个电极（负极即燃料电极，正极即氧化剂电极）以及电解质组成的，不同的是一般电池的活性物质储存在电池内部，因此限制了电池容量。而燃料电池的正负极本身不包含活性物质，只是一个催化转换元件。因此燃料电池是名副其实地把化学能转化为电能的能量转换机器。电池工作时，燃料和氧化剂由外部供给，进行反应。原则上只要反应物不断输入，反应产物不断排出，燃料电池就能连续地发电。

燃料电池涉及化学热力学、电化学、电催化、材料科学、电力系统及自动控制等学科的有关理论，具有发电效率高、环境污染少等优点。

燃料电池具有能量转化效率高（直接将燃料的化学能转化为电能，中间不经过燃烧过程，因而不受卡诺循环的限制。一般燃料电池的燃料-电能转换效率为45%～60%，而火力发电和核电的效率为30%～40%）、安装地点灵活（功率可根据需要由电池堆组装，十分方便。燃料电池电站占地面积小，建设周期短，无论作为集中电站还是分布式电站，或是作为小区、工厂、大型建筑的独立电站都非常合适）、负荷响应快和运行质量高（在数秒内就可以从最低功率变换到额定功率）等特点。

### 3.2.1 主要类型

按工作温度不同，燃料电池可分为低温燃料电池和高温燃料电池（亦称为面向高质量排气而进行联合开发的燃料电池）两大类。其中，前者有碱性燃料电池（AFC，工作温度为100℃）、固体高分子型质子膜燃料电池（PEMFC，亦称质子膜燃料电池，工作温度在100℃以内）和磷酸型燃料电池（PAFC，工作温度为200℃）三种；后者有熔融碳酸盐型燃料电池（MCFC，工作温度为650℃）和固体氧化型燃料电池（SOFC，工作温度为1000℃）两种。也有按其开发顺序，把PAFC称为第一代燃料电池，把MCFC称为第二代燃料电池，把SOFC称为第三代燃料电池。

按燃料的处理方式不同，可分为直接式、间接式和再生式。直接式燃料电池按温度的不同又可分为低温、中温和高温三种类型，间接式包括重整式燃料电池和生物燃料电池。再生式燃料电池中有光、电、热、放射化学燃料电池等。按照电解质类型的不同，可分为碱型、磷酸型、聚合物型、熔融碳酸盐型、固体电解质型燃料电池等。

## 3.2.2 常见的几种燃料电池

由于研究和开发的角度不同，燃料电池种类繁多，但目前应用较多的主要有以下4种。

### 3.2.2.1 质子交换膜燃料电池

质子交换膜燃料电池（proton exchange membrane fuel cell，PEMFC）在原理上相当于水电解的“逆”装置。它是使用一种特定的燃料，通过一种质子交换膜（proton exchange membrane，PEM）和催化层（catalyst layer，CL）而产生电流的一种装置，对于这种电池，只要外界源源不断地供应燃料（例如氢气或甲醇），就可以提供持续电能。

质子交换膜燃料电池的单电池由阳极、阴极和质子交换膜组成，阳极为氢燃料发生氧化的场所，阴极为氧化剂还原的场所，两极都含有加速电极电化学反应的催化剂，质子交换膜作为电解质。

其工作原理是利用一种叫质子交换膜的技术，在覆盖有催化剂的质子交换膜作用下，在阳极将氢气催化分解成为质子，这些质子通过质子交换膜到达阴极，在氢气的分解过程中释放出电子，电子通过负载被引出到阴极，这样就产生了电能。工作时相当于一个直流电源，阳极即电源负极，阴极即电源正极。其两电极的反应如下。

阳极（负极）：$2H_2 \longrightarrow 4H^+ + 4e$。

阴极（正极）：$O_2 + 4e + 4H^+ \longrightarrow 2H_2O$。

在阳极受到质子交换膜和催化剂的作用，在阴极质子与氧气和电子相结合产生水，即燃料电池内部的氢质子（$H^+$）与空气中的氧气进行化学反应，生成水的过程同时产生了电流（也可以理解为是电解水的逆反应）。

燃料电池在阳极除供应氢气外，同时还收集氢质子（$H^+$），释放电子；在阴极通过负载捕获电子产生电能。质子交换膜的功能只是允许氢质子（$H^+$）通过，并与阴极中的氧结合产生水。这种水在反应过程中的温度作用下，以水蒸气的形式散发到空气中。对汽车用的大功率燃料电池需要设置水的回收装置。一般情况下，用氢气作燃料生成的是纯净水，可以饮用；而用甲醇作燃料生成的水溶液中可能产生甲醛之类的有毒物质，不能饮用。如图3-13所示为质子交换膜燃料电池的结构和工作原理示意。

由于质子交换膜只能传导质子，因此氢质子可直接穿过质子交换膜到达阴极，而电子只能通过外电路才能到达阴极。当电子通过外电路流向阴极时就产生了直流电。以阳极为参考时，阴极电位为1.23V，亦即每个单电池的发电电压理论上限为1.23V。接有负载时输出电压取决于输出电流密度，通常在0.5～1V之间。将多个单电池以串联方式层叠组合，就能构成输出电压满足实际负载需要的燃料电池堆（简称电堆）。而将双极板与膜电极三合一组件交替叠合，各单体之间嵌入密封件，经前后端板压紧后用螺杆紧固拴牢，即构成质子交换膜燃料电池电堆。叠合压紧时应确保气体主通道对正，以便氢气和氧气能顺利通达每一个单电池。电堆工作时，氢气和氧气分别由进口引入，经电堆气体主通道分配至各单电池的双极板，经双极板导流均匀分配至电极，通过电极支撑体与催化剂接触进行电化学反应。

电堆的核心是双极板与膜电极组件。双极板与膜电极组件是将两张喷涂有Nafion溶液及Pt催化剂的碳纤维纸电极分别置于经预处理的质子交换膜两侧，使催化剂靠近质子交换膜，在一定温度和压力下模压制成。双极板常用石墨板材料制作，具有高密度、高强度，无穿孔性漏气，在高压强下无变形，导电、导热性能优良，与电极相容性好等特点。常用石墨双极板厚度为 2～3.7mm，经铣床加工成具有一定形状的导流流体槽及流体通道，其流道设计和加工工艺与电池性能密切相关。

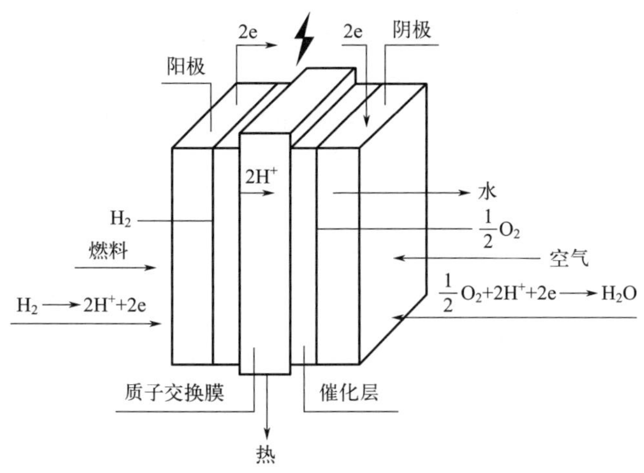


图 3-13　质子交换膜燃料电池的结构和工作原理示意

质子交换膜燃料电池具有：发电过程不涉及氢氧燃烧，因而不受卡诺循环的限制，能量转换率高；发电时不产生污染，发电单元模块化，可靠性高，组装和维修方便，工作时也没有噪声等特点。所以，质子交换膜燃料电池电源是一种清洁、高效的绿色环保电源。

通常，质子交换膜燃料电池的运行需要一系列辅助设备与之共同构成发电系统。该发电系统由电堆、氢氧供应系统、水热管理系统、电能变换系统和控制系统等构成。电堆是发电系统的核心。发电系统运行时，反应气体氢气和氧气分别通过调压阀、加湿器（加湿、升温）后进入电堆，发生反应产生直流电，经稳压、变换后供给负载。电堆工作时，氢气和氧气反应产生的水由阴极过量的氧气（空气）流带出；未反应的（过量的）氢气和氧气流出电堆后，经气水分离器除水，可经过循环泵重新进入电堆循环使用，在开放空间也可以直接排放到空气中。如图 3-14 所示为质子交换膜燃料电池。

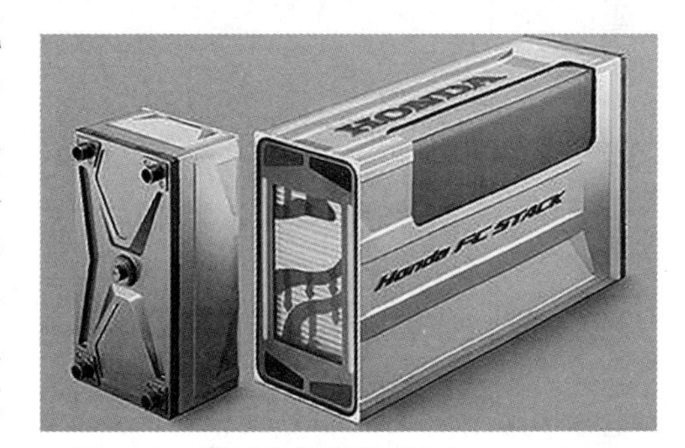


图 3-14　质子交换膜燃料电池（PEMFC）

### 3.2.2.2　固体氧化物燃料电池

固体氧化物燃料电池（solid oxide fuel cell，SOFC）属于第三代燃料电池，由用陶瓷给氧离子通电的电解质和由多孔质给电子通电的燃料及空气极构成。空气中的氧气在空气极/电解质界面被还原形成氧离子，氧离子在空气燃料之间氧的分差作用下，在电解质中向燃料极侧移动，在燃料极电解质界面和燃料中的氢或一氧化碳的中间氧化产物反应，生成水蒸气或二氧化碳，放出电子。电子通过外部回路，再次返回空气极，此时产生电能。由于电池本体的构成材料全部是固体，因此可以不必像其他燃料电池那样制造成平面形状，而是常常制造成圆筒形。

SOFC 是一种在中高温下直接将储存在燃料和氧化剂中的化学能高效、环境友好地转化成电能的全固态新型化学发电装置。其高效率、无污染、全固态结构和对多种燃料气体的广泛适应性等，被普遍认为是在未来会与质子交换膜燃料电池（PEMFC）一样得到普及应用的一种燃料电池。

SOFC的研究开发始于20世纪40年代，但在20世纪80年代以后才得到蓬勃发展。与第一代燃料电池（磷酸型燃料电池，简称PAFC）、第二代燃料电池（熔融碳酸盐燃料电池，简称MCFC）相比，具有以下优点：较高的电流密度和功率密度；阳、阴极极化可忽略，损失集中在电解质内阻降；可直接使用氢气、烃类（甲烷）、甲醇等作燃料，而不必使用贵金属作催化剂；避免了中、低温燃料电池的酸碱电解质或熔盐电解质的腐蚀及封接问题；能提供高质余热，实现热电联产，燃料利用率高，能量利用率高达80%左右，是一种清洁高效的能源系统；广泛采用陶瓷材料作电解质、阴极和阳极，具有全固态结构；陶瓷电解质要求中、高温运行（600～1000℃），加快了电池反应，可以实现多种碳氢燃料气体的内部还原，简化了设备。

SOFC单体主要由固体氧化物电解质（electrolyte）、阳极或燃料极（anode，fuel electrode）、阴极或空气极（cathode，air electrode）和连接体（interconnect）或双极板（bipolar separator）组成。

SOFC的工作原理与其他燃料电池相同，相当于水电解的“逆”装置。阳极为燃料发生氧化的场所，阴极为氧化剂还原的场所，两极都含有加速电极电化学反应的催化剂。工作时相当于一个直流电源，其阳极即电源负极，阴极为电源正极。在SOFC的阳极一侧持续通入燃料气［如氢气（$H_2$）、甲烷（$CH_4$）、城市煤气等］，具有催化作用的阳极表面吸附燃料气体，并通过阳极的多孔结构扩散到阳极与电解质的界面；在阴极一侧持续通入氧气或空气，具有多孔结构的阴极表面吸附氧气，由于阴极本身的催化作用，使得 $O_2$ 得到电子变为 $O^{2-}$，在化学势的作用下，$O^{2-}$ 进入（起电解质作用的）固体氧离子导体，由于浓度梯度引起扩散，最终到达固体电解质与阳极的界面，与燃料气体发生反应，失去的电子通过外电路回到阴极，如图3-15所示。

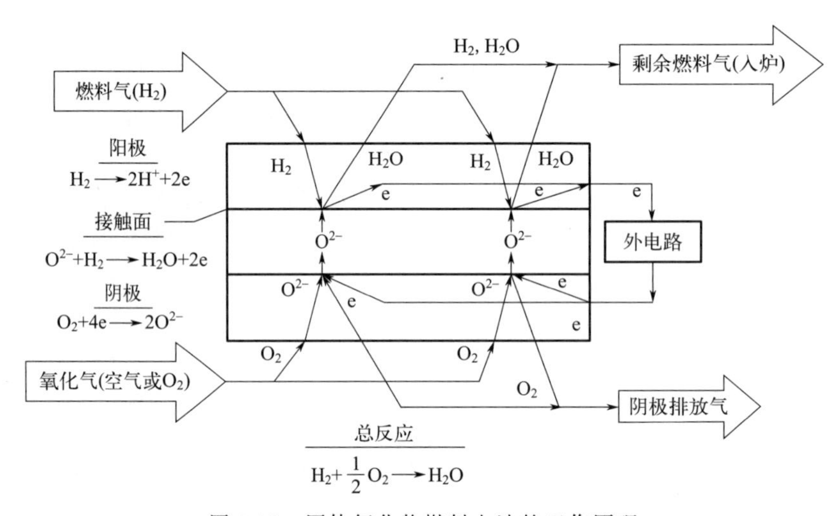


图3-15　固体氧化物燃料电池的工作原理

早期开发的SOFC的工作温度较高，一般在800～1000℃。目前，已研发成功中温固体氧化物燃料电池，其工作温度一般在800℃左右。通过设置底面循环，可以获得超过60%效率的高效发电，使用寿命预期可以达到40000～80000h。由于氧离子在电解质中移动，所以也可以用CO、天然气、煤气化等气体作为燃料。目前，科学家们正在努力开发低温SOFC，其工作温度可以降低至650～700℃。工作温度的进一步降低，将使得SOFC的广泛应用成为可能。

SOFC的单体电池只能产生1V左右电压，功率有限，为了使之具有实际应用可能，需要大大提高SOFC的功率。为此，可以将若干个单电池以各种方式(串联、并联、混联）组装成电池组。目前，SOFC的结构主要有管状（tubular)、平板型（planar）和整体型(unique）三种，其中平板型因功率密度高和制作成本低而成为发展趋势。

SOFC系统的化学反应可表达如下。

阳极反应：$2H_2+2O^{2-}\longrightarrow 2H_2O+4e$。

阴极反应：$O_2+4e\longrightarrow 2O^{2-}$。

整体电池反应：$2H_2+O_2\longrightarrow 2H_2O$

### 3.2.2.3 熔融碳酸盐燃料电池

熔融碳酸盐燃料电池（molten carbonate fuel cell，MCFC）是由多孔陶瓷阴极、多孔陶瓷电解质隔膜、多孔金属阳极和金属极板构成的燃料电池。其电解质采用碱金属（如Li、Na、K）的熔融态碳酸盐，工作温度600～700℃。高温下这种盐变为熔化态，允许电荷(碳酸根离子）在电池中移动。MCFC也可使用氧化镍（NiO）作为多孔阴极，但NiO溶于熔融的碳酸盐后会被$H_2$、CO还原为Ni，容易造成短路。MCFC电池系统中的化学反应可表示如下。

阳极反应：$CO_3^{2-}+H_2\longrightarrow H_2O+CO_2+2e$。

阴极反应：$CO_2+\frac{1}{2}O_2+2e\longrightarrow CO_3^{2-}$。

整体反应：$H_2+\frac{1}{2}O_2\longrightarrow H_2O$。

MCFC具有效率高（高于40%)、噪声低、无污染、燃料多样化（氢气、煤气、天然气和生物燃料等)、余热利用价值高和电池构造材料价廉等优点。

熔融碳酸盐燃料电池主要由阳极、阴极、电解质基底和集流板或双极板构成，如图3-16所示为其单电池及电池堆结构示意。

如同固体氧化物燃料电池（SOFC)，MCFC的缺点之一是启动时间缓慢，原因在于运行温度高，不适合移动应用。目前的主要挑战是寿命短、高温和碳酸盐电解质易导致阳极与阴极腐蚀，并加速MCFC元件的分解，从而降低耐久性和电池寿命。

### 3.2.2.4 碱性燃料电池

碱性燃料电池（alkaline fuel cell，AFC）以碳为电极，使用氢氧化钾为电解质，操作温度为100～250℃（最先进的碱性燃料电池操作温度为23～70℃)，通过氢和氧之间的氧化还原反应生产电力。AFC有两个燃料入口，氢及氧各由一个入口进入电池，中间则有一组多孔性石墨电极，电解质位于碳阴极及碳阳极中央，氢气经由多孔性碳阳极进入电极中央的氢氧化钾电解质，接触后进行氧化，产生水及电子。

$$H_2+2OH^-\longrightarrow 2H_2O+e$$

电子经由外电路提供电力并流回阴极，在阴极与氧及水接触后反应形成氢氧根离子。

$$O_2+2H_2O+4e\longrightarrow 4OH^-$$

最后水蒸气及热能由出口离开，氢氧根离子经由氢氧化钾电解质流回阳极，完成整个电路，如图3-17所示。

碱性燃料电池通常以氢氧化钾或氢氧化钠为电解质，导电离子为$OH^-$，燃料为氢。化

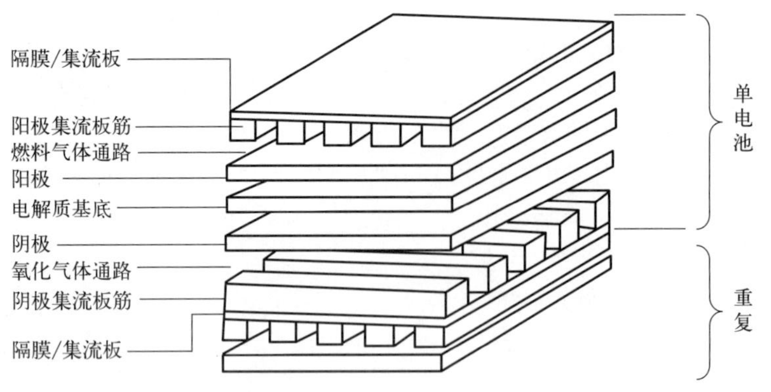


图 3-16　熔融碳酸盐燃料单电池及电池堆结构示意

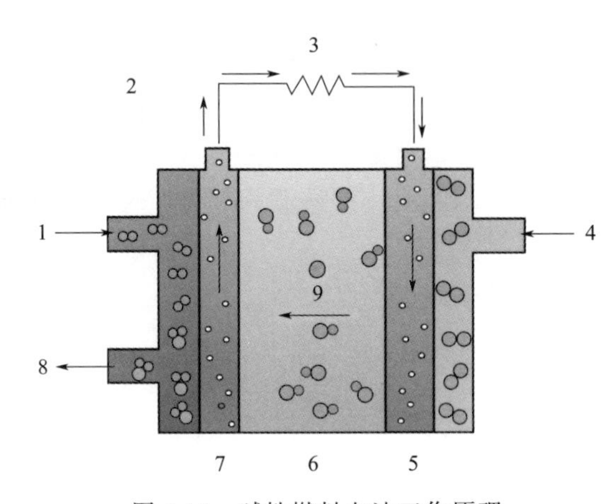


图 3-17　碱性燃料电池工作原理

1—氢气流入；2—产生电子及水；3—电子经由外电路流回阴极；4—氧气流入与水及电子反应形成氢氧根离子；5—阴极；6—电解质；7—阳极；8—水蒸气由出口排出；9—氢氧根离子流回阳极

学反应式如下。

阳极反应：$H_2+2OH^- \longrightarrow 2H_2O+e$，标准电极电位为－0.828V。

阴极反应：$1/2O_2+H_2O+2e \longrightarrow 2OH^-$，标准电极电位为0.401V。

总反应：$1/2O_2+H_2 \longrightarrow H_2O$，理论电动势为0.401V－(－0.828V)＝－1.229V。

AFC的催化剂主要为贵金属铂、钯、金、银和过渡金属镍、钴、锰等。

按照电解质是否固定、循环使用和混合了其他燃料，AFC可分为：循环式电解质碱性燃料电池（电解质溶液被泵入燃料电池的碱腔，并在碱腔中循环使用）、固定式电解质碱性燃料电池（电池堆的每一个电池都有一个属于自己的独立的电解质，被放在两个电解质间的隔膜材料里）和可溶解燃料碱性燃料电池（电解质中混合了肼或氨类燃料）三类。其中，循环式电解质碱性燃料电池的优点是它可以随时更换电解质；固定式电解质碱性燃料电池结构简单，已被广泛应用于航天飞行器中；而可溶解燃料碱性燃料电池成本低，结构紧密，制作简单且易于补充燃料。如图3-18所示为日本东芝公司生产的一款碱性燃料电池。

AFC由法兰西斯·汤玛士·培根（Francis Thomas Bacon）发明，其电能转换效率为所有燃料电池中最高的（最高可达70%）。早在1960年，美国航空航天局（NASA）便开始将它运用在航天飞机、人造卫星及著名的阿波罗计划中。目前，主要用于航天飞行器用动力电源、军事装备电源、电动汽车用动力电源和民用发电装置。

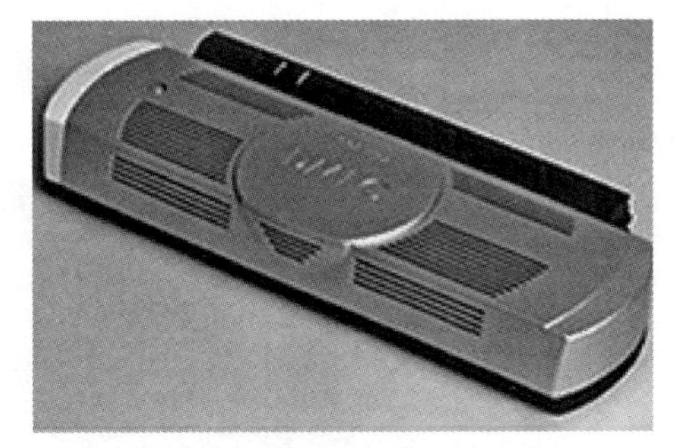
图 3-18　日本东芝公司生产的一款碱性燃料电池

AFC的优点是：效率高，因为氧在碱性介质中的还原能力比其他酸性介质高；因为是碱性介质，所以可以用非铂催化剂；工作温度低，且采用碱性介质，所以可用镍板做双极板。

AFC的缺点是：电解质为碱性，易与 $CO_2$ 生成 $K_2CO_3$、$Na_2CO_3$ 沉淀，严重影响电池性能，必须除去 $CO_2$，这为其在常规环境中的应用带来很大困难。

四种燃料电池的综合比较如表3-1所示。由于燃料电池系统价格昂贵，所以我国目前大多处于样机研制和小批量应用阶段。

**表 3-1　四种燃料电池的综合比较**

| 项目 | | PEMFC | PAFC | MCFC | SOFC |
| --- | --- | --- | --- | --- | --- |
| 电解质 | 电解质材料 | 交换膜 | 磷酸盐 | 碳酸锂,碳酸钠,碳酸钾 | 稳定氧化锆 |
| | 移动离子 | $H^+$ | $H^+$ | $CO_3^{2-}$ | $O^{2-}$ |
| | 使用模式 | 膜 | 在基质中浸渍 | 在基质中浸渍或粘贴 | 薄膜、薄板 |
| 反应 | 催化剂 | 铂 | 铂 | 无 | 无 |
| | 阳极 | $H_2 \longrightarrow 2H^+ + 2e$ | $H_2 + 2OH^- \longrightarrow 2H_2O + e$ | $H_2 + CO_3^{2-} \longrightarrow H_2O + CO_2 + 2e$ | $H_2 + O^{2-} \longrightarrow H_2O + 2e$ |
| | 阴极 | $\frac{1}{2}O_2 + 2H^+ + 2e \longrightarrow H_2O$ | $\frac{1}{2}O_2 + 2H^+ + 2e \longrightarrow H_2O$ | $\frac{1}{2}O_2 + CO_2 + 2e \longrightarrow CO_3^{2-}$ | $\frac{1}{2}O_2 + 2e \longrightarrow O^{2-}$ |
| 运行温度/℃ | | 80～100 | 150～200 | 600～700 | 700～1000 |
| 燃料 | | 氢 | 氢 | 氢、一氧化碳 | 氢、一氧化碳 |
| 发电效率/% | | 30～40 | 40～45 | 50～65 | 50～70 |

作为一种清洁高效而且性能稳定的电源技术，燃料电池已经在航空航天领域及军事领域取得了成功的应用。现在世界各国正在加速其在民用领域的商业开发。与现有技术相比，燃料电池在电源、电力驱动、发电等领域都有明显的优点，具有广泛的应用前景。目前，已大量应用于便携式电源、燃料电池电动汽车、燃料电池电站和燃料电池舰艇与飞机等领域。

从国际上燃料电池汽车的发展、推广应用情况看，燃料电池城市客车是首选。以梅赛德斯-奔驰、丰田和MAN等公司为代表，所开发的燃料电池城市客车车型已在整车技术集成上取得了长足进步，并在多个城市的多条公交线路上试运行。其特点是：混合动力方案是主流，即采用燃料电池系统与动力电池混合驱动的方式，以提高燃料电池寿命，减少整车氢耗，降低车辆成本；分布式控制技术得到广泛应用，整车的能量管理策略逐步优化；整车的可靠性、寿命和环境适应性日趋完善；整车安全性得到社会广泛认可，相关的规范与法规日益完善；制动能量回馈技术已趋成熟，较大幅度地提高了整车燃料经济性；燃料电池系统废热利用技术的应用，减少了冬天供暖系统的氢耗。如图3-19所示为北京街头运行的国产燃料电池城市客车。

图 3-19　北京街头运行的国产燃料电池城市客车

在国内，清华大学“十五”期间成功研制了五辆燃料电池客车，并在开发平台建设与共性关键技术研究方面，完成了氢燃料电池动力系统、控制与通信系统和电动化底盘系统三大研发平台建设和共性关键技术研究，进行了总里程 6 万千米和单车 3.5 万千米的运行试验。如图 3-20 所示为清华大学研发的燃料电池轻型客车。

图 3-20　清华大学研发的燃料电池轻型客车

# 3.3 混合动力

为解决现阶段纯电动汽车受动力电池技术在能量密度、容积密度、寿命以及基础设施投入等方面的制约，出现了一种适应当前实际使用需要的新的混合动力车型。这种车型将燃油发动机、电机和一定容量的储能器件（主要是高性能电池或超级电容器）与先进控制系统相组合，用电机补充提供车辆起步、加速所需转矩，将车辆制动能量回收并返回储能器件存储，以此大幅度降低油耗和减少污染物排放。对于混合动力新能源汽车，其电机的使用特点要求动力源能够提供和吸收较大的瞬时功率，即承受较大的充电或放电电流。

混合动力系统有四种基本构型，即串联式、并联式、混联式和插电式。

## 3.3.1 串联式混合动力

串联式混合动力包括发动机、发电机和电动机三部分动力总成，它们之间以串联的方式组成动力单元系统，工作时由发动机驱动发电机发电，电能通过控制器输送到电池或电动机，由电动机通过变速机构驱动汽车行驶。小负荷时由电池驱动电动机再驱动车轮，大负荷时由发动机带动发电机发电驱动电动机。当车辆处于启动、加速、爬坡工况时，发动机-发电机组和电池组共同向电动机提供电能；当车辆处于低速、滑行、怠速工况时，则由电池组驱动电动机，当电池组亏电时，则由发动机-发电机组向电池组充电。串联式混合动力驱动系统结构如图 3-21 所示。

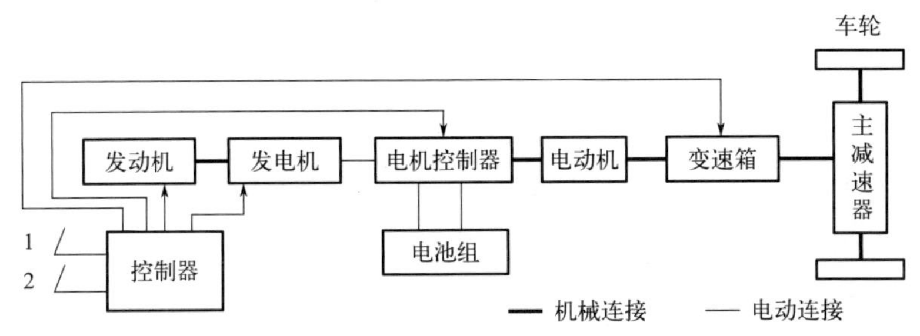


图 3-21 串联式混合动力驱动系统结构

1—加速踏板；2—制动踏板

这种形式的混合动力系统结构较为简单。此外，由于发动机仅为发电机提供发电动力，所以无论车辆行驶工况如何，发动机一直都以恒定工况在经济区域运行，从而降低了油耗。这一特性使得串联式混合动力车型在频繁起步和低速行驶工况的市区尤为有效。但在长距离高速运行时，由于串联式系统需要不断地通过发动机的动力产生电能，从而多了一次能量转换过程，机械效率较低；而在高速运行中，电动机对电能的消耗也较快，此时的串联式混合动力系统便不如传统的内燃机汽车省油。串联式结构适用于市区内频繁起步和低速行驶工况，可以将发动机设置在最佳工况点附近稳定运转，通过调整电池和电动机的输出来达到调整车速的目的，使发动机避免怠速和低速运转的工况，从而提高发动机的效率，减少废气排放。其缺点是能量几经转换，机械效率较低。

目前，市场上使用较为广泛的串联式混合动力系统有西门子等公司推出的双电机串联式混合动力系统，该系统采用永磁同步电机作为发电机，与发动机集成组成辅助发电单元(auxiliary power unit，APU)，采用两个永磁同步电机作为驱动电机，并经过减速机进行减速增扭。此外，国内南车时代公司在早期也推出了类似的产品。

## 3.3.2 并联式混合动力

并联式混合动力系统根据结构和电机布置形式的不同，分为双轴并联式混合动力系统和单轴并联式混合动力系统两种。其动力合成装置采用行星轮系统，也有省略了动力合成装置，将发动机和电机直接耦合的新结构。

**(1) 双轴并联式混合动力总成构型**

双轴并联式混合动力总成，根据动力合成装置在变速器的前与后，可分为前置式(动力合成装置在变速器前）双轴并联结构和后置式（动力合成装置在变速器后）双轴并联结构，如图3-22和图3-23所示。

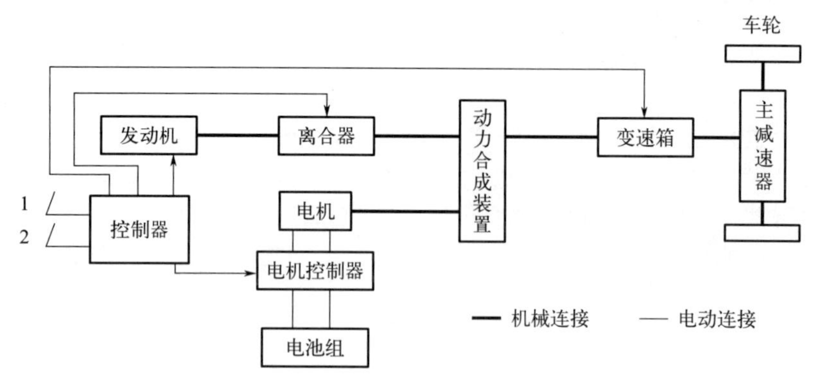


图3-22　前置式双轴并联混合动力传动系统结构示意
1—加速踏板；2—制动踏板

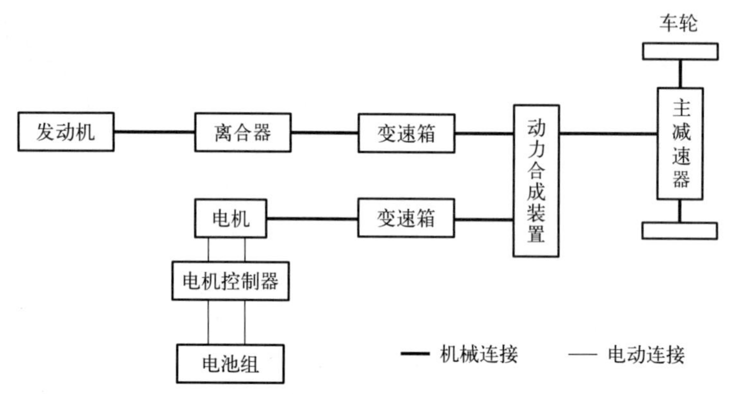


图3-23　后置式双轴并联混合动力传动系统结构示意

采用双轴并联式混合动力传动系统的客车，发动机和电动机可以分别独立地向汽车驱动轮提供动力，即发动机和电动机通常通过不同的离合器来驱动车轮。由于并联式混合动力系统没有串联式混合动力传动系统中的专用发电机，因此更像传统的汽车动力传动系统。其显著优点是：

① 由于发动机的机械能可直接输出到汽车驱动桥，中间没有能量转换，因此与串联式布置相比，系统效率较高，燃油消耗也较少；

② 电动机同时可兼发电机使用，系统仅有发动机和电动机两个动力总成，整车质量和成本大大降低。

缺点是：

① 由于发动机与驱动轮间有直接的机械连接，运行工况实时受汽车行驶工况的影响，因此对整车排放工作点的优化不如串联式的好；

② 要维持发动机在最佳工作区工作，需要复杂的控制系统。

目前，市场上采用该技术路线较多的主要是南车时代公司。

**（2）单轴并联式混合动力总成构型**

单轴并联式混合动力传动系统是指发动机和电动机同轴连接和布置的结构，根据电动机在变速箱的前与后，可分为前置式（电动机在变速箱前）单轴并联结构和后置式（电动机在变速箱后）单轴并联结构，如图 3-24 和图 3-25 所示。

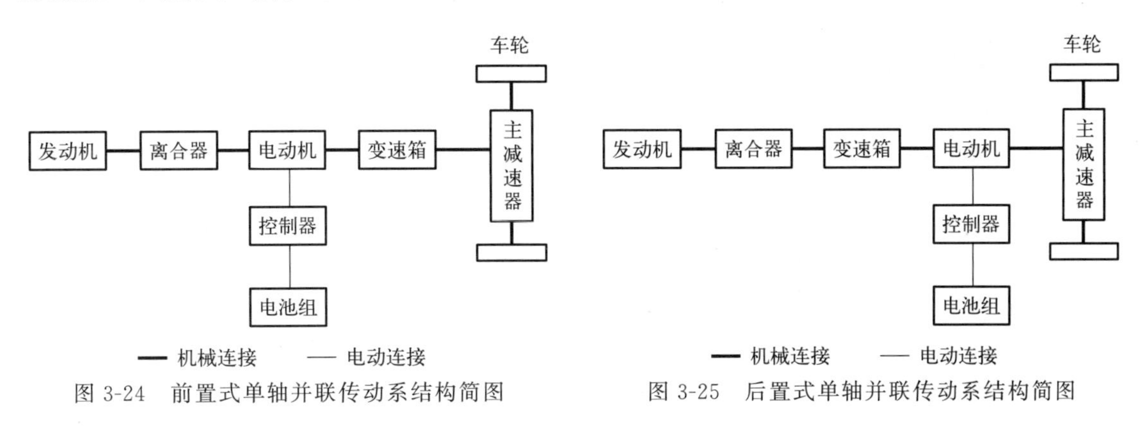


图 3-24　前置式单轴并联传动系结构简图

图 3-25　后置式单轴并联传动系结构简图

除具有与前述双轴并联式混合动力系统相同的优缺点外，单轴并联式结构的另外一个特点是有利于电动机和变速箱结构的一体化模块设计，便于批量生产中的模块化供货和整车装配。但因其合成方式为扭矩合成（发动机和电动机的输出轴采用了同一根传动轴），导致发动机和电动机两者每时每刻的转速值均为同一值，由此限制了电动机的工作区域，造成两者特性不匹配。为改善这种关系，需要布置一个多速变速箱，这又会导致控制系统较为复杂。

并联式混合动力系统的工作模式是低速时和纯电动汽车一样只有电动机接合（即电驱动模式），发动机仅在较高车速时才开始工作，因此有利于改善低速时 HC、CO 的排放和燃油经济性；但在再生制动或者高负荷运行下（例如急加速），电动机又会接合；停车时发动机关闭，由电池提供其他设备所需功率。并联式结构与串联式结构相比，其能量的利用率和燃油经济性相对较高；需要变速装置和动力复合装置，传动机构比串联式复杂。由于并联式混合动力系统的发动机工况要受汽车行驶工况的影响，因此不太适合在市区行驶，而更适合在城市间公路和高速公路上稳定行驶。

目前，国际上的主流产品为伊顿公司推出的同轴并联式混合动力系统。国内市场采用同轴并联式混合动力系统的客车企业主要有中通客车和北汽福田等，如图 3-26 和图 3-27 所示分别为中通客车和北汽福田客车所采用的混合动力系统总成。

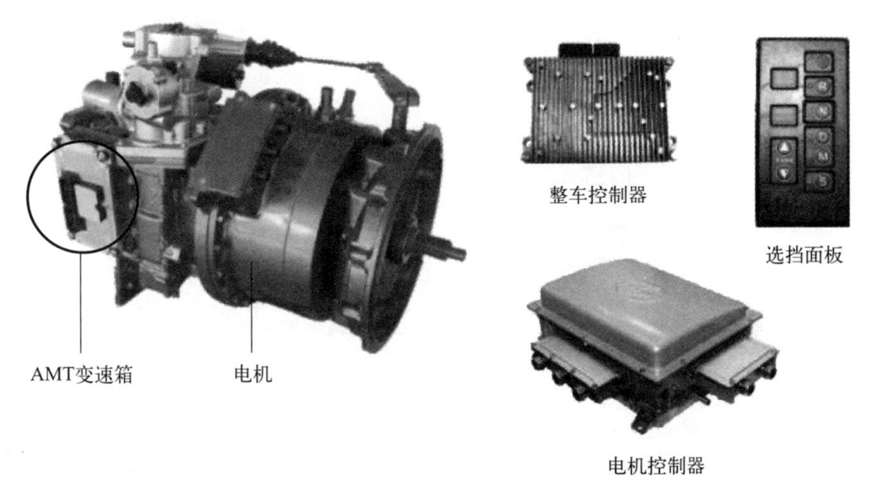


图 3-26　中通客车采用的混合动力系统总成

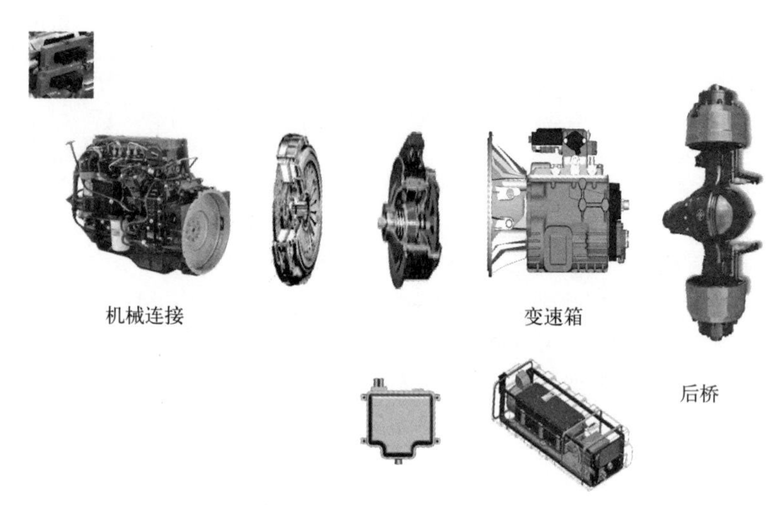


图 3-27 北汽福田客车采用的混合动力系统总成

## 3.3.3 混联式混合动力

混联式混合动力驱动系统是串联式与并联式的综合，结构示意如图 3-28 所示。其驱动系统是发动机与电动机以机械能叠加的方式驱动汽车行驶，但驱动电动机的发电机串联于发动机与电动机之间。混联式结构一般以行星齿轮作为动力复合装置的基本构架，发动机发出的功率一部分通过机械传动输送给驱动桥，另一部分则驱动发电机发电；发电机发出的电能输送给电动机或电池，电动机产生的驱动力矩通过动力复合装置传送给驱动桥。目前在国内客车市场上，万丰卡达克新动力有限公司推出了采用中国汽车技术研究中心研制的该类系统。

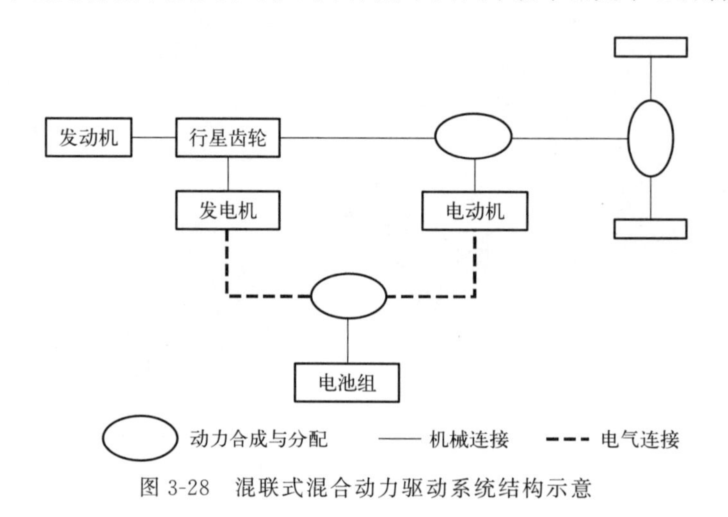


图 3-28 混联式混合动力驱动系统结构示意

## 3.3.4 插电式混合动力

串联插电式混合动力系统由发动机、发电机和电动机三部分动力总成组成，它们之间用串联的方式构成 SHEV 的动力单元系统，发动机驱动发电机发电，电能通过控制器输送到电池或电动机，由电动机通过变速机构驱动汽车行驶。小负荷时由电池驱动电动机再驱动车轮，大负荷时由发动机带动发电机发电驱动电动机。当车辆处于启动、加速、爬坡工况时，发动机-发电机组和电池组共同向电动机提供电能；当电动汽车处于低速、滑行、怠速的工况时，则由电池组驱动电动机，当电池组缺电时则由发动机-发电机组向电池组充电，如图 3-29 所示。

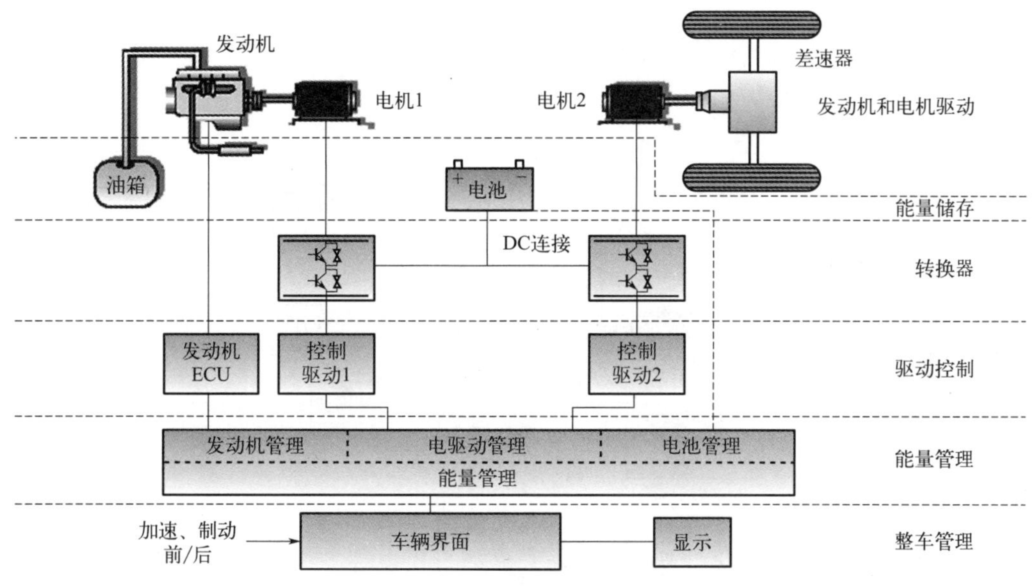


图 3-29 串联插电式混合动力结构示意

并联插电式混合动力系统的发动机和电动机共同驱动汽车，发动机与电动机（电机）分属两套系统，可以分别独立地向汽车传动系统提供扭矩，在不同的路面上既可以共同驱动又可以单独驱动。当汽车加速爬坡时，电动机和发动机能够同时向传动机构提供动力，一旦汽车车速达到巡航速度，汽车将仅仅依靠发动机维持该速度。电机既可以作为电动机又可以作为发电机使用，又称为电动机-发电机组，如图 3-30 所示。

混联插电式混合动力系统包含了串联式和并联式的特点。动力系统包括发动机、发电机和电动机，根据助力装置不同，它又分为以发动机为主和以电机为主两种。以发动机为主的形式中，发动机作为主动力源，电机为辅助动力源；以电机为主的形式中，发动机作为辅助动力源，电机为主动力源，如图 3-31 所示。

混联式结构若按拓扑分类，可分为切换式系统布局和分路式系统布局。典型的切换式系统布局如图 3-32 所示。

分路式系统布局的典型代表是丰田普锐斯混合动力汽车系统结构，以及欧洲华沙工业大学提出的分路式系统布局，分别如图 3-33 和图 3-34 所示。

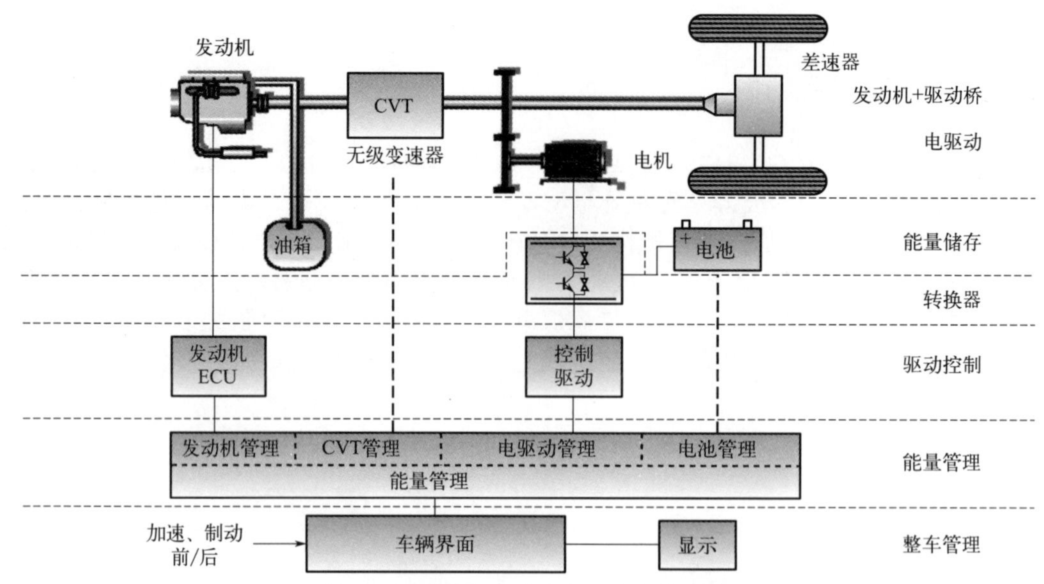


图 3-30　并联插电式混合动力结构示意

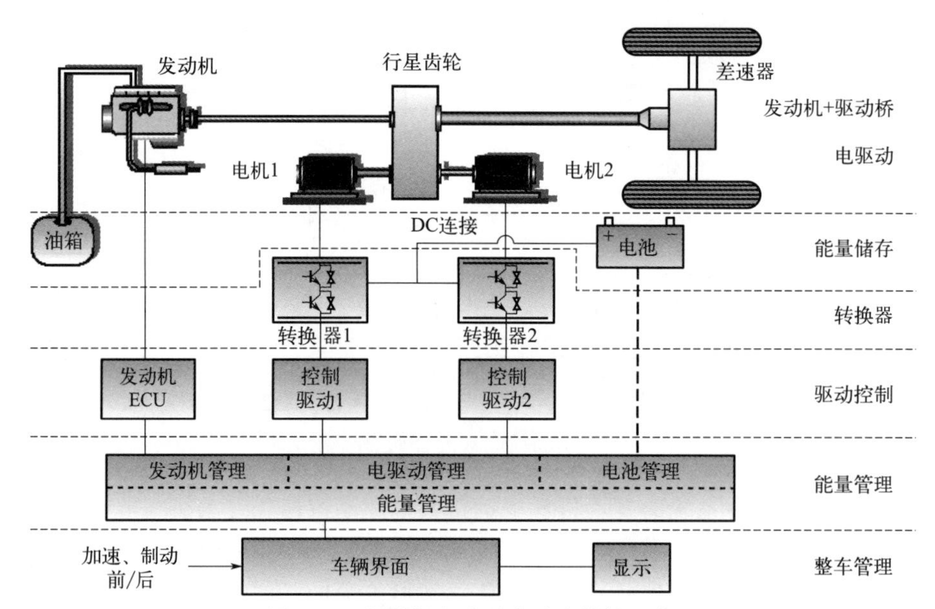


图 3-31　混联插电式混合动力结构示意

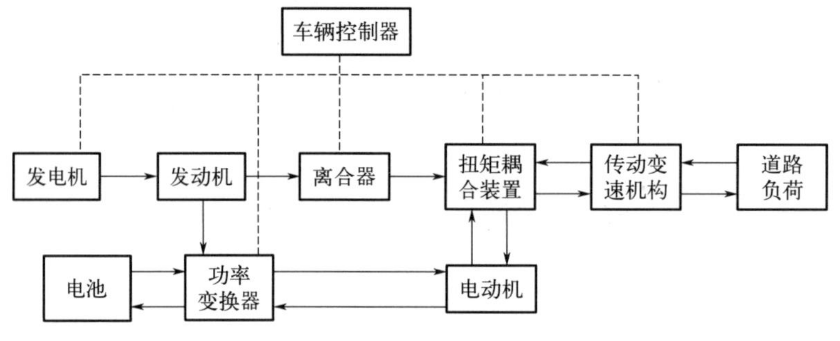


图 3-32　典型的切换式系统布局形式

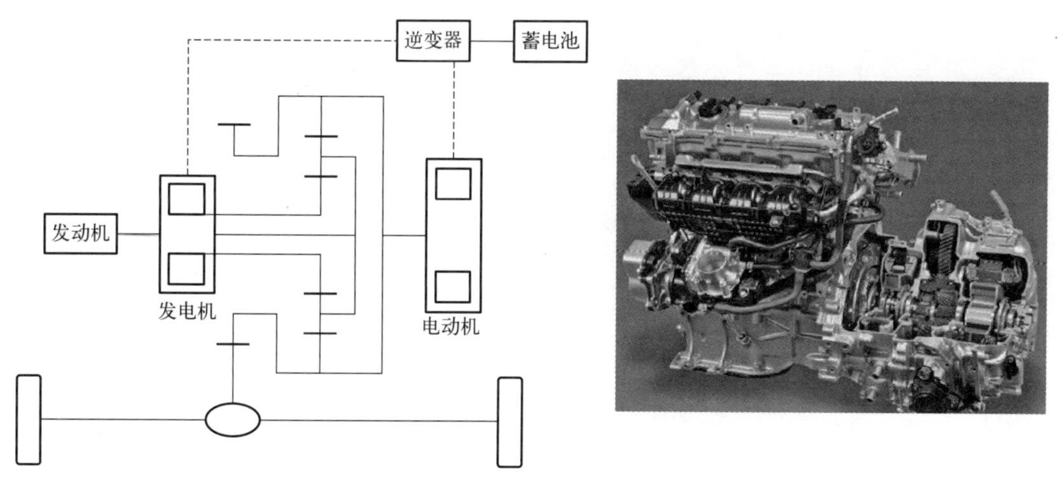

图 3-33　丰田普锐斯分路式混合动力汽车系统结构

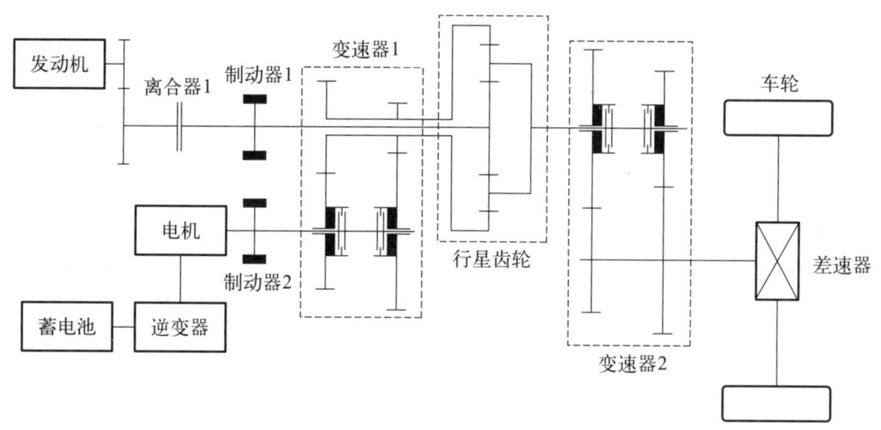

图 3-34　华沙工业大学分路式混联结构

第2篇

# 技术篇

# 第4章 纯电动汽车

纯电动汽车（blade electric vehicles，BEV），是指从车载储能装置获得电力，以电机驱动车辆行驶的汽车，亦即完全由可充电电池（如铅酸电池、镍镉电池、镍氢电池或锂离子电池等）提供动力源的汽车。这种汽车以电能作为唯一动力源，其电的来源可以有很多途径，如车载蓄电池、超级电容器和飞轮电池等装置。纯电动汽车虽然已有130多年的悠久历史，但一直仅限于在某些特定范围内应用，市场规模较小。主要原因是各种类别的蓄电池普遍存在价格高、寿命短、外形尺寸和质量大、充电时间长等缺点。

## 4.1 纯电动汽车概述

纯电动汽车按电池结构，可分为化学电池纯电动汽车和超级电容器纯电动汽车两类，前者指采用铅酸、镍氢、锂离子等电池组作为电源的电动汽车，后者指采用超级电容器储存电能，以电能驱动车辆行驶，并向车辆所有辅助运行设备提供电能的汽车。

早期的中、小型化学电池纯电动汽车产品采用铅酸电池组作为电能存储装置，优点是电池成本较低，但因为这种电池能量密度小，达不到需要的续驶里程要求，且使用寿命低，主要应用于特定区域场地的车辆使用。镍氢电池在电动汽车上采用较多，因其应用较早，技术相对比较成熟，安全性也较高，但相对于锂离子电池，能量密度较小，充放电效率比锂离子电池低20%，目前多用于混合动力汽车。锂离子电池能量密度大（可达到100W·h/kg），充放电效率高（90%以上），是目前纯电动汽车最主要的储能产品。锂离子电池的技术与生产工艺发展很快，在极板材料、电解液和隔膜等方面取得了很大进步，电池的各项性能指标不断提高，电池单体的一致性也得到了保证。但目前锂离子电池技术的发展水平还远未达到理想电能存储装置的要求，在安全性能、能量密度、耐高低温性能和循环充电使用寿命等方面还需进一步提高。

## 4.2 纯电动汽车基本结构与原理

### 4.2.1 化学电池纯电动汽车

化学电池纯电动汽车的动力系统可分为三个子系统，即电机驱动子系统，由车辆控制器、电力电子变换器、电机、机械传动装置和驱动车轮等组成；能源子系统，由能源、能量管理单元和能量的燃料供给单元构成；辅助子系统，由功率控制单元、车内温度控制单元和辅助电源等组成。如图 4-1 所示为纯电动汽车动力系统结构框图，图中双线表示机械连接，粗实线表示电气连接，细实线表示控制信号连接。

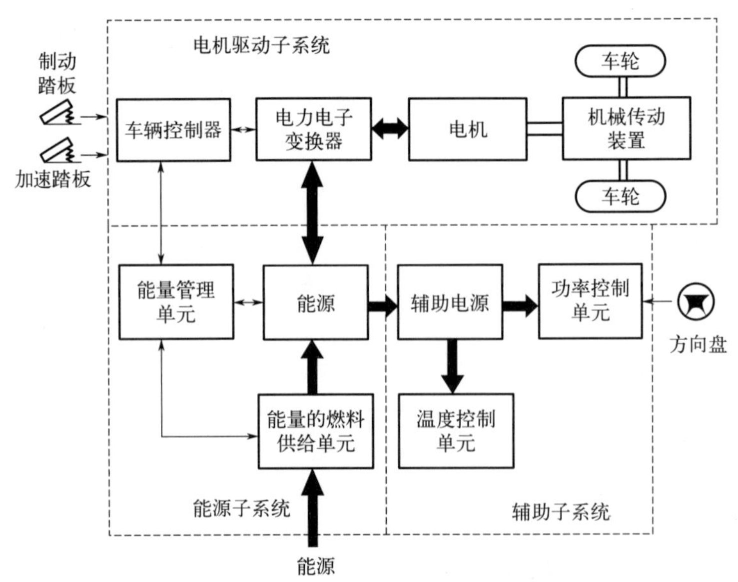


图 4-1　纯电动汽车动力系统结构框图

纯电动汽车的动力流程如图 4-2 所示。图中，由车辆控制器发出相应的控制指令来控制电力电子变换器功率装置的通断；功率转换器的功能是调节电机和电源之间的功率流；能量管理系统和车辆控制器共同控制再生制动及其能量的回收，能量管理系统和充电器一起控制充电并监测电源的使用情况；辅助动力供给系统供给电动汽车辅助系统不同等级的电压并提供必要的动力。

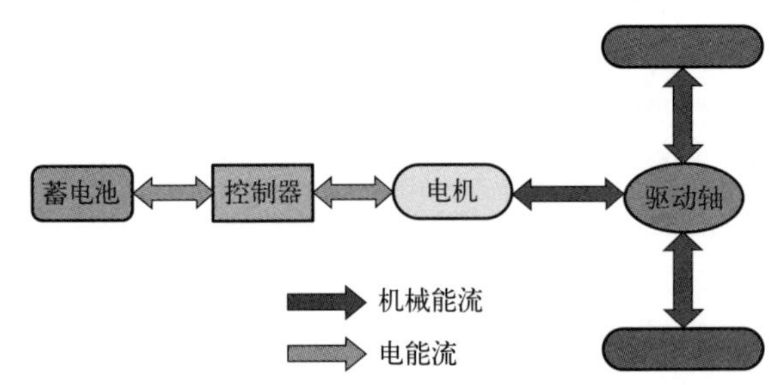


图 4-2　纯电动汽车的动力流程

当汽车行驶时，由电池组输出电能（电流），通过控制器驱动电机运转，电机输出的转矩经传动系统驱动车轮前进或后退。电动汽车续驶里程与电池组容量有关，而电池组容量则受诸多因素限制。要提高一次充电续驶里程，必须尽可能地节省电池组的能量。

## 4.2.2　超级电容器纯电动汽车

超级电容器纯电动汽车采用超级电容器储存电能，以电能驱动车辆行驶，并向车辆所有辅助运行设备提供电能。其基本工作原理与无轨电车相似，快速充电候车站使用电力电网提供的电源，经过变压、整流后，为超级电容器纯电动汽车提供超级电容器所需的高压直流电源。

超级电容器的能量密度很小（只有锂离子电池的 1/20），但其功率密度却很高（可达到锂离子电池的 20 倍以上），因此可以实现大电流充电。虽然每次充电续驶里程只能达到 5～10km，但其充电时间却可以控制在几分钟以内，如果是中途补充充电，只需要十几秒到几十秒即可完成。超级电容器的使用寿命及温度适应性较化学电池要好很多，车辆的后期使用维护费用也较低，但此类车型只能在固定线路行驶，线路上需要建设可补充充电的候车站。用超级电容器纯电动汽车代替无轨电车，可以取消无轨电车的架空高压线，达到美化城市景观的效果，目前在国内已有多条示范运行线路，并取得了良好的经济效益与社会效益。如图 4-3 所示为采用超级电容器的城市汽车正在快速充电候车站充电。

如图 4-4 所示为超级电容器纯电动汽车平台。其中，驱动单元采用大功率、高扭矩、防水型、适用于城市工况的汽车用 9 相同步电机；高低压辅机系统按欧盟标准设计；中央控制系统实现了包括自动驻坡等多项功能；以能量型超级电容器作为储能元件，并采用智能式散热系统，以确保储能元件温度稳定在设定范围之内。

图 4-3　采用超级电容器的城市汽车正在快速充电候车站充电

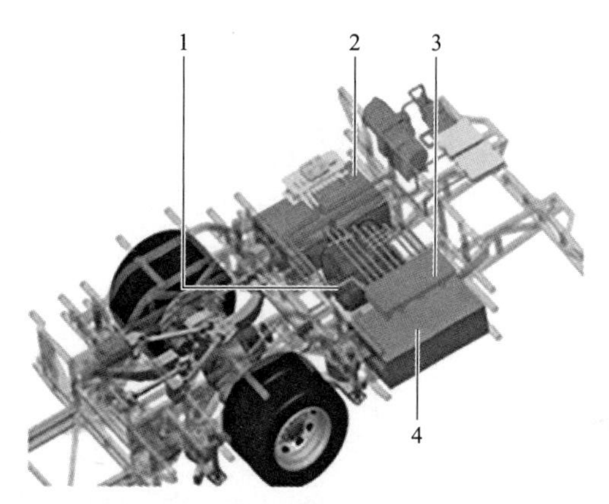


图 4-4　超级电容器纯电动汽车平台

1—同步电机驱动单元；2—高低压辅机系统；3—中央控制系统；4—能量型超级电容器储能单元

纯电动汽车和燃油汽车相比，由于摆脱了对石油的依赖，因此不消耗石油资源，无污染、噪声小，结构简单、维修方便，能量转换效率高，可平抑电网的峰谷差，有助于优化国家能源结构；车辆运行中消耗的电能可由多种能源转化；能够实现更好的控制性能，包括运动控制、舒适性、故障诊断等，同时可以更容易地实现智能化交通管理。

缺点是：电池能量密度低；电池组过重；续驶里程与汽车动力性能有限；电池组价格昂贵及有限的循环寿命；受电能储存的影响，车上附件的使用受到限制等。

## 4.2.3　化学电池纯电动汽车的主要部件

**(1) 电力驱动主模块**

电力驱动主模块主要包括中央控制单元（驱动控制器）、电机和机械传动装置等（图 4-5）。其功用是将存储在电池组中的电能高效地转化为汽车的动能，并能够在汽车减速制动时，将车轮的动能转化为电能充入电池组。

中央控制单元根据加速踏板和制动踏板的输入信号，向驱动控制器发出相应的控制指令，对电机进行启动、加速、减速和制动控制。

图 4-5 电力驱动主模块

驱动控制器按中央控制单元的指令、电机的速度和电流反馈信号，对电机的速度、驱动转矩和旋转方向进行控制。驱动控制器必须和电机配套使用。

电机在电动汽车中承担着电动和发电的双重功能，即在正常行驶时发挥其主要的电动机功能，将电能转化为机械能；在减速和下坡滑行时进行发电，将车轮的惯性动能转化为电能。

机械传动装置将电机的驱动转矩传输给驱动轴，从而驱动车轮使汽车行驶。

**(2) 车载电源模块**

车载电源模块主要包括蓄电池电源、能量管理系统和充电控制器等。其功用是向电机提供驱动电能、监测电源使用情况，以及控制充电机向蓄电池充电，如图 4-6 所示。

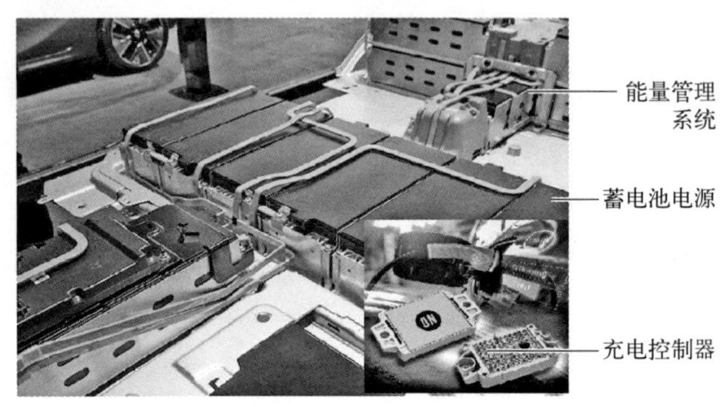

图 4-6 车载电源模块

纯电动汽车常用的蓄电池电源有铅酸电池、镍镉电池、镍氢电池和锂离子电池等。

能量管理主要指电池管理系统，其主要功用是对纯电动汽车的电池单体及整组电池进行实时监控、充放电、巡检及温度监测等。

**(3) 辅助模块**

辅助模块主要包括辅助动力源、动力转向系统、驾驶室显示操作台和辅助装置等。辅助模块除辅助动力源外，其他装置依据不同车型而不同。

辅助动力源主要由辅助电源和 DC/DC 功率转换器组成，其功用是供给纯电动汽车其他各种辅助装置所需的电力源，一般为 12V 或 24V 的直流低压电源，主要为动力转向单元，制动力调节控制单元和照明、空调及电动门窗等各种辅助装置提供所需的能源。

动力转向单元为实现汽车的转向而设置，由转向盘、转向器、转向机构和转向轮等组成。作用在转向盘上的控制力，通过转向器和转向传动机构使转向轮偏转一定的角度，从而实现汽车转向。

驾驶室显示操作台类似传统汽车驾驶室的仪表盘，但其功能根据纯电动汽车的驱动控制特点有所增减，其信息指示更多地选用了数字或液晶屏幕显示。

辅助装置主要有照明、各种声光信号装置、车载音响设备、空调、刮水器、风窗除霜清洗器、电动门窗、电控玻璃升降器、电控后视镜调节器、电动座椅调节器和车身安全防护装置控制器等。采用这些装置的目的是提高汽车的操控性、舒适性和安全性，可根据需要进行选装。

## 4.3 纯电动汽车的特点和关键技术

纯电动汽车与传统的燃油汽车（内燃机汽车）相比，具有以下特点。

**(1) 无污染，噪声低**

纯电动汽车行驶时无内燃机汽车产生的废气，无排气污染，对环境保护和空气的洁净十分有益，有“零污染”的美称。同时，纯电动汽车也没有内燃机工作的噪声，电机的噪声也较内燃机小。

**(2) 能源效率高，来源多样化**

纯电动汽车的能源效率已超过燃油汽车，特别是在城市运行，启动、制动频繁，行驶速度不高等情况，纯电动汽车更加适宜。此外，纯电动汽车停止时不消耗电量，且在制动过程中电动机可自动转化为发电机，实现制动减速时的能量再利用。

纯电动汽车的应用可有效地减少对石油资源的依赖，使有限的石油用于更重要的领域。而向蓄电池充电的电力可由煤炭、天然气、水力、核能、太阳能、风力和潮汐等能源转化而来，如果夜间向蓄电池充电，还可以避开用电高峰，有利于电网均衡负荷，减少费用。

**(3) 结构简单，使用维修方便**

纯电动汽车较内燃机汽车结构简单，运转、传动部件少，维修保养工作量小。当采用交流感应电动机时，电动机无须保养维护；更重要的是，纯电动汽车易于操纵。

**(4) 动力电源使用成本高，续驶里程短**

目前，纯电动汽车技术尚不完善，尤其是动力电源（电池）的寿命短，使用成本高；由于电池的储能量小，一次充电后续驶里程较短，致使纯电动汽车价格较贵。随着科技的进步，纯电动汽车存在的问题会逐步得到解决，其价格和使用成本必然会降低，普及应用将是必然趋势。

发展纯电动汽车必须解决好 4 个方面的关键技术，即电池与管理技术、电机及控制技术、整车控制技术和整车轻量化技术。

**(1) 电池与管理技术**

电池是纯电动汽车的动力源泉，也是一直制约纯电动汽车发展的关键因素。要使纯电动汽车能与内燃机汽车相竞争，关键是要开发出比能量高、比功率大、使用寿命长、成本低的高效电池。但目前使用的电池存在能量密度低、电池组过重、续驶里程短等问题，至今还没有任何一种电池能达到纯电动汽车普及的要求。

电池组性能直接影响整车的加速性、续驶里程以及制动能量回收效率等，而电池的成本和循环寿命则直接关系到车辆的成本和可靠性，因此所有影响电池性能的参数都必须得到优化。纯电动汽车的电池在使用中发热量很大，电池温度影响电池的电化学系统运行、循环寿命和充电可接受性、功率和能量，以及安全性和可靠性等。所以，为了达到最佳性能和寿命，需将电池包的温度控制在一定范围内，并减小包内不均匀温度分布以避免模块间的不平衡，以此避免电池性能下降，且可以消除相关的潜在危险。由于电池包的设计既要密封、防水、防尘和绝缘等，又要考虑空气流流场的分布和均匀散热，因此电池包的散热通风设计已成为纯电动汽车研究的一个重要内容。

**(2) 电机及控制技术**

驱动电机属于特种电机，是纯电动汽车的关键部件。要使纯电动汽车有良好的使用性能，驱动电机应具有较宽的调速范围及较高的转速，足够大的启动转矩，体积小、重量轻、效率高且动态制动强和能量回馈的性能。目前，纯电动汽车所用的电机正向大功率、高转速、高效率和小型化方向发展。

随着电机及驱动技术的发展，控制系统趋于智能化和数字化。变结构控制、模糊控制、神经网络控制、自适应控制，以及专家系统、遗传算法等非线性智能控制技术等，都将应用于纯电动汽车的电机控制系统。这些技术的应用，将使系统结构简单、响应迅速、抗干扰能力强，参数变化具有鲁棒性，从而大大提高整个系统的综合性能。

纯电动汽车的再生制动控制系统可以节约能源、提高续驶里程，具有显著的经济价值和社会效益。此外，再生制动还可以减少汽车制动片的磨损，降低车辆故障率及使用成本。

**(3) 整车控制技术**

新型纯电动汽车的整车控制系统是两条总线的网络结构，即驱动系统的高速 CAN 总线和车身系统的低速总线。高速 CAN 总线每个节点为各子系统的 ECU，低速总线按物理位置设置节点，基本原理是基于空间位置的区域自治。

实现整车网络化控制，其意义不只是解决汽车电子化中出现的线路复杂和线束增加问题，网络化实现的通信和资源共享能力已成为新的电子与计算机技术在汽车上应用的一个基础，同时为高安全的线控系统（X-by-Wire）技术提供了有力的支撑。

**(4) 整车轻量化技术**

整车轻量化始终是汽车技术的重要研究内容。纯电动汽车由于布置了电池组，整车整备质量增加较多，轻量化问题更加突出。一般可采用以下措施减轻整车整备质量。

① 通过对整车实际使用工况和使用要求的分析，对电池的电压、容量、驱动电机功率、转速和转矩、整车性能等车辆参数的整体优化，合理选择电池和电机参数。

② 通过结构优化和集成化、模块化优化设计，减小动力总成、车载能源系统的质量，即通过对包括电机及驱动器、传动系统、冷却系统、空调和制动真空系统的集成和模块化设计，使系统得到优化；通过对电池、电池箱、电池管理系统、车载充电机组成的车载能源系统的合理集成和分散，实现系统优化。

③ 采用轻质材料，如对电池箱的结构框架、箱体封皮以及轮毂等采用轻质合金材料。

④ 采用 CAD 技术对车身承载结构件（如前后桥，新增的边梁、横梁等）进行有限元分析研究，用计算和试验相结合的方法，实现结构最优化。

## 4.4 纯电动汽车车型实例

大众公司的 ID. 4 纯电动汽车其高压电系统如图 4-7 所示，经过全新设计，与模块化电动汽车平台无缝集成。

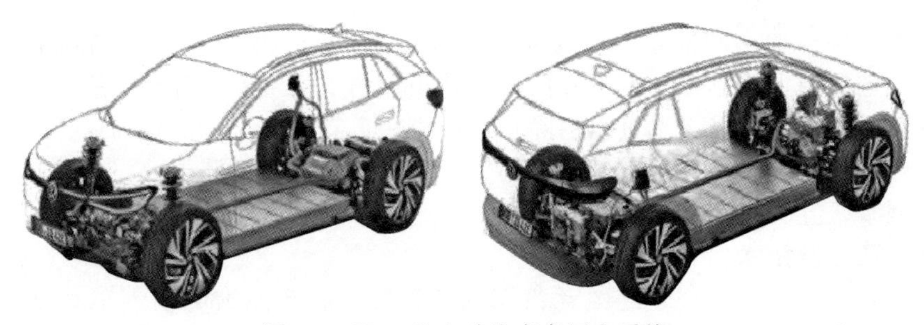

图 4-7 ID. 4 纯电动汽车高压电系统

ID.4纯电动汽车设有交流和直流充电口，位于右后翼子板处，如图4-8所示。车载充电机准许使用家用插座或公共2类（级、型）交流充电桩，充电1h可以行驶约53km，在7.5h内可以充满电。使用直流125kW充电桩，可以在大约38min内从5%充电到80%。

图4-8　充电口

1—交流充电口；2—直流充电口

**（1）高压电部件**

高压电部件包括动力电池AX2、充电口UX4、车载充电机AX4、DC/DC转换器A19、驱动电机VX54、电机控制器（具有电力和电子控制作用）JX1、空调电动压缩机VX81、空调PTC元件ZX17、电池PTC加热器Z132，安装位置如图4-9所示。

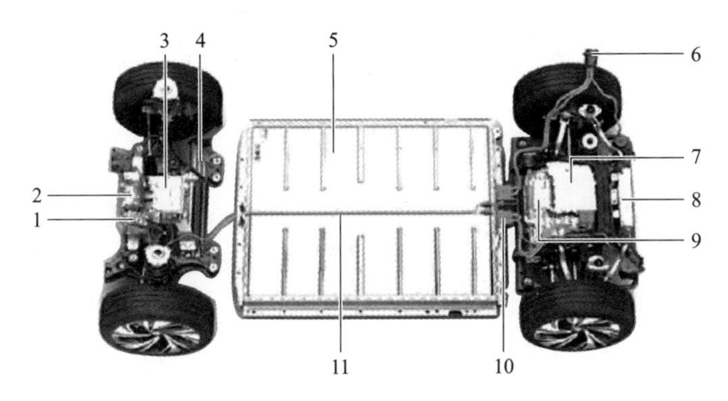


图4-9　高压电部件安装

1—电池PTC加热器Z132；2—空调电动压缩机VX81；3—DC/DC转换器A19；4—空调PTC元件ZX17；5—动力电池AX2；6—充电口UX4；7—电机控制器JX1；8—车载充电机AX4；9—驱动电机VX54；10—电池箱高压插接器；11—高压电缆

**（2）高压电缆**

在电机控制器内部装有EMC电磁兼容与抑制滤波器，其具有抑制高压电缆对外发射电磁波的作用，所以高压电缆不采用屏蔽层。高压电缆连接不采用接线板，被车辆前部、后部2个连接点取代，如图4-10所示。连接点采用小连接器，在电缆线束生产过程中加热连接点，使其熔化，无法分开，优点是保证高压电缆稳定连接，缺点是必须整体更换高压电缆，增加维修成本。

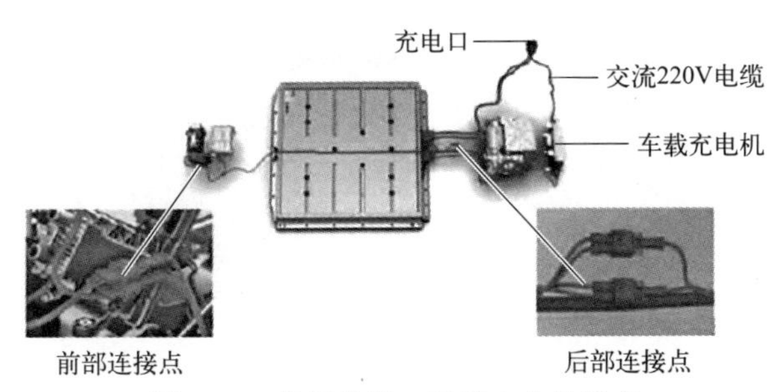


图4-10　车辆前部、后部2个连接点

ID.4纯电动汽车高压电缆连接如图4-11所示，车辆前部连接点将DC/DC转换器A19、电动压缩机 VX81、电池 PTC 加热器 Z132 和空调 PTC 元件 ZX17 连接到一起，然后与车辆后部的车载充电机 AX4 连接。车辆后部的连接点与动力电池 AX2 连接。动力电池 AX2 分别与充电口 UX4 的快充口、电机控制器 JX1 连接。充电口 UX4 的慢充口与车载充电机 AX4 之间用交流 220V 电缆连接。电机控制器 JX1 与驱动电机 VX54 之间用 U、V、W 三相铜排连接。

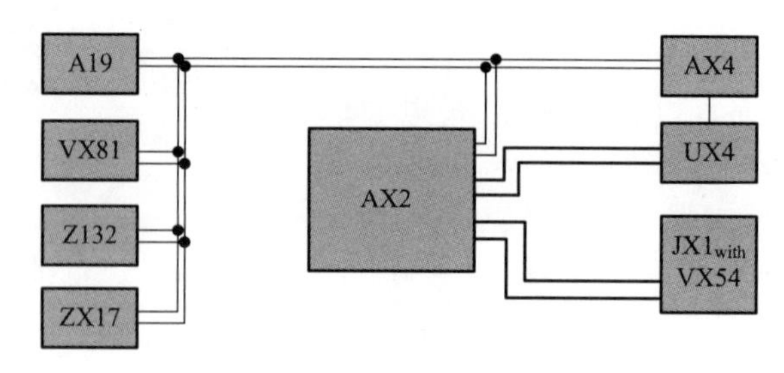


图 4-11　ID. 4 纯电动汽车高压电缆连接

A19—DC/DC 转换器；VX81—电动压缩机；Z132—电池 PTC 加热器；ZX17—空调 PTC 元件；AX2—动力电池；AX4—车载充电机；UX4—充电口；JX1—电机控制器；VX54—驱动电机

**(3) 动力电池 AX2**

动力电池 AX2 兼容 7～12 模组，续驶里程 330～600km，电池包安装在轻型铝制结构的壳体中，外壳用螺栓固定在底盘下部，动力电池箱是车辆底盘的一部分。

① 模组。电池单体采用宁德时代三元锂离子 NCM811（镍钴锰配比 8∶1∶1）方形电池，能量密度 175W/kg，单体标称电压 3.7V。单体并联组成模块，模块串联组成模组（图 4-12），模组串联组成电池包（图 4-13）。

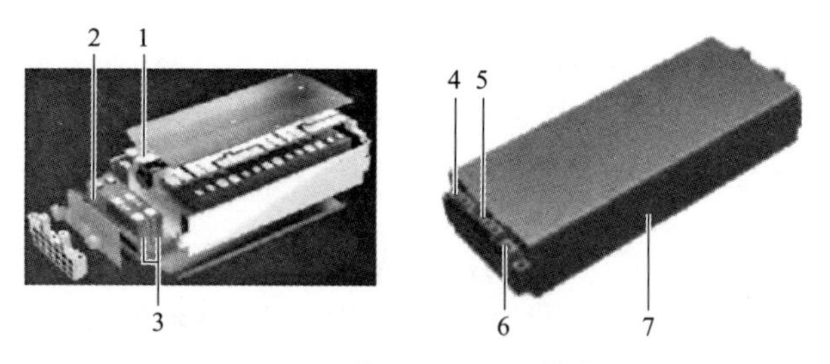


图 4-12　模块串联组成模组

1—连接片；2—单体；3—模块；4—正极端子；5—采样线束插座；6—负极端子；7—模组

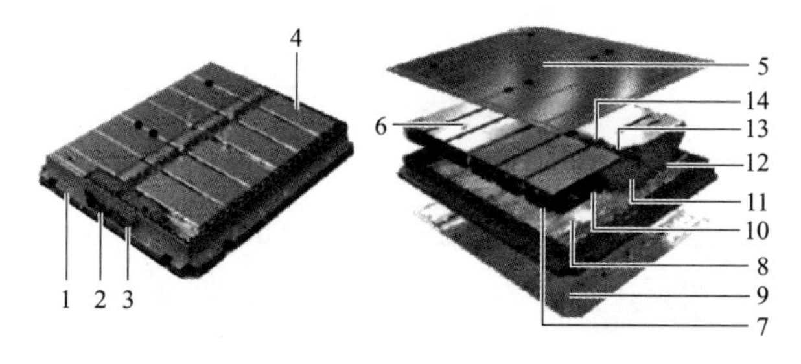


图 4-13　模组串联组成电池包

1—通气压力调节阀；2—高压插座（至电机控制器）；3—高压插座（至直流充电口）；4—冷却液管路接头；5—上盖；6—电池包；7—壳体；8—散热器（在壳体外面）；9—下护板；10—BMS；11—正极开关单元 SX8；12—负极开关单元 SX7；13—连接线；14—分控盒

② 62kW·h电池包。62kW·h电池包的各个模组相同，每个模组内有24个单体，先以2个单体并联组成模块，再以12个模块串联组成模组，连接方式为2P12S。引出正极端子和负极端子，模组标称电压为3.7V×12=44.4V。

③ 技术参数。动力电池AX2采用液体冷却和加热，工作温度为−28～60℃，防护等级为IP67及IP69K，技术参数见表4-1。

**表4-1　ID.4动力电池技术参数**

| 名称 | 单位 | 技术参数 |
| --- | --- | --- |
| 电池包规格 | kW·h | 62 |
| 单体标称电压 | V | 3.7 |
| 模组标称电压 | V | 44.4 |
| 模组的质量 | kg | 30 |
| 模组的数量 | 个 | 12 |
| 电池包标称电压 | V | 399.6 |
| 单体额定容量 | A·h | 78 |
| 模块额定容量 | A·h | 156 |
| 模组额定能量 | kW·h | 6.926 |
| 电池包额定能量 | kW·h | 62 |
| 电池包的净能量 | kW·h | 58 |
| 续驶里程(NEDC) | km | 439 |
| 电池包质量 | kg | 382 |
| 最大交流充电功率 | kW | 7.2 |
| 最大直流充电功率 | kW | 50 |

注：正极材料内三元锂离子电池，模组连接方式为2P12S，电池包连接方式为2P108S。

# 第5章 混合动力汽车

混合动力汽车（hybrid electrical vehicle，HEV）是指车辆驱动系统由两个或多个能同时运转的单个驱动系统联合组成的客运车辆，其行驶功率依据实际的车辆行驶状态由单个驱动系统单独提供或多个驱动系统共同提供。在目前情况下，混合动力汽车大多采用传统的内燃机和电机作为动力源，综合运用发动机和驱动电机两种动力，通过复合动力系统及动力电池的功率均衡作用，最大可能地优化发动机工作，提高车辆的燃油经济性和排放性能。

## 5.1 混合动力汽车的分类

### 5.1.1 按混合方式不同分类

**(1) 油电混合动力**

在国际上，“hybrid”（混合动力）一般多指应用“油电混合动力”系统的汽车。

油电混合动力的特点在于车辆启动和停止时，只靠发电机带动，不达到一定速度，发动机就不工作，因此便能保证发动机一直保持在最佳工况状态，动力性更好、排放量更低。

目前，油电混合动力汽车在全球销售了近百万辆，且最近两年的上升幅度很快。由于混合动力汽车的关键在于混合动力系统，其性能直接关系到整车性能，因此虽然混合动力汽车都由内燃机和电动机组成，但在技术上还是有所区别，即根据动力传递方式，混合动力汽车可分为串联式、并联式和混联式三种类型。

**(2) 气电混合动力**

压缩天然气（CNG）与电混合，可充分发挥电动汽车和CNG清洁燃料汽车两者的长处，实现优势互补，即在电动系统的辅助控制下，CNG发动机可以在最佳状态下工作，使尾气排放更低。

与纯CNG发动机汽车相比，气电混合动力汽车的CNG发动机工作工况更佳，燃料消耗率更低（可节省燃料25.30%），运营成本更低；CNG混合动力汽车多为自动变速系统，驾驶更平顺、动力比纯CNG汽车优越、噪声更低、舒适性更高；电机能量回馈制动，制动距离更短、更安全，制动片使用寿命更长。

此外，CNG混合动力汽车可设计成外接充电式，充分利用低谷电，使CNG的燃料消耗率更低且操作简单方便；动力系统全自动控制，各子系统工作状况最佳，可靠性更高、维护成本更低；由于气电混合动力汽车造价不高，可适应不同市场要求，运营成本较低，回收成本较普通汽车容易。但由于气瓶体积较大，占用空间较大，目前在汽车上还采用较少。

**（3）电电混合动力**

电电混合动力汽车主要是指采用电电混合储能系统的汽车，即采用高功率密度的电源（超级电容器）和高能量密度的电源（蓄电池）并联使用，将超级电容器作为辅助动力电源，为车辆提供在启动、爬坡、加速等功率突变时所需的功率，从而减小大电流放电对蓄电池的伤害，延长蓄电池寿命，改善电动汽车性能。

超级电容器和蓄电池在特性上具有很强的互补性，因此采用超级电容器与蓄电池组成混合电源，将兼具两者的优点。蓄电池的能量密度大，但功率密度低，循环寿命短，充放电效率低，污染环境，不适合高倍率快速充电；超级电容器的特性则恰恰相反，具有很高的功率密度，循环寿命长，充放电效率高，环境友好，特别适用于高倍率充放电的场合，但低的能量密度不适用于长时间的大规模储能。因此，两者结合无疑将会提高储能装置的性能。

目前，应用较多的是将超级电容器与蓄电池组合用于汽车启动。由于超级电容器在汽车启动过程中改善了电源功率输出性能、汽车启动性能和电池的工作环境，减小了对车内其他电子设备的干扰，消除了频繁启动对蓄电池的损伤，因此延长了蓄电池的使用寿命。

超级电容器的高功率密度特性在混合动力汽车中扮演了非常重要的角色，目前的研究是致力于提高其比能量。其中，最重要的措施之一就是利用离子液体电解质来提高单体电压，使其不低于3V，并且通过设计合适的电极材料提高在离子电解液中的容量。这些措施的采用，可以大大提高超级电容器的比能量。

## 5.1.2 按技术路线不同分类

**（1）串联式混合动力**

串联式混合动力系统由发动机、发电机和电动机三部分动力总成组成，它们之间用串联方式组成SHEV动力单元系统，发动机驱动发电机发电，电能通过控制器输送到电池或电动机，由电动机通过变速机构驱动汽车。小负荷时由电池驱动电动机从而驱动车轮，大负荷时由发动机带动发电机发电以驱动电动机。

**（2）并联式混合动力**

采用并联式混合动力装置的汽车由发动机和电动机共同驱动车轮，但发动机与电动机分属两套系统，可以分别独立地向传动系统提供扭矩，在不同的路面上既可以共同驱动又可以单独驱动。由于没有单独的发电机，发动机可以直接通过传动机构驱动车轮。这种装置更接近传统的汽车驱动系统，机械效率损耗与普通汽车差不多，目前在汽车上得到了较为广泛的应用。

**（3）混联式混合动力**

混联式混合动力系统包含了串联式和并联式的特点，其动力系统包括发动机、发电机和电动机。根据助力装置不同，又分为以发动机为主和以电动机为主两种。在以发动机为主的系统中，发动机作为主动力源，电动机作为辅助动力源；在以电动机为主的形式中，发动机作为辅助动力源，电机作为主动力源。这种技术路线的优点是控制方便，在燃油利用效率不太高的城市路况时基本上靠电动机驱动，可实现零排放，缺点是结构比较复杂。

## 5.1.3 不同类型混合动力汽车的特点

不同类型混合动力汽车的特点对比见表5-1。

**表 5-1 不同类型混合动力汽车的特点对比**

| 项目 | 结构模型 | | |
|---|---|---|---|
| | 串联式 | 并联式 | 混联式 |
| 动力总成 | 发动机、发电机、电动机三大动力总成 | 发动机、电动机/发电动机或电动机两大动力总成 | 发动机、电动机/发电机、电动机三大动力总成 |
| 驱动模式 | 电动机是唯一的驱动模式 | 发动机驱动模式、电动机驱动模式、发动机-电动机混合驱动模式 | 发动机驱动模式、电动机驱动模式、发动机-电动机混合驱动模式、电动机-电动机混合驱动模式 |
| 传动效率 | 能量转换效率较低 | 传动效率较高 | 传动效率较高 |
| 制动能量回收 | 能够回收制动能量 | 能够回收制动能量 | 能够回收制动能量 |
| 整车总布置 | 三大动力总成之间没有机械式连接装置,结构布置的自由度较大,三大动力总成的质量、尺寸都较大,一般在大型车辆上采用 | 发动机驱动系统保持机械式传动系统,发动机与电动机两大动力总成之间被不同的机械装置连接起来,结构复杂,使布置受到一定的限制 | 三大动力总成之间采用机械装置连接,三大动力总成的质量、尺寸都较小,能够在小型车辆上布置,结构更加紧凑 |
| 适用条件 | 适用于大型客车或货车,适合在路况较复杂的城市道路和普通公路上行驶,更加接近纯电动汽车性能 | 适用于中小型汽车,适合在城市道路和高速公路上行驶,接近普通的内燃机汽车性能 | 适用于各种类型的汽车,适合在各种道路上行驶,更加接近普通的内燃机汽车性能 |

# 5.2 混合动力汽车的动力系统结构及工作原理

## 5.2.1 传统混合动力汽车

### 5.2.1.1 传统串联式混合动力汽车

传统串联式混合动力汽车的动力系统结构如图 5-1 所示。其驱动系统由发动机、发电机和电动机三大动力总成采用“串联”的方式组成，发动机仅用于带动发电机发电，发电机发出的电能通过电动机控制器直接输送到电动机，靠电动机产生的电磁力矩驱动车辆行驶。当发电机的电机功率大于行驶阻力时，发电机发出的部分电能向电池组充电，以此延长混合动力汽车的续驶里程；反之，电池组也可以单独向电动机提供电能来驱动车辆，使混合动力汽车在零污染状态下行驶；或补充发电机发出电能的不足，使车辆获得更大的动能。

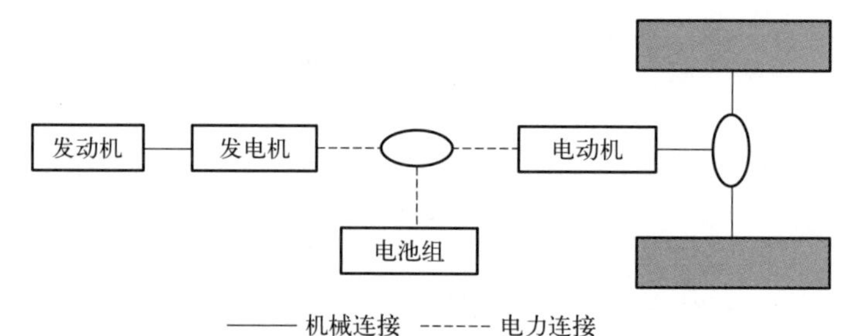


图 5-1 传统串联式混合动力汽车的动力系统结构

如图 5-2 所示为传统串联式混合动力汽车动力系统流程。在这种结构布局下，串联混合动力的能量经历了从化学能→机械能→电能→机械能的转换，并实现四种工作模式，即发动机-发电机组单独供电、发动机-发电机组和电池组共同供电、电池组单独供电、发动机多余能量对电池组充电和再生制动。这种系统方案和传统汽车比较，是一种发动机辅助性的电动汽车，主要为了增加车辆的行驶里程。由于在发动机和发电机之间的机械连接装置中没有离合器，因而有一定的灵活性，并且传动结构简单。

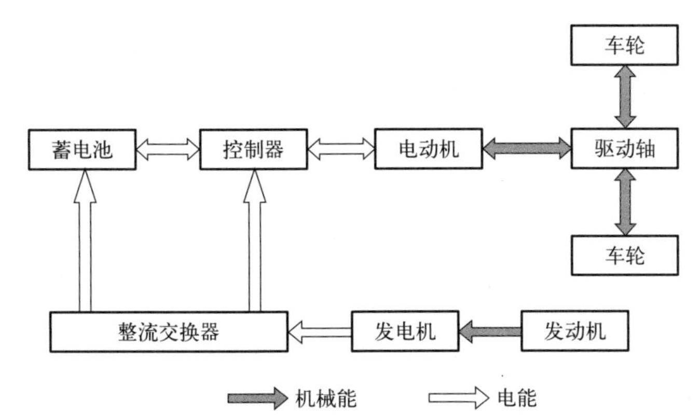

图 5-2 传统串联式混合动力汽车动力系统流程

**(1) 发动机-发电机组单独供电模式**

该供电模式的特点是发动机带动发电机发电，其电能通过电机控制器直接输送到电动机，由电动机产生驱动力矩驱动车辆行驶。由于发电机和电动机之间没有直接的机械连接，整车布置自由度较大，同时也使发动机的工作状态不受行驶状态的影响而保持稳定、高效、低污染的运行状态。因此，这种工作模式具有良好的燃油经济性和排放指标。

**(2) 发动机-发电机组和电池组共同供电模式**

该供电模式亦称“联动模式”，适合汽车起步、加速、高速行驶和爬坡等工况，此时发电机发出的功率低于电动机所需功率，蓄电池向电动机提供额外的电能。由于发动机带动发电机所产生的电能和蓄电池输出的电能共同供给电动机来驱动汽车行驶，所以电力是唯一的驱动模式。因此，从使用角度看，这种控制技术较为简单。

**(3) 电池组单独供电模式**

这种供电模式亦称“纯电机模式”，适合路况复杂的城市汽车。在环保要求高的市区，车辆起步和低速行驶时可以关闭发电机进入纯电动状态，从而实现零排放。

**(4) 发动机多余能量对电池组充电和再生制动模式**

当发电机发出的功率大于电动机所需功率时（汽车行驶所需功率），电机控制器向动力蓄电池充电，在联动模式和纯电机模式下辅助或单独驱动车辆行驶。同时，在车辆制动、下坡甚至滑行减速时处于再生制动状态，利用制动减速能量对蓄电池充电，从而回收制动能量，降低能耗。

目前，串联式混合动力驱动系统汽车主要有两种控制模式，即恒温控制模式和功率跟随控制模式。前者当电池组 SOC（state of charge，即荷电状态，反映电池的剩余容量，其数值上定义为剩余容量与同等条件下电池额定容量的比值）降到一个设定的低门限值时，发动机启动，在最低油耗（低排放）点恒功率输出，其中一部分功率用于驱动要求，另一部分功率向电池组充电；当电池组 SOC 上升到所设定的高门限值时，发动机关闭，由电动机驱动车轮。在此种模式中，由于蓄电池组要满足所有瞬时功率的要求，因此蓄电池组的过度循环所引起的损失可能会减少发动机所带来的好处。所以，这种模式对发动机较为有利，而对蓄电池则有更高的要求。

功率跟随控制模式采用自动无级变速器（CVT），通过调节 CVT 速比，控制发动机沿最小油耗曲线运行，发动机功率紧紧跟随车轮功率的变化，因此与传统的汽车运行模式相似。采用这种控制策略，蓄电池工作循环将消失，与充放电有关的蓄电池组损失被减少到最低限度，故目前应用较多，但整车成本有所上升。发展趋势是将两种控制模式结合使用，充分利用发动机和电池的高效率区，使其达到整体效率最高，即汽车加速时，为了满足车轮驱动功率的要求，采用功率跟随控制模式；为了避免发动机低效率工况的发生，且当车轮驱动功率要求低时，采用恒温控制模式，以提高整车系统效率。

串联式混合动力汽车从总体结构上看，较为简单，易于控制，因只有电动机的电力驱动系统，所以其特点更加趋近于纯电动汽车。但是，在发动机-发电机-电动机驱动系统中的热能-电能-机械能转换过程中，能量损失较大。从发动机发出的能量以机械能的形式从曲轴输出，并立即被发电机转换为电能，由于发电机的内阻和涡流，将会产生能量损失（效率为90%～95%）。电能随后又被电动机转换为机械能，在电动机和控制器中能量又进一步损失（效率为 80%～85%）。因此，能量转换的效率要比内燃机汽车低，故串联式混合动力驱动系统较适合在大型汽车上使用。

### 5.2.1.2 传统并联式混合动力汽车

传统并联式混合动力汽车的动力系统结构如图 5-3 所示，主要由发动机、电动机/发电机和电池组组成，一般有多种组合形式，可以根据使用要求选用。传统并联式混合动力系统采用发动机和电动机两套独立的驱动系统驱动车轮，两者在车辆传动系统处耦合，即将机械能耦合后输出到驱动轮。发动机和电动机通常通过不同的离合器来驱动车轮，采用发动机单独驱动、电动机单独驱动或者发动机和电动机混合驱动三种工作模式。当发动机提供的功率大于车轮所需驱动功率时，或当车辆制动时，电动机工作于发电状态，给电池组充电。发动机和电动机的功率可以相互叠加，发动机功率和电动机/发电机功率为电动汽车所需最大驱动功率的 0.5～1.0 倍，因此可以采用小功率的发动机和电动机/发电机，使得整个动力系统的装配尺寸、质量都较小，造价也较低，行驶里程也可以比串联式混合动力汽车更长一些，其特点更趋近于内燃机。并联式混合动力驱动系统通常被应用在中、小型混合动力汽车上。

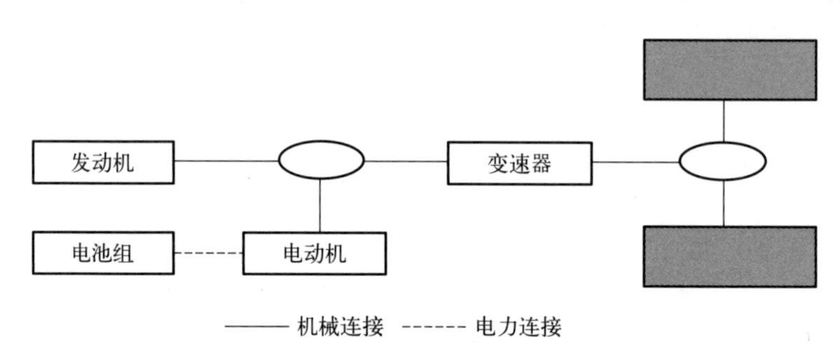


图 5-3 传统并联式混合动力汽车的动力系统结构

传统并联式混合动力汽车主要有四种运行模式：车辆启动和节气门全开加速时，发动机和电动机同时工作，共同分担驱动车辆所需要的转矩；车辆正常行驶时，电动机关闭，仅由发动机工作提供动力；车辆制动和减速时，电动机工作于发电机状态，通过功率转换装置给蓄电池充电；车辆轻载时，发动机发出的功率可以通过电动机转化为电能给蓄电池充电。从概念上讲，它是电力辅助型的燃油车，目的是降低排放和燃油消耗。

传统并联式混合动力系统的动力流程如图 5-4 所示。发动机和电动机通过某种变速装置同时与驱动桥直接相连接。电动机可以用于平衡发动机所受的载荷，使其能在高效率区域工作，因为通常发动机工作在满负荷（中等转速）下燃油经济性最好。当车辆在较小的路面载荷下工作时，内燃机车辆的发动机燃油经济性较差，而并联式混合动力汽车此时可以关闭发动机而只用电动机来驱动，或增加发动机的负荷使电动机作为发电机给电池组充电，以备后用（即一边驱动汽车一边充电）。由于并联式混合动力汽车在稳定的高速下发动机具有较高的效率和相对较轻的质量，因此在高速公路上行驶时具有较好的燃油经济性。

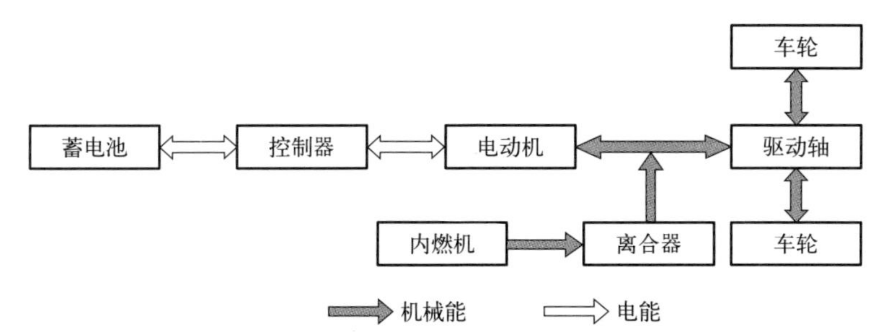


图 5-4　传统并联式混合动力系统的动力流程

并联式混合动力汽车成本较低，技术较为可靠，在电驱动系统出现故障时也能保证整车正常运行，因此得到了很多厂家的青睐。电驱动系统与常规动力系统的耦合方式有很多种，驱动电机可以布置在变速机构前部，也可以布置在变速机构后部，驱动电机输出轴与变速器齿轮轴有平行布置的（通过圆柱齿轮），也有垂直布置的（通过圆锥齿轮）；为了提高传动效率，减小布置空间，有些系统采用了发动机与驱动电机同轴布置方式，如图 5-5 所示。

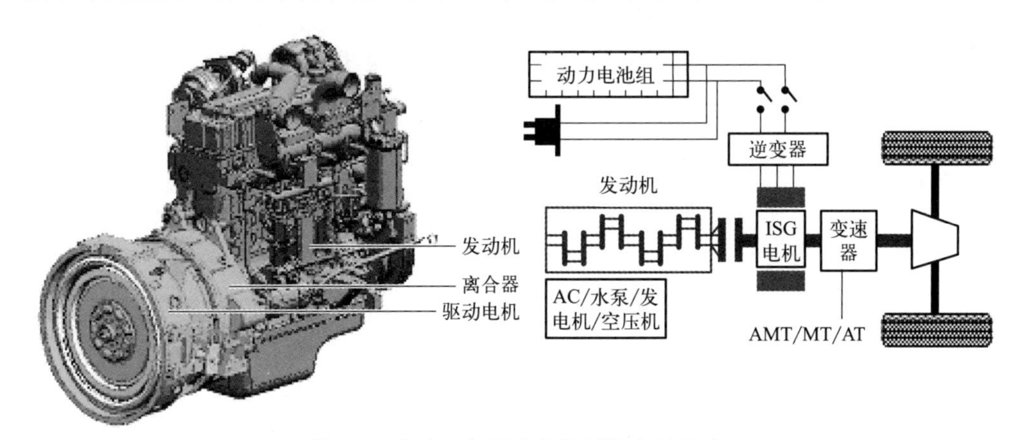


图 5-5　发动机与驱动电机同轴布置示意

由于国内用于汽车的自动变速器 AT（液力式）、AMT（机械式）技术还处在发展阶段，大部分厂家仍然选用成熟、可靠的 MT（机械式手动操纵）变速器，节油效果较好，可达 15%～30%，价格优势也最明显。但传统的 MT 汽车主要靠驾驶员丰富的驾驶经验判断合适的换挡时机，不能达到精确控制的目的，从而导致同一车型油耗相差较大。

### 5.2.1.3　传统混联式混合动力汽车

传统混联式混合动力汽车的动力系统结构如图 5-6 所示，其综合了串联式和并联式的特点，主要由发动机、发电机、电动机、行星齿轮机构和电池组等部件组成。发动机发出的功率一部分通过机械传动输送给驱动桥，另一部分则驱动发电机发电。发电机发出的电能输送给电动机或电池组，电动机产生的驱动力矩通过动力复合装置传送给驱动桥。混联式驱动系统的控制策略是：在汽车低速行驶时，驱动系统主要以串联方式工作；当汽车高速稳定行驶时，则以并联工作方式为主。

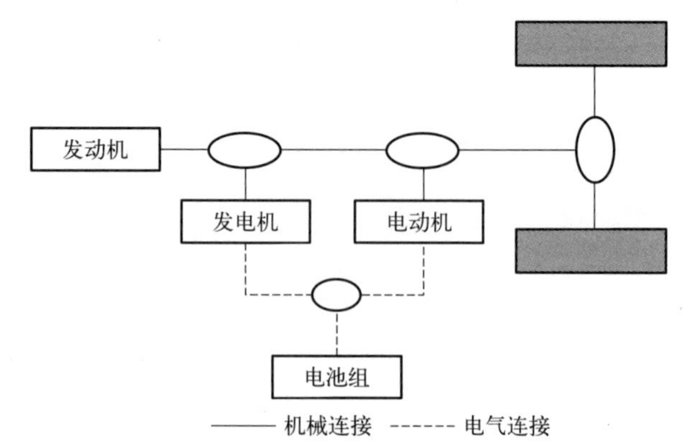


图 5-6 传统混联式混合动力汽车的动力系统结构

与串联式相比，混联式增加了机械动力的传递路线；与并联式相比，增加了电能的传输路线。因此，混联式同时具有串联式和并联式的优点，适合各种行驶条件，具有良好的燃油经济性和排放性能，且动力性较好，续驶里程与传统汽车相当，是非常理想的混合电动方案。但对动力复合装置的要求更高，动力复合形式结构复杂，成本高。随着控制技术和制造技术的发展，结构复杂和成本高的问题已开始得到解决，现代混合动力汽车更倾向于选择这种结构。

目前，混联式混合动力结构一般采用行星齿轮机构作为动力复合装置的基本构架（动力分配装置）。有一种非常好的混联式结构是将发动机、发电机和电动机通过一个行星齿轮装置连接起来，动力从发动机输出到与其相连的行星架，行星架将一部分转矩传送到发电机，另一部分传送到传动轴，同时发电机也可以通过电动机来驱动传动轴。这种机构有两个自由度，可以自由控制两个不同的速度。此时车辆并不是串联式或并联式，而是两种驱动形式同时存在，充分利用了两种驱动形式的优点。

传统混联式混合动力系统的动力流程如图 5-7 所示。由于发挥了串联式和并联式的优点，能够使发动机、发电机、电动机等部件进行更多的优化匹配，从而在结构上保证了在更复杂的工况下使系统在最优状态工作，更容易实现排放和油耗的控制目标，因此是非常具有影响力的混合动力汽车动力系统结构方案。

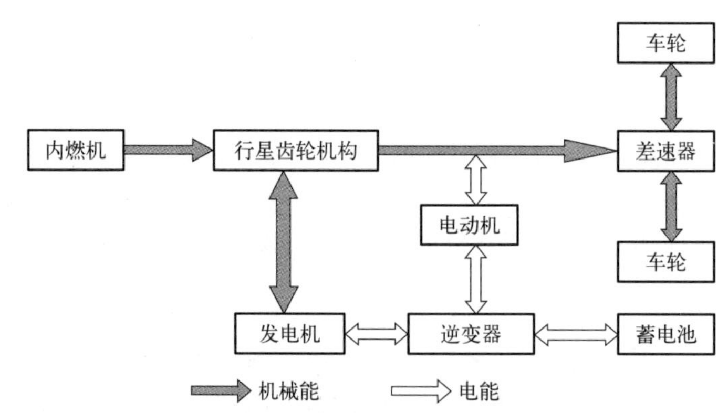


图 5-7 传统混联式混合动力系统的动力流程

如图 5-8 所示是目前国内流行的一种混联式混合动力汽车的动力系统典型结构，其混联系统在驱动电机前面装有自动控制的离合器装置，离合器分离时系统成为串联式混合动力系统，离合器接合时系统成为并联式混合动力系统。由于采用了发动机-发电机-自动离合器-驱动电机同轴连接方式，驱动电机的输出特性较好，系统取消了变速机构，因此具有传动效率高、相对成本较低的优势，但在动力性方面与采用了变速器的混联式系统存在一定差距。

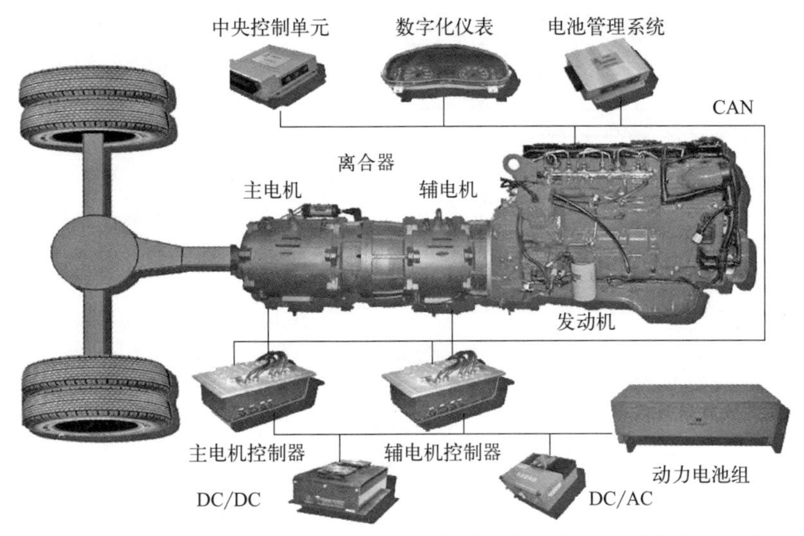


图 5-8 目前国内流行的一种混联式混合动力汽车的动力系统典型结构

混联式混合动力系统的结构种类较多，既有上述同轴连接方式，也有将发电机与发动机平行布置的方式(采用传动带)。国外先进的结构是在 AT 自动变速器基础上，将发电机与电动机嵌入变速器内部，从而形成专用的混联系统核心部件。由于自动变速器的行星齿轮组可以有多种速比，因此系统可以采用体积很小的高转速、大功率永磁式电动机。该系统采用的混联式自动变速器结构较复杂，控制系统包含了电驱动与 AT 自动变速器的控制策略，软件与硬件成本比其他系统都要高许多，但是系统体积很小，对汽车的整体布置影响最小，整车的动力性及经济性也最好。如图 5-9 所示为混联式自动变速器外形。

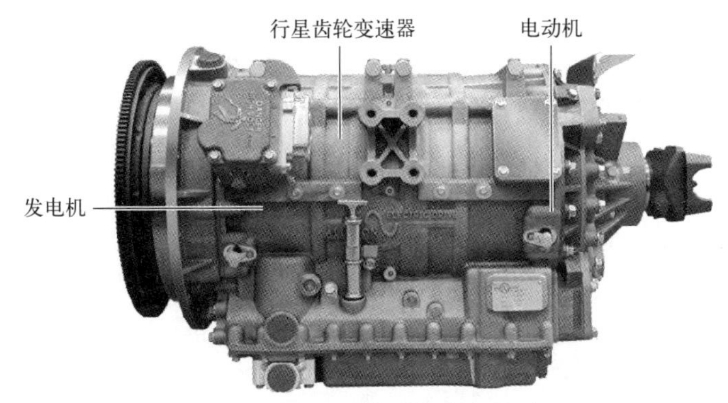


图 5-9 混联式自动变速器外形

如图 5-10 所示为混合动力城市客车动力系统方案。该混合动力系统采用专用发动机＋自动离合器＋ISG 电机＋自动离合器＋主驱动电机同轴结构，覆盖了典型的深度混合（混合度：电机额定功率/发动机额定功率＝30％～50％）系统全部优点，并具有结构简单、省去复杂变速机构，行驶中无换挡过程、平顺性好，平台化、系列化、可扩展性好，可以覆盖

10～18m 汽车和成本低等优点。

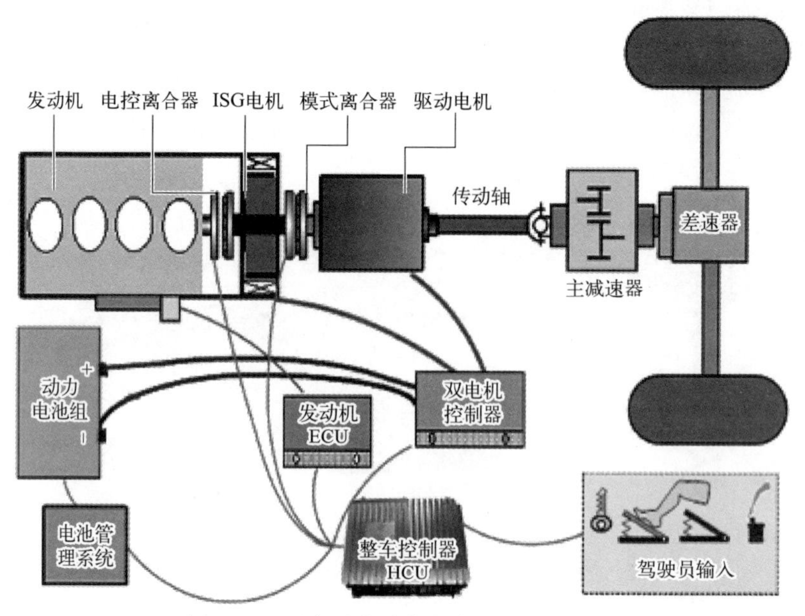


图 5-10 混合动力城市客车动力系统方案

由于采用基于空间矢量控制的电机调速方式和先进的模式切换策略，实现了行驶过程中的无级调速及调速过程中无动力中断；基于 SAE J1939 的整车 CAN 网络和基于 ISO 26262 的整车安全策略，提高了系统的可靠性和整车的行驶安全性；基于等效油耗优化算法的控制策略，使整车功率分配达到最佳。

在成熟的传统城市客车平台基础上，采用动力系统后置、后轮驱动的布置形式，以及全承载式车身、整车电泳、空气悬架、三分式前围活动门等先进技术和工艺，动力电池全部放置在后舱体内，具有合理的轴荷分布和良好的操控稳定性。混合动力城市客车总体布置方案如图 5-11 所示。

在整车设计上，车身后部增加隔断舱体，舱体中布置整车电控部件；取消后部风挡，改为舱门，上部舱门安装 LED 滚动式电子路牌，舱门洞口内侧设计防水结构，锁止及密封可靠；通过对气流流场的分析优化，使隔断舱的气流更加顺畅；通过隔断空间的优化布局提升了维修的方便性；在发动机舱温度控制方面，安装了研发的混合动力温控电子风扇系统，可实现对舱内温度的实时监控处理；整车使用特有的隔音降噪工艺，使噪声得到有效控制；空调压缩机装在左侧，冷媒管道改为从左侧走，避开了进气装置，结构更为合理；优化压缩机传动比，使空调在常用条件下，工作在高效区，提高了效率；玻璃加隔热涂料，骨架内侧加保温层，乘客门密封、检修口加隔热功能，提高了整车的保温、隔热性能，减少了空调的工作负荷和工作时间；实现了怠速停机功能，对空调、发动机、转向系统和 24V 电源系统等均按电动汽车的要求进行了特殊设计。

## 5.2.2 插电式混合动力汽车

插电式混合动力汽车（plug-in hybrid electric vehicle，PHEV），是一种在常规情况下可从非车载装置中获取电能、优先在纯电动模式下行驶的混合动力汽车。就驱动原理和驱动

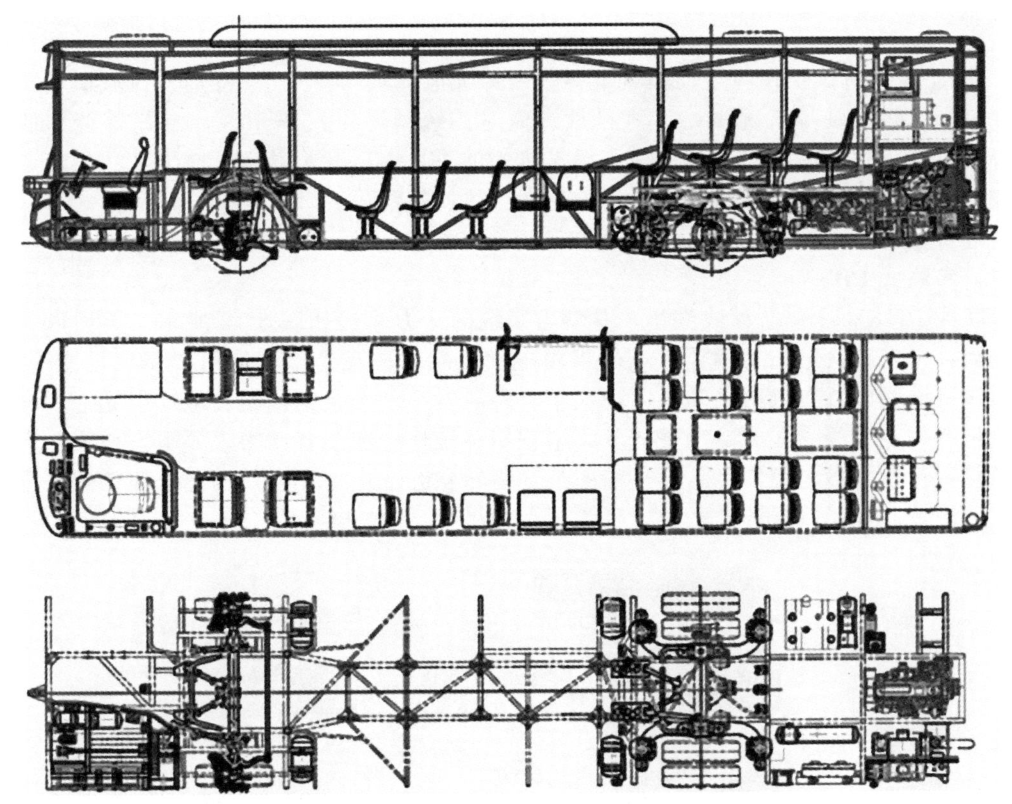

图 5-11　混合动力城市客车总体布置方案

单元而言，PHEV 与传统混合动力汽车相差无几，但实质上具有以下突出的特点。

① 可以直接由外接电源（包括家用 220V 电源）为蓄电池组充电。从这点看它像一台纯电动汽车（BEV），通常优先在纯电动模式下独立行驶，一般由外接公共电网电源充电补充电能。因此，可利用夜间低谷电充电，改善电厂发电机组运行效率，节约能源，减少尾气排放，提高城市空气质量，降低汽车对石油燃料的依赖，减少了使用成本；而传统混合动力汽车一般不能用外接电源充电，完全依赖车载燃料的消耗来补充蓄电池的电能。此外，蓄电池组容量大，在纯电动模式下独立行驶有较长的纯电动续驶里程（可达几十千米）；而传统混合动力汽车，即使是“强混”车型，蓄电池容量也较小，只有启动和低速时是纯电驱动，加速和高速时必须由发动机和电动机共同驱动，发动机为主要驱动力。

② 驱动电机功率、扭矩大，能在纯电动模式下实现启动、加速、高速和爬坡等各种工况。而传统混合动力汽车电动机功率、扭矩小，在加速、爬坡等工况行驶时需要靠电动机＋发动机共同工作。

③ 续驶里程长，一般可达 400～500km。长途行驶时，优先在纯电动模式下工作，只有当蓄电池组的荷电状态 SOC 降到一定限值时，才切换到混合动力模式下行驶，发动机直接驱动或者拖动发电机发电供电动机驱动汽车，并补充蓄电池电能。因此，不依赖充电站停车充电，特别是在目前国内充电站设施很不完备的情况下可连续长途行驶，克服了纯电动汽车受动力电池容量限制，续驶里程短的弊端。

④ 驱动电机在汽车制动、下坡甚至滑行减速时处于再生制动状态，其对蓄电池组回馈充电效率高，且不消耗蓄电池电能。而传统混合动力汽车电机回馈效率低于 PHEV，制动

和下坡时依靠制动器摩擦制动或者发动机倒拖制动，不仅制动能量回收为零，而且需消耗燃油。

⑤ 短途运行时优先在纯电动模式下行驶（为纯电动汽车模式），特别是在城市堵车、等待红绿灯、缓慢行驶等工况下，呈零排放。而对传统内燃机汽车来说，怠速等待、低速行驶、时走时停，致使燃油燃烧不完全，尾气排放的HC/NO化合物和CO/$CO_2$/PM2.5等污染物数倍增加，不仅浪费燃料，而且严重地污染了城市的生存环境。

与混合动力汽车类似，PHEV一般按动力系统结构形式可分为以下几类。

**(1) 串联式PHEV**

串联式PHEV亦称增程式汽车，其动力系统的动力流程如图5-12所示。这种形式的结构特点为：纯电动汽车＋增程器，车轮仅由电动机独立驱动。增程器可以是发动机-发电机组，由该机组发电直接供给电动机驱动汽车，同时发出的多余电量给蓄电池组充电；增程器也可以是燃料电池等。在纯电动模式下，增程器不工作；在混合动力模式下，增程器启动运行，以保持在发电量与燃油经济性平衡的最佳运转状态下运行发电。因此，油耗低、排放污染少、经济效益好，以最省油的方式延长了续驶里程。

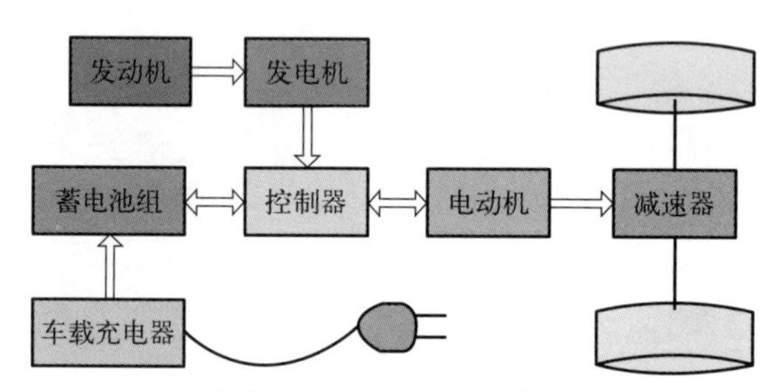

图5-12 串联式PHEV动力系统的动力流程

如图5-13所示为增程式城市客车的结构原理。由于采用了小型化的APU实现增程运行，其公交适用性更强，电池可实现快换也可以进行整车充电。该车节油率最高可达50%，电功率比为100%；一次充电纯电动续驶里程50km，总续驶里程大于600km；0～50km/h加速时间22s；最高车速75km/h；无级变速、空气悬架、一级踏步。主要技术特点如下。

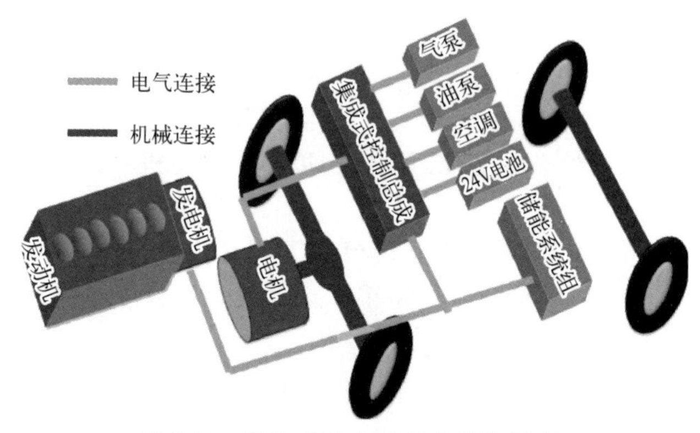

图5-13 增程式城市客车的结构原理

① 储能系统采用双电压平台复合电源，结合了锂离子电池高能量密度和超级电容器高功率密度的优点，既提高了储能系统充放电效率，又对电池有较好的保护作用，可延长电池使用寿命。

② 采用纯超级电容器储能系统，具有安全性高、可靠性高、效率高、重量轻、成本低

的优点，使用寿命可达 5～8 年。

③ 锂离子电池采用标准快换电池箱，既可整车充电，又能实现快换。

④ 采用集成式控制总成电气柜，电气系统高度集成，便于安装和维护。

⑤ 无变速箱，采用 JD156 大扭矩异步电机直驱后桥，实现无级变速，机械传动效率高。同时，可高效回收电制动能量，公交车工况平均百公里可回收 35～40kW·h 电能。

⑥ 采用了基于小排量柴油发动机和高速永磁发电机的小型化高效率 APU 系统。

在电池性能严重衰减的情况下，车辆完全以串联模式运行，在实际线路上仍然可实现 20%以上的节油率。

如图 5-14 所示为增程式汽车的系统结构原理。为保证整车的安全性、可靠性和续驶里程，该车采用了成熟的纯电驱动系统和制动能量回收技术；利用双路 CAN 网络通信，实时跟踪监测车辆动态行驶特性、单体电池特性和高压电器特性。

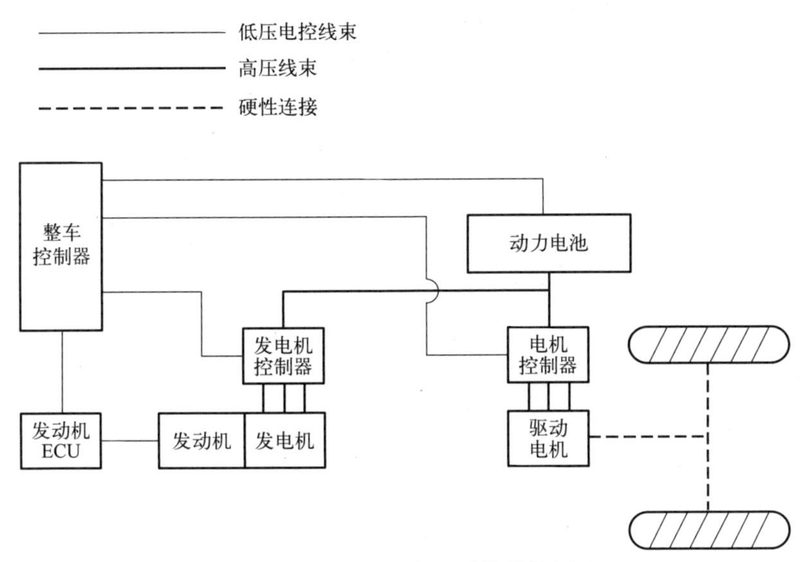


图 5-14　增程式汽车的系统结构原理

### (2) 并联式 PHEV

并联式 PHEV 动力系统的动力流程如图 5-15 所示。其结构特点为：两套动力源同时或单独驱动汽车车轮，其中一套是电动机、控制器和蓄电池系统，另一套是燃油发动机。

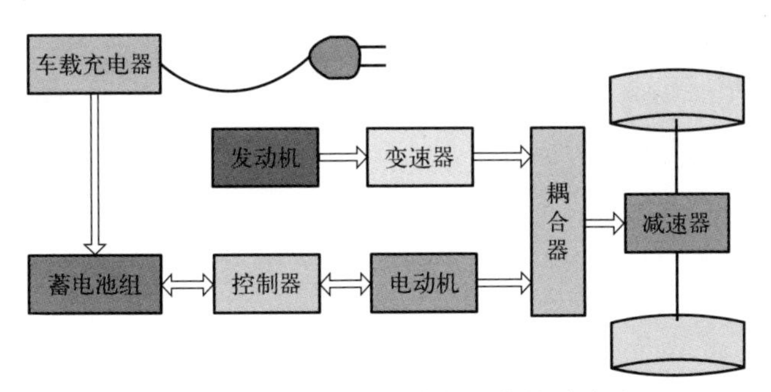


图 5-15　并联式 PHEV 动力系统的动力流程

如图 5-16 所示为采用 AMT 的并联式 PHEV 的结构原理，该车以结构简单及较低成本实现了自动换挡和混合动力。起步时，采用纯电动模式，这样就使发动机避开了车辆起步时的高油耗、高排放工作区；中低速时，采用并联工作模式，电机与发动机并联驱动车辆，实现车辆良好的加速性能；中高速时，采用发动机（engine-only）模式，即高速行驶或者是电动部分失效时，发动机可通过 AMT 驱动车辆正常行驶；减速时，采用电制动模式，充分回收制动时回馈的电能，平均百公里可回收 20～25kW·h 电能。其动力系统四种工作模式的原理如图 5-17 所示。

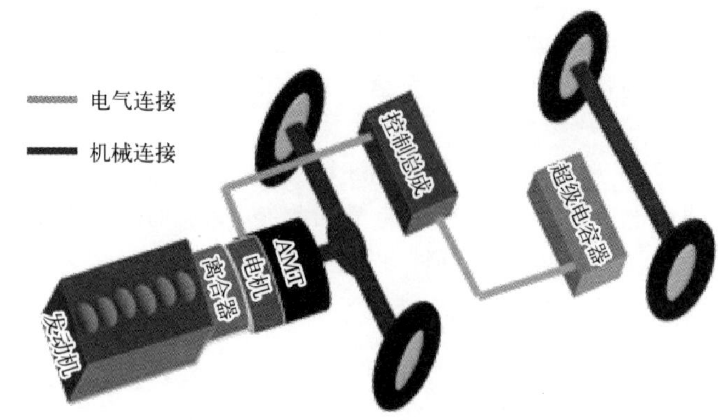


图 5-16 采用 AMT 的并联式 PHEV 的结构原理

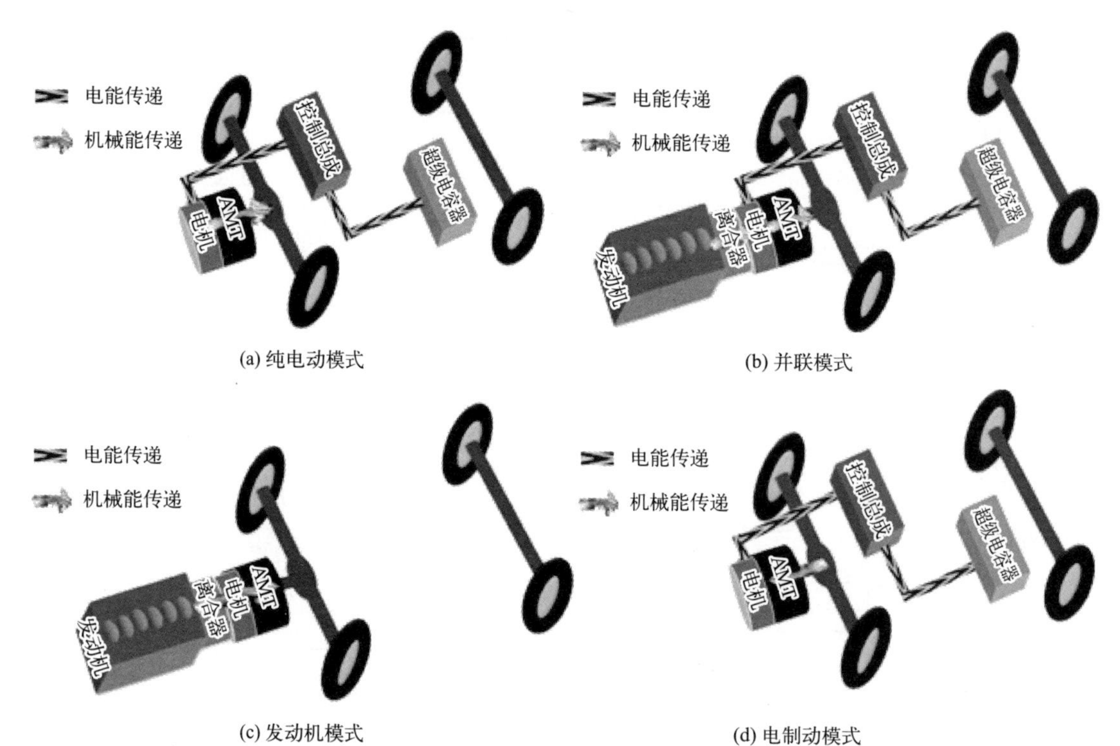


图 5-17 并联式 PHEV 动力系统四种工作模式的原理

该车的主要技术特点是发动机为主要驱动动力源，电机起助力和回收电制动能量的作用；动力系统结构简单、性价比高；采用纯超级电容器为储能系统；具有 engine-only 模式，在电驱动系统或储能系统出现故障时，发动机可独立驱动车辆行驶。

如图 5-18 所示为并联式 PHEV 的系统结构。主要技术特点是采用并联式混合动力系统方案，有效提高了整车运营可靠性及稳定性，大大降低了运营成本；将发动机与电机同轴布置，结构紧凑，有效减少了动力总成的质量和体积；匹配高功率锂离子电池，在满足整车供电需求的同时，有效降低了整备质量；自动离合器位于发动机和电机之间，通过程序控制实现纯电动驱动、纯发动机驱动及混合驱动模式的灵活切换；可实现助力、发电、能量回收和快速启动等多种混合动力功能；配置高效节能的发动机热管理系统，进一步提高了整车节油效果。

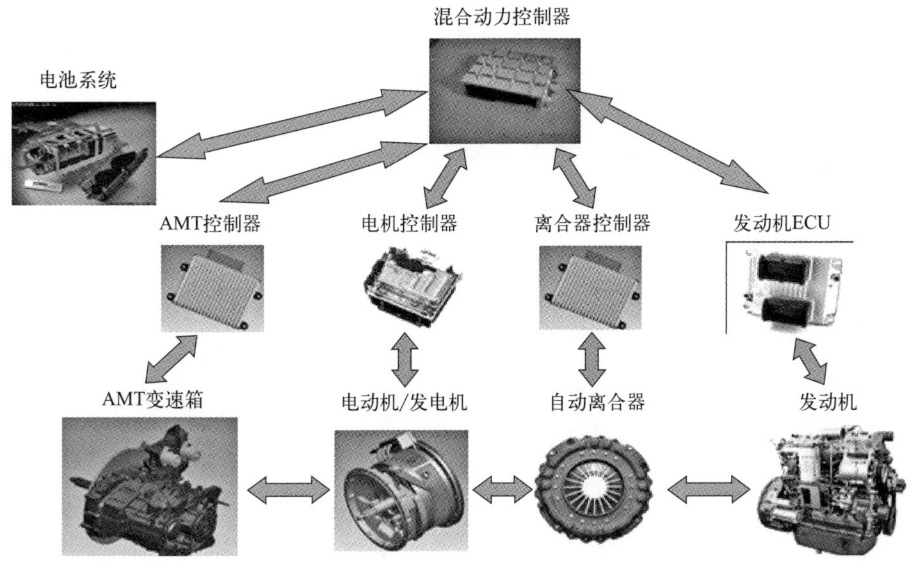


图 5-18 并联式 PHEV 的动力系统结构

**(3) 混联式 PHEV**

混联式 PHEV 动力系统的动力流程如图 5-19 所示。其结构特点是既有串联也有并联的混合动力模式，因此兼顾了串联式与并联式的优点，但结构较为复杂。行驶时优先使用纯电动模式；在蓄电池组的荷电状态 SOC 降到一定限值时，切换到混合动力模式下行驶；在混合动力模式下，启动、低速时使用串联式系统的发电机发电，电动机驱动车轮行驶；加速、爬坡、高速时使用并联式系统，主要由发动机驱动车轮行驶，发动机多余能量可带动发电机发电给蓄电池组充电。

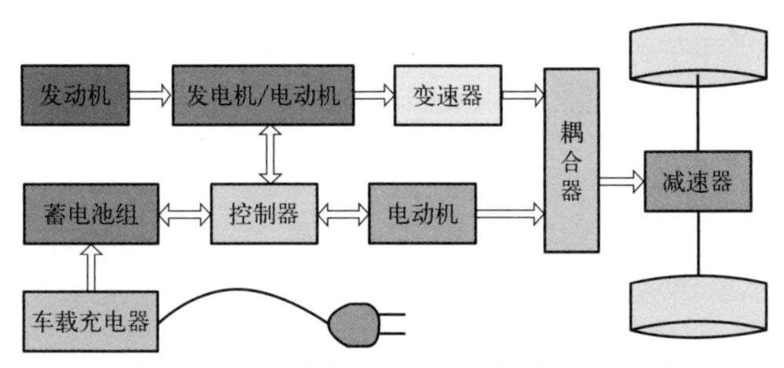


图 5-19 混联式 PHEV 动力系统的动力流程

## 5.3 混合动力汽车的特点和关键技术

混合动力汽车发动机、电动机、能量存储装置（电池组）等之间的良好匹配和优化控制，可充分发挥内燃机汽车和电动汽车的优点，避免各自的不足，是当今非常具有实际开发意义的低排放和低油耗汽车。

与纯电动汽车相比，混合动力汽车具有如下优点：

① 由于有发动机作为辅助动力，减少了电池组的数量和质量，因此降低了汽车整备质量；

② 续驶里程和动力性可达到内燃机汽车的水平；

③ 借助发动机的动力，可带动空调、真空助力、转向助力及其他辅助电器，无须消耗电池组有限的电能，从而保证了驾驶和乘坐的舒适性。

与内燃机汽车相比，混合动力汽车具有如下优点：

① 可使发动机在最佳的工况区域稳定运行，避免或减少了发动机变工况下的不良运行，使得发动机的排污和油耗大为降低；

② 在人口密集的商业区、居民区等地可用纯电动方式驱动车辆，实现零排放；

③ 由于能通过电动机提供动力，因此可配备功率较小的发动机，并可通过电动机回收汽车减速和制动时的能量，进一步降低汽车的能量消耗和废气排放。

显然，混合动力汽车研发的主要目的就是要减少石油能源的消耗，减少汽车尾气中的有害气体量，降低大气污染。

混合动力汽车以先进控制技术为纽带，是传统燃油汽车与纯电动汽车的一种过渡性车型，其关键技术涵盖机电工程、电力电子、电化学、控制工程、汽车电子和车辆工程等众多学科，主要包括驱动电机及其控制、动力电池及其管理、整车能量控制、动力传动系统匹配、能量再生制动回收和先进车辆控制技术等。

**(1) 驱动电机及其控制**

电机是电动汽车的“心脏”，对于混合动力汽车来说，电机的重要性与发动机等同。混合动力汽车对驱动电机的要求是能量密度高、体积小、重量轻、效率高。从发展趋势来看，电驱动系统的研发主要集中在交流感应电机和永磁同步电机。对于高速、匀速行驶工况，采用感应电机驱动较为合适；而对于经常启动、停车、低速运行的城市工况，永磁同步电机驱动效率较高。

驱动电机的控制技术包括大功率电子器件、转换器、微处理器以及电机控制算法等。目前，高性能的电力电子器件仍处于研究中，并向微电子技术与电力电子技术集成的第四代功率集成电路方向发展；转换器技术随着功率器件的发展而发展，可分为 DC/DC 直流斩波器和 DC/AC 逆变器，分别用于直流和交流电机；电机控制微处理器主要有单片机和 DSP 芯片，近年电机控制的专用 DSP 芯片已被广泛采用，将微处理器与功率器件集成到一块芯片上（即 PTC 芯片），是目前的研究热点。

当前，常规电机驱动领域的控制方法如矢量控制、变压变频控制、模型参考自适应控制、直接转矩控制和自调整控制等都已被用到电动汽车的驱动控制中，但电动汽车控制有其自身特点，要求在恒转矩、恒功率区都保持效率高、调速范围大、动态响应快等性能。从目前的实践看，感应电机和永磁同步电机矢量控制是较好的控制方法。近年来兴起的变结构控制、模糊控制、神经网络控制以及专家系统控制等新兴控制方法也不断地在电动汽车中被采用，效果也较为理想。

**(2) 动力电池及其管理**

动力电池是混合动力汽车的基本组成单元，其性能直接影响驱动电机的性能，从而影响整车的燃油经济性和排放性。混合动力汽车使用的电池工作负荷大，对功率密度要求较高，但体积和容量小，且电池的 SOC 工作区间较窄，对循环寿命要求高。能否开发适合混合动力汽车的专用动力电池是决定混合动力汽车能否大量推广使用的重要因素之一；如何全面、准确地对动力电池进行管理，是决定动力电池能否发挥最佳效能的重要因素。

**（3）整车能量控制**

整车能量控制系统的主要功能是进行整车功率控制和工作模式切换控制。该系统如同混合动力汽车的“大脑”，指挥各个子系统的协调工作，以达到效率、排放和动力性最佳，同时兼顾车辆的行驶平顺性。

整车能量控制系统根据驾驶员对加速踏板、制动踏板和变速杆的操作等，判断驾驶员意图，在满足驾驶员需求的前提下，分配电动机、发动机、电池等动力部件的功率输出，实现能量利用率的最优管理，使有限的燃油发挥最大功效。传统的混合动力汽车都不需要外部充电，其整车驱动能量全部来自发动机的燃油热能，电动机驱动所需的电能是燃油热能在车辆行驶中转换的电能或储存在蓄电池中的电能。能量管理策略的目标，就是使燃油能量转换效率尽可能高。

整车能量控制必须通过有效地控制混合动力系统的工作才能实现。此外，能量控制还需考虑其他车载电气附件和机械附件的能量消耗，如空调、动力转向、制动助力等系统的能耗，以综合考虑整车的能量使用。

**（4）动力传动系统匹配**

混合动力汽车动力传动系统的参数匹配是其设计的重要内容之一，直接影响到混合动力汽车的排放和燃油经济性能。它包括合理地选择和匹配发动机功率、动力电池容量和电动机功率等，以确定车辆的混合度，并组成性能最优的混合驱动系统。

**（5）能量再生制动回收**

能量再生制动回收是混合动力汽车提高燃油经济性的又一重要途径。由于制动关系到行车安全性，如何在最大限度回收制动时的车辆动能与保证安全的制动距离和车辆行驶稳定性之间取得平衡，是再生制动回收系统需要解决的难题之一，而将再生制动回收系统与车辆防抱死制动系统结合，则可以较完美地解决这一难题。

**（6）先进车辆控制技术**

传统汽车的车辆动力学控制系统与混合动力控制系统以及制动能量回收控制系统的结合，将是混合动力汽车控制技术的下一个研究热点。混合动力汽车再生制动系统与传统汽车的 ABS 系统结合，在国外已经得到了较好解决，而国内目前尚无真正的解决方案。此外，随着混合动力汽车研究的深入，传统汽车的驱动控制系统和车辆稳定性控制系统等如何与混合动力汽车的能量管理及动力控制系统相结合，将越来越显示出其重要性与必要性。两种控制技术的融汇集成，将使未来的混合动力汽车更加节能、舒适和安全。

## 5.4 混合动力汽车车型实例

混合动力汽车（HEV）、插电式混合动力汽车（PHEV）均带有高压（HV）电，传统混合动力车辆 HV 部件如图 5-20 所示，插电式混合动力车辆 HV 部件如图 5-21 所示。

为了便于识别，所有承载高压系统电缆的颜色均为橙色。一般来说，当高压系统处于激活状态时，切勿触摸任何高压部件或橙色电缆。每根电缆均由 1 个机械锁定装置进行固定，因此在安装电缆时要确保电缆已完全固定，还要保证只将正确的电缆安装到其相应的插座上。接头被密封，电缆被隔离，以防止异物或水的进入。

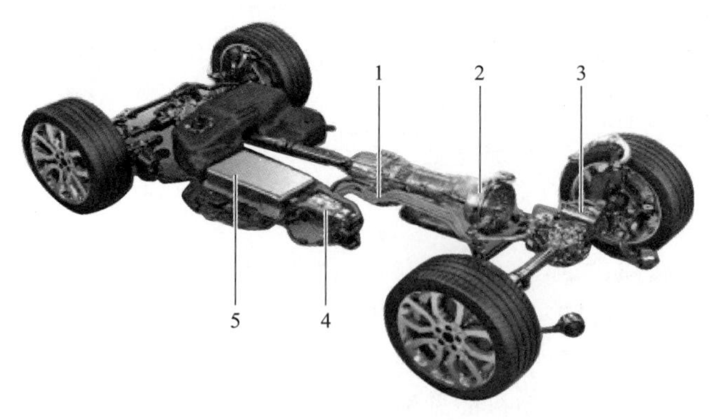


图 5-20 传统混合动力车辆 HV 部件

1—HV 电缆（橙色）；2—电机（MG）；3—电动空调压缩机（EAC）；
4—电力变频转换器（EPIC）；5—HV 蓄电池

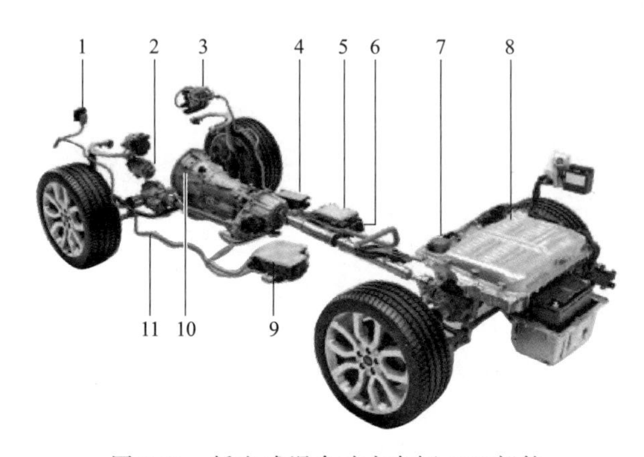


图 5-21 插电式混合动力车辆 HV 部件

1—HV 蓄电池充电端口；2—电动空调压缩机（EAC）；3—HV 电动辅助加热器；4—高压接线盒（HVJB）；
5—高压至低压直流/直流转换器；6—高压逆变器；7—手动维修断开装置；8—HV 蓄电池；
9—高压充电器；10—电机（MG）；11—HV 电缆（橙色）

**（1）插电式混合动力高压蓄电池**

高压蓄电池的作用是存储电能以供高压系统使用。插电式混合动力高压（HV）蓄电池标称电压通常是 388V。高压蓄电池是锂离子蓄电池，其主要部件为正电极、负电极和电解液。负电极通常由碳制成，正电极是镍、钴和铝的多层结构。每种材料都允许锂离子在正负电极之间迁移。这些材料的组合用于提供满足 EV 在功率容量和安全方面的作用的蓄电池特性。电解液包括含有锂离子的有机碳酸盐混合物。由于锂能够与水进行剧烈反应，所以对蓄电池壳体进行密封处理以防止进水。

**（2）蓄电池充电器控制模块（BCCM）**

蓄电池充电器控制模块负责确保在车辆连接至市电电源时，高压蓄电池能够进行充电。蓄电池充电器控制模块将输入的电力转换为对高压蓄电池充电所需的直流（DC）电压。

**（3）直流/直流（DC/DC）转换器**

直流/直流转换器利用来自高压蓄电池的电力，将高压转换为 12V 电源电压，为 12V 系统供电并为 12V 低压蓄电池充电。注意：某些混合动力车辆上的直流/直流转换器集成在电力变频转换器（EPIC）内。

**(4) 电力变频转换器**

电力变频转换器用于在电动机和发电机之间切换工作状态。例如，将高压电池的高压直流电转换为电机使用的交流电，以驱动电机；将电机产生的交流电转换为高压直流电为高压电池充电。该总成包含一个控制单元，该控制单元监测电力变频转换器的工作状态并调节三相交流（AC）输出以驱动 MG。

电力变频转换器带有三根连接至电机的 HV 电缆。这三根电缆均承载交流电流，这些电流以三个单独相位（三相）的方式流至电机。

**(5) 混合动力电机**

当车辆处于混合动力或 EV 模式时，电机为车辆提供推进力，并接收来自电力变频转换器的高压三相交流电源。混合动力电机也可以作为发电机工作，在车辆超速情形下或内燃发动机运转时为高压蓄电池充电。这种充电状况称为再生制动。

**(6) BEV 电机**

BEV 电机接收来自电力变频转换器（EPIC）的高压三相交流（AC）电，为车辆提供推进力。BEV 电机也可以作为发电机工作，在车辆超速情形下或制动时为 HV 蓄电池充电，即再生制动。

**(7) 电动空调（eAC）压缩机**

电动空调压缩机是由电机操纵，使 AC 系统能够在不启动发动机的情况下泵送制冷剂，从而保持座舱温度以便为乘客提供持续的舒适度设置。电动空调也对高压蓄电池冷却回路进行温度调节。

**(8) 高压电路**

高压电路部件基本电路如图 5-22 所示。在汽车领域，高压电路归类为标称工作电压为 50V 以上的直流或交流电路。电动汽车上使用的高压电路的连接方式与传统低压 12V 电路不同。

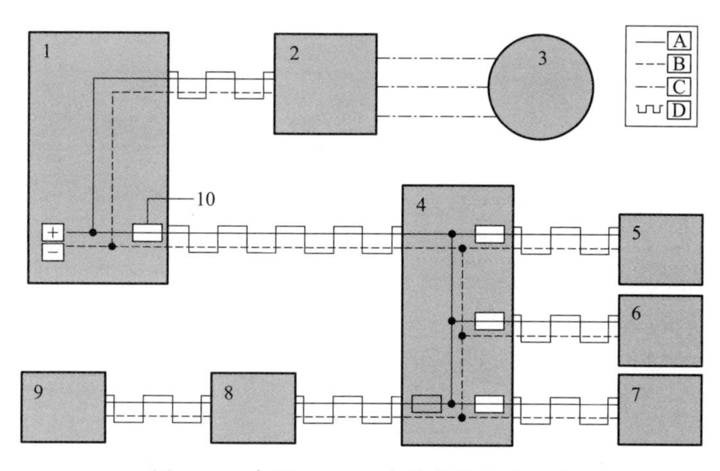


图 5-22 高压（HV）电路部件基本电路

1—HV 蓄电池；2—电力变频转换器（EPIC）；3—电机（MG）；4—高压接线盒（HVJB）；5—直流/直流转换器（高压至低压）；6—AC 压缩机；7—HV 电动辅助加热器；8—蓄电池充电器控制模块（BCCM）；9—充电插座；10—熔丝；A—HV 直流（DC）正极；B—HV 直流（DC）负极；C—HV 交流（AC）；D—屏蔽（SCR）

高压电路结构用 I 和 M 两个字母识别，字母 I 用于识别电源是否与接地点直接相连，字母 M 用于识别耗电元件是否直接连接到接地点，即 I 为未直接连接到地面（与地面绝缘），T 为直接连接到地面，而 N 为在电源处直接连接到地线，零线连接至地面。所以，高压网络共有三种配置，即 TN、TT 或 IT。从高压的安全性的容错考虑，高压混合动力车辆一般采用 IT 结构，即 I 为高压电源（无论是正还是负）与车体绝缘，T 为耗电元件直接连接到车体。IT 网络结构示意如图 5-23 所示。

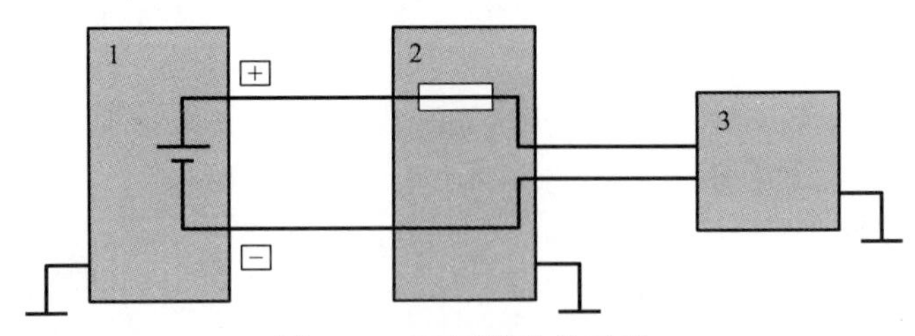


图 5-23　IT 网络结构示意

1—HV 蓄电池；2—电力变频转换器（EPIC）；3—电动空调压缩机

高压电路未使用 12V 电路中使用的接地回路连接，高压回路低压侧与车身/底盘隔离。这是因为如高压电路使用了车身，将会存在发生电击的高风险。高压部件外壳连接至车身/底盘，这样设计是为了在高压系统中发生电气故障时保证安全。等电位连接系统将耗电元件壳体连接至车身。每个高压部件都是等电位连接系统的组成部分，其连接是直接通过带状搭铁线实现或经由自身壳体固定连接实现的。如在一些车型上，电动空调压缩机直接连接至发动机，发动机具有将其自身连接至车身/底盘的带状搭铁线。

**(9) 高压互锁（HVIL）**

高压互锁回路是一个安全系统，用于防止高压电缆在因为任何原因断开时带电。高压互锁回路由蓄电池电量控制模块进行控制。高压互锁电路如图 5-24 所示。高压互锁环路电路集成在 HV 部件接头电路中。该环路电路用于监测 HV 部件连接，这些线束连接与其对应的部件牢固相连。每个环路都有一个 12V、10mA 传感器电路，该电路由电量控制模块进行

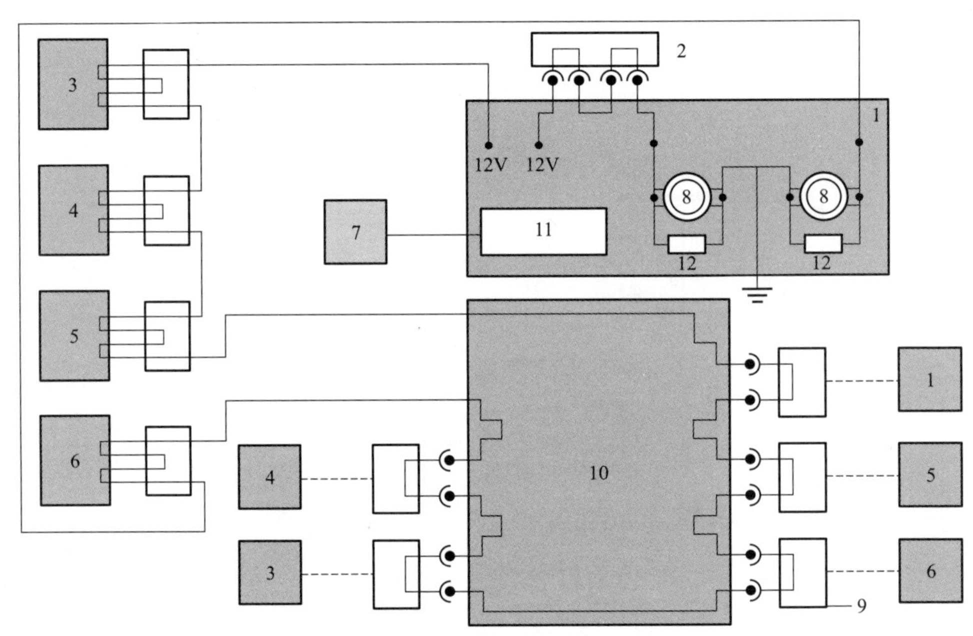


图 5-24　高压互锁电路

1—HV 蓄电池和模块；2—HV 蓄电池接头；3—电动空调（A/C）压缩机；4—高压冷却液加热器（HVCH）；5—蓄电池充电器控制模块（BCCM）；6—直流/直流转换器；7—约束控制模块（RCM）；8—电流感测；9—高压接头；10—高压接线盒（HVJB）；11—碰撞检测信号；12—电阻器

监测。如果任何环路发生断路，电量控制模块都将会报告高压互锁故障。以插电式混合动力汽车为例，如果发生故障，则电量控制模块会将高压互锁环路状态发送至动力传动系统控制模块（PCM）。动力传动系统控制模块将会请求电量控制模块打开高压蓄电池接触器，从高压电路上断开和隔离高压蓄电池，并让高压电路电容器进行放电，如果在车辆待机状态下发生故障，则 HVB 接触器将保持打开，如果在运行状态下发生故障，则 HVB 接触器将会在车辆静止时打开。

电量控制模块利用两个独立的高压互锁电路，如果任何一个电路发生故障，都可以确定需要对哪个接头进行故障分析（故障码不同）。如果车辆发生事故，则约束控制模块将会向电量控制模块发送“碰撞信号”。在收到约束控制模块信号后，电量控制模块将会打开高压蓄电池接触器。

# 第6章 燃料电池汽车

燃料电池（fuel cell，FC）是燃料与氧化剂通过电极反应将其化学能直接转化为电能的能量生成装置。只要外部不断地供给燃料和氧化剂，燃料电池就能连续稳定地发电，是一种高效率、高环保、可再生的电池。

燃料电池电动汽车简称“燃料电池汽车”（fuel cell vehicle，FCV），是指采用燃料电池为纯电动汽车的电驱动系统提供电能或以氢气作为主要能源，锂离子电池作为辅助能源的新能源汽车。燃料电池可以直接将燃料的化学能转化为电能，中间不经过燃烧过程，其能量转换效率可达到45%～60%，而火力发电和核电的效率为30%～40%。燃料电池的种类较多，有熔融碳酸盐燃料电池、固体氧化物燃料电池、金属空气电池、质子交换膜燃料电池等，目前在汽车上应用的主要是质子交换膜燃料电池，也就是人们常说的氢燃料电池。即在车上搭载氢燃料，与大气中的氧发生化学反应，从而产生电能启动电动机，进而完成驱动的汽车。燃料电池以氢氧电化学反应为基础，最终产物是水，不会产生有害产物，无污染。另外，燃料电池的能量转换效率比内燃机要高2～3倍，因此从能源的利用和环境保护方面来看，燃料电池汽车最有可能成为未来较为理想的交通工具。

## 6.1 燃料电池汽车的分类

按照驱动系统的不同，燃料电池汽车分为纯燃料电池驱动系统和燃料电池与辅助动力源组成的混合驱动系统两种形式；按照能量来源不同，分为车载纯氢和燃料重整制氢两种形式；根据燃料电池所提供的功率占整车需求功率的比例不同，燃料电池汽车可分为能量混合型和功率混合型两大类；按混合度（电机额定功率/发动机额定功率）的大小，可以分为微度混合（micro hybrid，混合度3%以下，节能5%～10%）、轻度混合（mild hybrid，混合度10%～20%，节能20%～30%）和全（深度）混合（full hybrid，混合度30%～50%，节能30%～50%）三类。

图6-1 燃料电池汽车的基本组成

如图6-1所示为燃料电池汽车的基本组成。

**(1) 纯燃料电池驱动的FCV**

纯燃料电池汽车只有燃料电池一个动力源，汽车的所有功率负荷都由燃料电池承担，如图 6-2 所示。

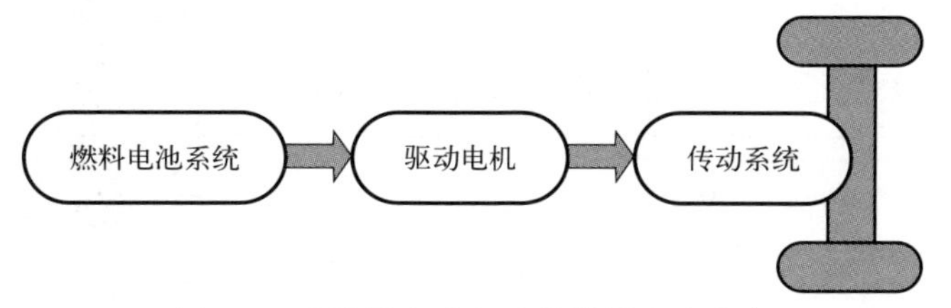


图 6-2 纯燃料电池驱动的燃料电池汽车

纯燃料电池驱动的 FCV 系统结构简单，便于实现系统控制和整体布置；系统部件少，有利于整车的轻量化；较少的部件使得整体的能量传递效率较高，提高了整车的燃料经济性。

但是，燃料电池功率大、成本高，对燃料电池系统的动态性能和可靠性提出了很高的要求，不能进行能量回收。

**(2) 燃料电池与辅助蓄电池联合驱动（FC+B）的 FCV**

燃料电池与辅助蓄电池联合驱动（FC+B）的 FCV 系统对燃料电池的功率要求较纯燃料电池结构形式大大降低，从而降低了整车的成本；工作时燃料电池的效率较高；汽车的冷启动性能较好；可以回收汽车制动时的部分能量，使整车的能量效率提高，如图 6-3 所示。

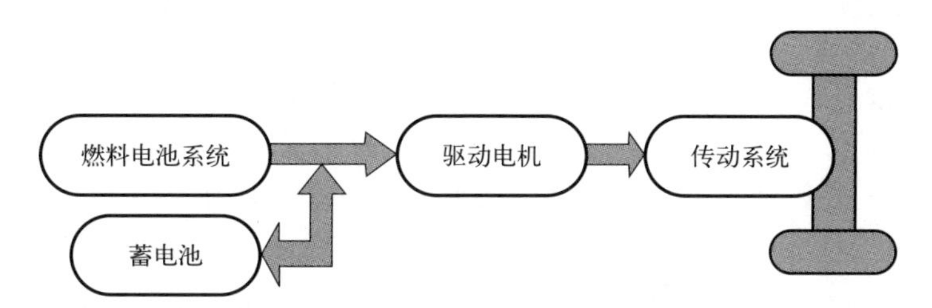


图 6-3 燃料电池与辅助蓄电池联合驱动的燃料电池汽车

但是，蓄电池的使用使得整车的质量增加，动力性和经济性受到影响；蓄电池充放电过程会有能量损耗，控制和整体布置难度增加。

**(3) 燃料电池与超级电容器联合驱动（FC+C）的 FCV**

这种结构形式与燃料电池+蓄电池结构相似，只是把蓄电池换成超级电容器，如图 6-4 所示。相对于蓄电池，超级电容器充放电效率高，能量损失小，比蓄电池功率密度大，在回收制动能量方面比蓄电池有优势，循环寿命长，但是超级电容器的能量密度较小。随着超级电容器技术的不断进步，这种结构将成为一种新的重要研究方向。

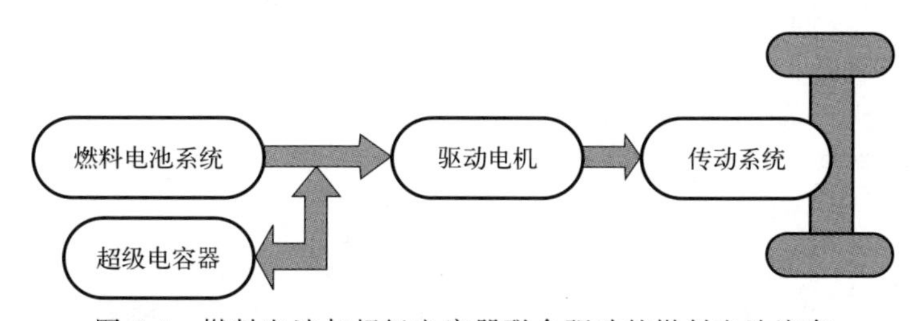


图 6-4 燃料电池与超级电容器联合驱动的燃料电池汽车

**(4) 燃料电池与辅助蓄电池和超级电容器联合驱动（FC+B+C）的 FCV**

这种结构形式与燃料电池+超级电容器的结构相似，如图 6-5 所示。

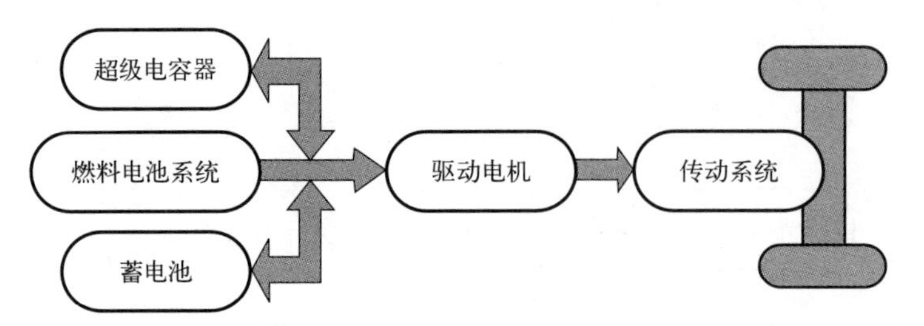

图 6-5 燃料电池与辅助蓄电池和超级电容器联合驱动的燃料电池汽车

# 6.2 燃料电池汽车的动力系统结构及工作原理

## 6.2.1 纯燃料电池汽车

纯燃料电池汽车的驱动系统方案如图 6-6 所示，主要由燃料箱、燃料电池发动机（fuel cell engine，FCE）、蓄电池和电机等部件组成。驱动形式为“燃料电池-电机控制器-电机-变速器-主减速器-差速器-车轮”，以电机来代替传统车辆的发动机驱动车辆行驶，纯燃料电池驱动系统只有燃料电池一个动力源，车辆的所有功率负荷都由燃料电池承担。

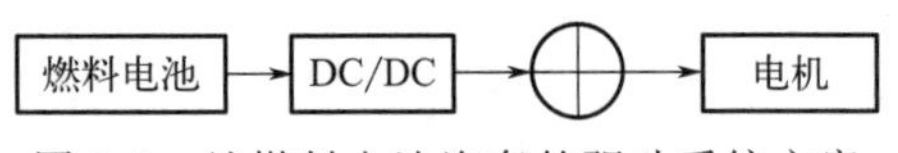

图 6-6 纯燃料电池汽车的驱动系统方案

纯燃料电池汽车除具有零排放或近似零排放、减少了机油泄漏带来的水污染和降低了温室气体排放等优点外，还存在电池功率大、成本高、对电池系统的动态性能和可靠性要求高以及不能进行制动能量回收等缺点。如图 6-7 所示为 2023 年中国（上海）国际氢能及燃料电池汽车展览会上展出的燃料电池汽车。

图 6-7 2023 年中国（上海）国际氢能及燃料电池汽车展览会上展出的燃料电池汽车

## 6.2.2 混合式燃料电池汽车

为了有效弥补纯燃料电池汽车的缺点，必须使用辅助能量存储系统作为燃料电池系统的辅助动力源，使之与燃料电池联合工作，组成混合驱动系统共同驱动车辆。燃料电池汽车混合驱动系统示意如图 6-8 所示，一般采用“双燃料电池＋驱动电机＋动力电池”技术方案，动力系统为质子交换膜燃料电池与磷酸铁锂蓄电池构成的混合动力驱动系统。

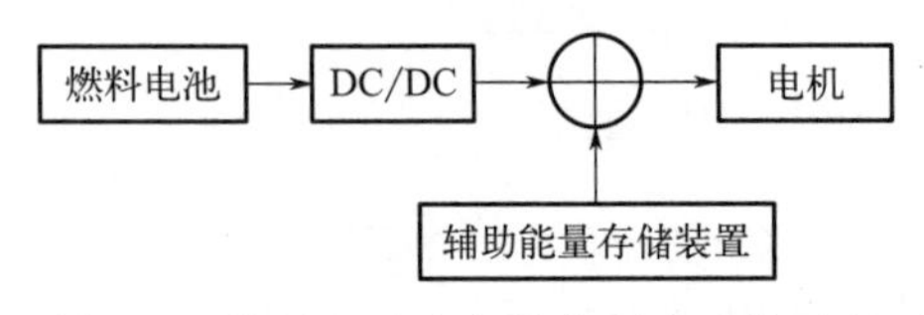

图 6-8 燃料电池汽车混合驱动系统示意

从本质上讲，这种结构的燃料电池汽车采用的是混合动力结构，其与传统意义上的混合动力汽车结构的差别仅在于发动机是燃料电池而不是内燃机，燃料电池和辅助能量存储装置共同向电机提供电能，通过变速机构驱动汽车行驶。

目前，市场上的燃料电池汽车绝大多数采用的是混合式燃料电池驱动系统，主要由整车控制系统、储氢系统、燃料电池系统、动力电池系统、驱动电机系统和 CAN 总线通信等组成。即将燃料电池与辅助动力源相结合，靠前者满足持续功率需求，借助辅助动力源提供加速、爬坡等所需的峰值功率，而且在制动时可以将回馈的能量存储在辅助动力源中。混合式燃料电池驱动系统有串联式和并联式两种，如图 6-9 和图 6-10 所示。

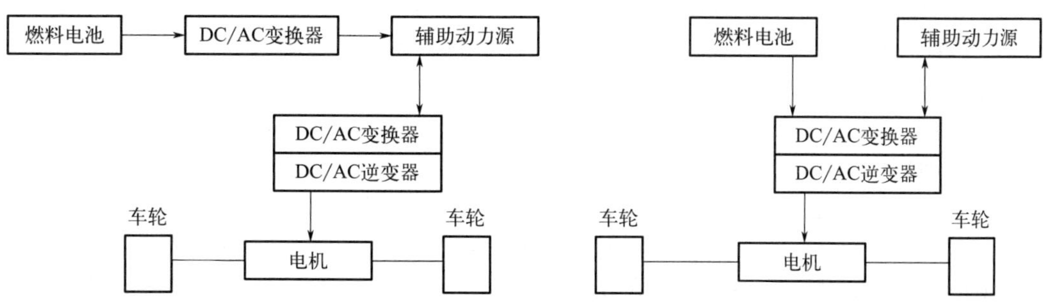


图 6-9　串联式燃料电池汽车驱动系统框图　　图 6-10　并联式燃料电池汽车驱动系统框图

如图 6-11 所示为燃料电池汽车能量混合型动力系统基本原理示意。考虑到目前燃料电池系统自身的一些特殊要求，例如在启动时空压机需要供电、电堆需要加热、氢气和空气需要加湿等，同时为了能够回收制动能量，因而采用了将燃料电池和动力电池组合起来形成混合式动力驱动系统。该系统既降低了对燃料电池功率和动态特性的要求，也降低了燃料电池系统的成本，但增加了驱动系统重量、体积和复杂性，加大了动力电池的维护、更换费用。

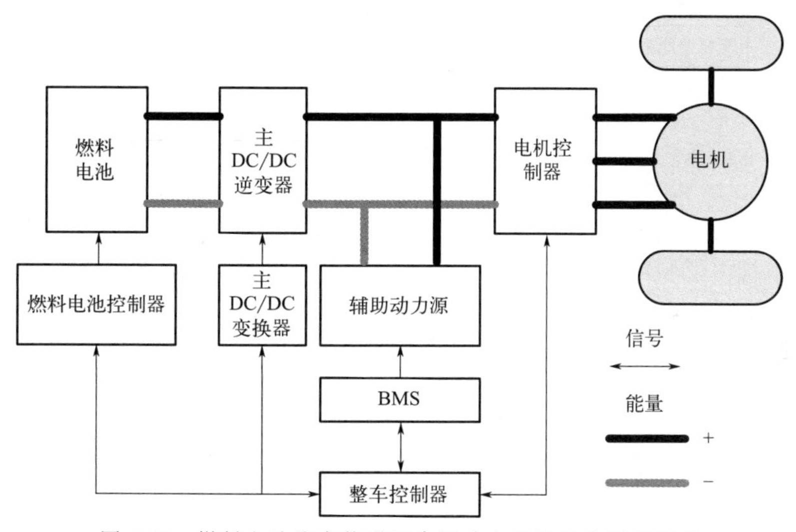


图 6-11　燃料电池汽车能量混合型动力系统基本原理示意

该动力系统主要由燃料电池系统、辅助动力源、DC/DC 变换器、DC/DC 逆变器和电机等组成。

**（1）燃料电池系统**

在燃料电池汽车所采用的燃料电池系统中，为保证质子交换膜燃料电池（PEMFC）组的正常工作，除以 PEMFC 组为核心外，还装有氢气供给系统、氧气供给系统、气体加湿系统、反应生成物处理系统、冷却系统和电能转换系统等。只有这些辅助系统匹配恰当和正常运转，才能保证燃料电池系统正常运转。

**（2）辅助动力源**

在燃料电池汽车上，燃料电池是主要电源，另外还配备有辅助动力源。根据 FCV 的设计方案不同，其所采用的辅助动力源也有所不同，可以用蓄电池组、飞轮储能器或超级电容器等共同组成双电源系统。

**（3）DC/DC 变换器**

由于 FCV 上各种电源的电压和电流受工况变化的影响呈不稳定状态，为了满足驱动电机对电压和电流的要求以及对多电源电力系统的控制，在电源与驱动电机之间，用计算机控制实现对 FCV 的多电源综合控制，以保证 FCV 的正常运行。FCV 的燃料电池需要装置单向 DC/DC 变换器，蓄电池和超级电容器需要装置双向 DC/DC 变换器。

**（4）驱动电机**

FCV 用的驱动电机主要有直流电机、交流电机、永磁电机和开关磁阻电机等。

2010 年上海世博会提供的燃料电池汽车的混合动力系统框图如图 6-12 所示。该系统由 2 套燃料电池系统与 2 个锂离子电池组组成，燃料电池系统和锂离子电池组输出的电能送入动力控制单元（power control unit，PCU）中，经 DC/DC 升压后供给电机控制器，由电机控制器驱动电机转动。2 台电机输出的力矩经动力耦合器合并和减速后，将动力传递给变速器。

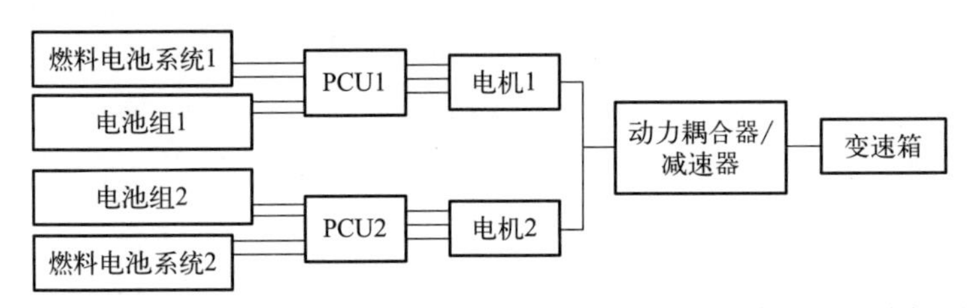


图 6-12　2010 年上海世博会提供的燃料电池汽车的混合动力系统框图

其中，燃料电池系统为高压型，和国内常用的常压型燃料电池系统［空气侧最高压力略大于 1bar（$1bar=10^5Pa$，下同），高于大气压的压力，用于克服系统内部阻力］相比，空气供应系统的压力一般不大于 3bar，因此在设计和应用上有其独特之处。

燃料电池系统由燃料电池电堆和辅助系统构成，其中燃料电池电堆是燃料电池系统的核心，而空气供应系统、氢气供应系统、水热管理系统和测控系统等则构成了燃料电池系统的辅助系统。电堆的设计运行参数是各辅助子系统的设计依据。该燃料电池系统采用加拿大 Ballard 公司的 MK902 质子交换膜燃料电池电堆，电堆典型工作点对空气参数的要求见表 6-1。

**表 6-1　电堆典型工作点对空气参数的要求**

| 参数 | 电流/A | | | | | |
|---|---|---|---|---|---|---|
| | 5 | 30 | 50 | 100 | 150 | 300 |
| 流量/(L/min)① | 183 | 770 | 990 | 1320 | 1979 | 3959 |
| 压力/bar | 0.76 | 0.91 | 1.01 | 1.17 | 1.37 | 2.03 |
| 进堆温度/℃ | 65～70 | 65～70 | 65～70 | 65～70 | 65～70 | 65～70 |

① 标准工况(0℃，101325Pa)下的体积流量。

表 6-1 中的参数是空气供应系统及其零部件选型、设计的主要依据。由于动力系统中共有 2 套燃料电池系统，因此空气供应系统也按 2 套设计，各自独立工作。

**（5）氢安全控制系统**

氢安全控制系统主要包括氢泄漏检测系统和报警处理系统等。其中，氢泄漏检测系统由安装在车顶部的纯氢瓶舱、乘客舱、燃料电池舱和安装在车体下部的一套监控器组成，当任何一个传感器检测到氢的体积分数超过氢爆炸下限的10%、30%和50%时，监控器会分别发出声光报警信号，同时通知安全报警系统采取相应的安全措施。

### 6.2.3 燃料电池汽车的工作原理

燃料电池是把燃料中的化学能直接转化为电能的能量转化装置，它从外表上看有正负极和电解质等，像一个蓄电池，但实质上它不能“储电”，而是一个“发电厂”。燃料电池汽车采用质子交换膜燃料电池，电池工作的实质是水电解的逆反应过程，由正极（氧化剂电极）、负极（燃料电极）和夹在正负极中间的电解质板所组成。工作时向负极供给燃料（氢气），向正极供给氧化剂（空气），经过催化剂（铂）的作用，氢原子中两个电子被分离出来，这两个电子在正极的吸引下，经外部电路产生电流，失去电子的氢离子（质子）可穿过质子交换膜（即固体电解质）；在负极上，燃料分解成氢离子和电子，氢离子进入电解质中，而电子则沿外部电路移向正极，在正极与氧原子和电子重新结合为水。由于氧可以从空气中获得，只要不断地给负极供应氢，并及时把水（蒸汽）带走，燃料电池就可以不断地提供电能。如图6-13所示是燃料电池的工作原理简图。

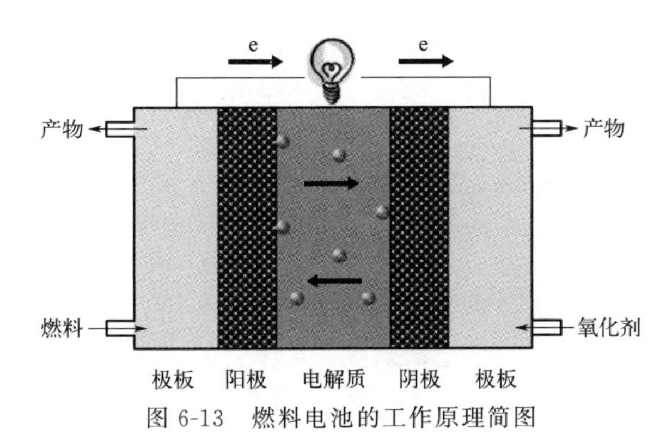

图6-13 燃料电池的工作原理简图

燃料电池汽车的工作原理是，使搭载在车上的燃料氢与大气中的氧发生化学反应，从而产生出电能来启动电机，最终驱动汽车行驶。甲醇、天然气和汽油也可以替代氢（从这些物质里间接地提取氢），不过将会产生二氧化碳和氮氧化物。但总体来说，这类化学反应除了电能就只产生水。因此，燃料电池汽车被称为“地道的环保车”。

## 6.3 燃料电池汽车的关键技术

**（1）燃料电池系统**

燃料电池是燃料电池汽车发展的最关键技术之一。车用燃料电池系统的核心是燃料电池电堆。燃料电池电堆技术发展趋势可用耐久性、低温启动温度、净输出比功率及制造成本4个要素来评判。

燃料电池电堆研究正在向高性能、高效率、更高耐久性和低成本方向努力。控制成本的有效手段是减少材料（电催化剂、电解质膜、双极板等）费用，降低加工费（膜电极制作、双极板加工和系统装配等）。但是如何在材料价格与系统性能之间寻求平衡，依然需要继续研究。以电催化剂为例，非铂催化剂体系虽然在降低成本上有潜力，但是其性能却远远无法达到车用燃料电池系统的要求。人们一直努力降低铂的使用量，但即便是膜电极中有高负载量（如 Pt 担载量为 $1mg/cm^2$），其性能也不能满足车用功率的需求。如何更有效地利用电催化剂的活性组分，使活性组分长期保持高活性状态，延长催化剂使用寿命，是催化剂研究需要考虑的重点。

此外，作为车用燃料电池系统还需要攻克许多工程技术壁垒，包括：系统启动与关闭时间、系统能量管理与变换操作、电堆水热管理模式，以及低成本、高性能的辅助设施（包括空气压缩机、传感器和控制系统）等。

**（2）车载储氢系统**

储氢技术是氢能利用走向规模化应用的关键。目前，常见的车载储氢技术有高压储氢、低温储氢和金属氢化物储氢 3 种。对于车载储氢系统，美国能源部提出在续驶里程与标准汽油车相当的燃料电池汽车车载储氢目标是：质量储氢密度 $60kg/m^3$，体积储氢密度 6%。纵观现有储氢方法，除了低温储存液氢技术外，其他技术都不能完全达到以上指标。而低温储存氢气的成本与能耗都很大，作为车载储氢并不是最佳选择。

如何有效减小储氢系统的质量与体积，是车载储氢技术研发的重点。比较理想的方案之一，是采用储氢材料与高压储氢复合的车载储氢新模式，即在高压储氢容器中装填重量较轻的储氢材料，这种装置与纯高压储氢方式（＞40MPa）相比，既可以降低储氢压力（约 10MPa），又可以提高储氢能力。复合式储氢模式的技术难点是如何开发吸、放氢性能好，成型加工性良好和重量轻的储氢材料。

**（3）车载蓄电池系统**

车载蓄电池系统包括铅酸电池、镍氢电池、锂离子电池等蓄电池及电化学超级电容器。铅酸电池作为汽车启动电源已经十分成熟，但由于其功率密度低，充电时间长，作为未来电动汽车动力系统的可能性很小；镍氢电池具有高比能、大功率、快速充放电和耐用性优异等特性，是目前混合动力汽车和电动汽车中应用最广的绿色动力蓄电池系统；锂离子电池具有比能量大、比功率高、自放电小、无记忆效应、循环特性好和可快速放电等优点，已迅速取代镍氢电池成为手机、笔记本电脑及数码产品的首选电源。近年来，$LiFePO_4$ 正极材料取代传统 $LiCoO_2$，使锂离子电池的循环稳定性与安全性得到很大改善，因此有望进入新能源汽车动力电源行列。

**（4）电机及其控制技术**

驱动电机是燃料电池汽车的“心脏”，目前正向大功率、高转速、高效率和小型化方向发展。当前，驱动电机主要有感应电机和永磁无刷电机。永磁无刷电机具有较高的功率密度和效率、体积小、惯性低及响应快等优点，在新能源汽车方面有着广阔的应用前景。由感应电机驱动的新能源汽车几乎都采用矢量控制和直接转矩控制，其中矢量控制又有最大效率控制和无速度传感器矢量控制两种。前者是使励磁电流随着电机参数和负载条件的变化，而使电机的损耗最小、效率最大；后者是利用电机电压、电流和电机参数来估算速度，不用速度传感器，从而达到简化系统、降低成本、提高可靠性的目的。直接转矩控制克服了矢量控制中需要解耦的不足，把转子磁通定向变换为定子磁通，通过定向控制定子磁链的幅值以及该矢量相对于转子磁链的夹角，达到控制转矩的目的。由于直接转矩控制手段直接、结构简单、控制性能优良和动态响应迅速，因此非常适合用于新能源汽车的控制。

**（5）整车热管理**

燃料电池系统自身的运行温度为 60～70℃。与环境温度相比，温差不大，造成燃料电池汽车无法像传统汽车一样依赖环境温差散热，转而必须依靠整车动力系统提供额外的冷却动力为系统散热。

燃料电池汽车在整车布置上存在以下关键问题：燃料电池系统及电机的相关布置、动力电池组布置、氢气瓶的安全布置以及高压电安全系统的布置等，这些核心部件的布置，不仅要考虑布置方案的优化及零部件性能实现的便利，还要求相关方案必须考虑传统汽车不具备的安全性问题。目前，从国内外几轮样车的试制过程来看，燃料电池系统及电机同时进前舱是一种技术趋势，动力电池组沿车身主轴纵向布置好于电池组零星布置，氢气瓶的布置更多地要考虑碰撞安全性等。

**(6) 整车与动力系统的参数选择与优化设计**

随着国内汽车保有量持续快速增长，公路交通所消耗的石油资源占全国石油消耗总量的份额不断攀升。提供给用户低油耗并具备良好动力性能的汽车产品成为目前汽车设计追求的主要目标之一。

对汽车的动力性和燃料经济性影响最大的是动力系统的运行特性以及传动系统的速比和效率。整车性能匹配通常是先确定动力系统资源，然后合理匹配传动系统参数以实现整车综合性能的设计目标，这是典型的优化设计过程，必须通过专业的汽车性能仿真软件和专业的优化软件相结合来完成这个过程。

**(7) 多能源动力系统的能量管理策略**

能量管理策略对燃料电池经济性影响很大，且受到动力系统参数和行驶工况的双重影响。一般借助仿真技术建立一个虚拟开发环境，对动力系统模型进行合理简化，从理论分析的角度得到最优功率分配策略与能量源参数和工况特征之间的解析关系，并从该关系出发定量地分析功率缓冲器特性参数对最优功率分配策略的影响，为功率缓冲器的参数选择提供理论依据，从而完成功率分配策略的工况适应性研究。

与传统汽车、纯电动汽车相比，燃料电池汽车具有以下优点。

① 效率高。燃料电池的工作过程是化学能转化为电能的过程，不受卡诺循环的限制，能量转换效率较高，可以达到30%以上，而汽油机和柴油机汽车的整车效率分别为16%～18%和22%～24%。

② 续驶里程长。采用燃料电池系统作为能量源，克服了纯电动汽车续驶里程短的缺点，其长途行驶能力及动力性已经接近传统汽车。

③ 绿色环保。燃料电池没有燃烧过程，以纯氢作燃料，生成物只有水，属于零排放。而采用其他富氢有机化合物用车载重整器制氢作为燃料电池的燃料，生产物除水之外还可能有少量的$CO_2$，接近零排放。

④ 过载能力强。燃料电池除了在较宽的工作范围内具有较高的工作效率外，其短时过载能力可达额定功率的200%或更大。

⑤ 低噪声。燃料电池属于静态能量转换装置，除了空气压缩机和冷却系统以外无其他运动部件，因此与内燃机汽车相比，运行过程中的噪声和振动都较小。

⑥ 设计方便灵活。燃料电池汽车可以按照高安全的线控系统（X-by-wire）技术的思路进行设计，改变了传统的汽车设计概念，可以在空间和重量等问题上进行灵活配置。

与传统汽车、纯电动汽车相比，燃料电池汽车具有以下缺点。

① 制造成本和使用成本过高。燃料电池系统的制造成本居高不下，国内估计约3万元/kW，国外成本约3000美元/kW，与传统内燃机仅200～350美元/kW相比，差距巨大。在使用成本方面，以高纯度（99.999%）高压氢（>20MPa）为例，1kg售价80～100元，按1kg氢可发10kW·h电能计算，仅燃料费即约为10元/(kW·h)；按燃料电池发动机工作寿命1000h计算，折旧费为30元/(kW·h)，所以总动力成本达40元/(kW·h)。目前，由燃

料电池发动机提供1kW·h电能的成本远高于各种动力电池。可见，仅从这个侧面就反映了作为汽车动力源，燃料电池还有相当长的距离。

② 辅助设备复杂，且质量和体积较大。在以甲醇或者汽油为燃料的FCV中，经重整器出来的“粗氢气”含有使催化剂“中毒”失效的少量有害气体，必须采用相应的净化装置进行处理，增加了结构和工艺的复杂性，并使系统变得笨重。目前，普遍采用氢气燃料的FCV，因需要高压、低温和防护的特种储存罐，导致体积庞大，这也给FCV的使用带来了许多不便。

③ 启动时间长，系统抗振能力有待进一步提高。采用氢气为燃料的FCV启动时间一般需要超过3min，而采用甲醇或者汽油重整技术的FCV则长达10min，比内燃机汽车启动的时间长得多，影响其机动性能。此外，当FCV受到振动或者冲击时，各种管道的连接和密封的可靠性需要进一步提高，以防止泄漏和严重时引发安全事故。

# 6.4 燃料电池汽车车型实例

## 6.4.1 重型卡车

燃料电池汽车整车动力系统如图6-14所示。主要包括燃料电池、动力电池、驱动电机、整车控制器、燃料电池控制器、电池管理系统、电机控制器、直流变换器（DC-to-DC converter，DC/DC）等。各控制器之间通过局域网络（controller area network，CAN）进行通信。

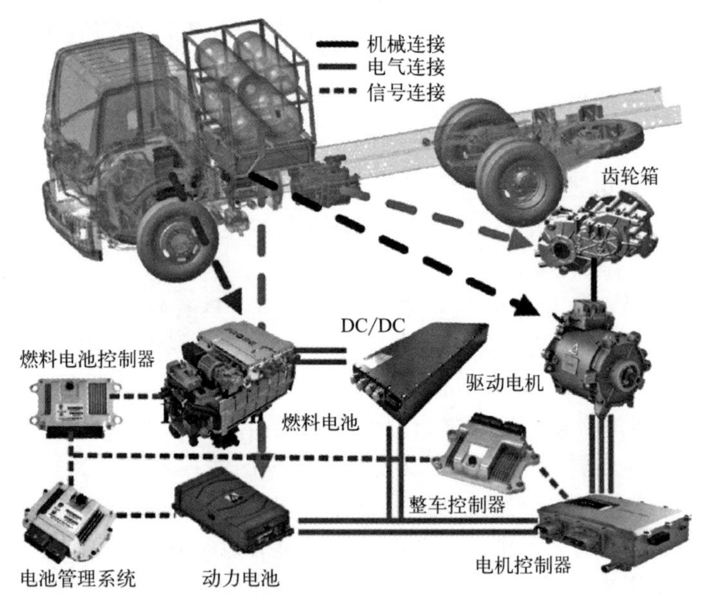


图6-14 燃料电池汽车整车动力系统

燃料电池作为燃料电池汽车的主要动力源，动力电池为辅助动力源，共同构成燃料电池汽车的动力源系统。研究燃料电池汽车能量管理策略需要建立燃料电池、动力电池、驱动电机以及整车动力学的数学模型，以此获得各个部件能量耗散和传递的理论计算方法。燃料电池汽车技术参数如表 6-2 所示。

**表 6-2　燃料电池汽车技术参数**

| 名称 | 参数及单位 | 数值 |
|---|---|---|
| 整车 | 车辆总质量/kg | 18000 |
| | 空气阻力系数 | 0.36 |
| | 迎风接触面积/$m^2$ | 5.8 |
| | 旋转质量换算系数 | 1.02 |
| | 滚动阻力系数 | 0.013 |
| | 总传动效率 | 0.98 |
| 质子交换膜燃料电池 | 型号 | XC88 |
| | 额定功率/kW | 88 |
| | 峰值功率/kW | 94 |
| 磷酸铁锂动力电池 | 额定电压/V | 521 |
| | 容量/(A·h) | 173 |
| | 最大充电/放电功率/kW | 90/180 |
| 永磁同步驱动电机 | 额定/最高转速/(r/min) | 2000/3000 |
| | 额定/峰值转矩/(N·m) | 500/1100 |
| | 额定/峰值功率/kW | 105/180 |
| DC/DC | 额定功率/kW | 88 |
| | 工作效率/% | 90～95 |

## 6.4.2　城市公交车

### (1) 动力总成结构

氢燃料电池公交车动力总成采用潍柴动力生产的 50kW 氢燃料电池系统，电堆额定功率 63kW、体积功率密度 2.5kW/L，发电效率达到 59%。车辆配备 105kW·h 的磷酸铁锂电池及功率 100kW 的驱动电机。车辆顶部安装 35MPa 储氢瓶 6 个，每个容量 140L，加氢一次可以行驶 300km 以上。如图 6-15 所示为氢燃料电池公交车动力总成结构示意。

### (2) 电-电混合驱动策略

城市公交车经常运行在低车速、频繁启停、加速与制动等工况，为适应其工况特征，示范运行氢燃料电池动力系统采用了“电-电混合动力”技术路线，即氢燃料电池系统与锂离子动力电池组并联驱动方式，由锂离子电池提供公交车启动、加速等非稳态下所需的功率输出，而氢燃料电池系统则用于提供稳定工况下的功率输出。这种方案不仅解决了氢燃料电池动态响应速度较慢的问题，而且可大大延长燃料电池的寿命，同时在急加速、爬坡、高速大功率运行工况时，由氢燃料电池系统与锂离子动力电池组联合提供强劲的动力输出，满足了车辆动力需求。试验数据表明，氢燃料电池城市客车与同等功率的传统燃油城市客车相比，最大爬坡度、0～50km/h 加速时间等指标明显优于传统燃油城市客车。如图 6-16 所示为氢燃料电池公交车电-电混合驱动策略示意。

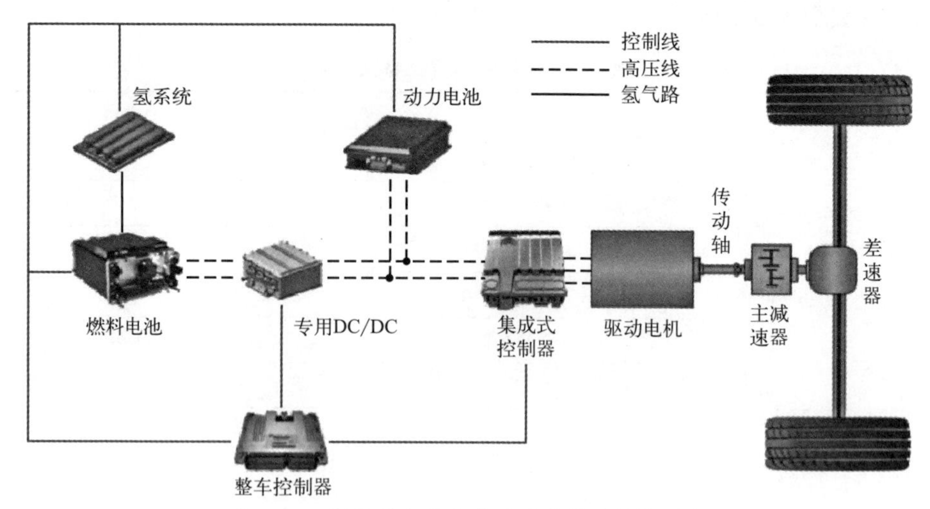


图 6-15 氢燃料电池公交车动力总成结构示意

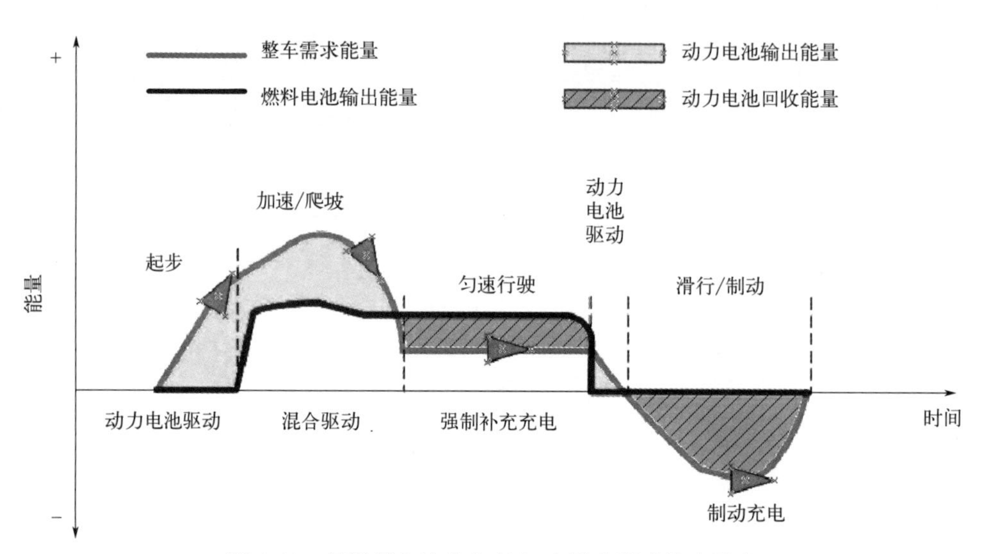


图 6-16 氢燃料电池公交车电-电混合驱动策略示意

# 第7章 燃气汽车与太阳能汽车

当前，在能源和环境等压力下，清洁能源汽车的发展受到全球普遍关注。为使清洁能源汽车最终造福于生产生活以及生态环境，各国政府为推广清洁能源汽车做出了一系列努力，在投资技术研发的同时，纷纷制订并实施推广计划。

## 7.1 燃气汽车

国家已制定了“天然气综合利用规划”，全国已有20多个城市使用和推广燃气汽车，如上海新投入的城市出租车和公交车均规定必须使用燃气，由上海大众汽车公司生产的6000辆新型燃气汽车已投入营运。

### 7.1.1 燃气汽车的分类

燃气汽车目前主要用于城市公共交通，其燃气种类有压缩天然气（CNG）、液化天然气（LNG）和液化石油气（LPG）三种类型。

按照所用燃气的不同，燃气汽车可分为以下种类。

**(1) 压缩天然气汽车**

所谓压缩天然气汽车亦称“CNG汽车”，即以压缩天然气为燃料的汽车。其所用压缩天然气（compressed natural gas，CNG）是将气田中自然开采出来的天然气经适当处理并加压（超过20MPa）后储存在气瓶中，工作时经降压、计量和混合后进入气缸，也可直接喷入气缸或气管。天然气的主要成分是甲烷。我国石油天然气国家标准《车用压缩天然气》（GB 17820—2018）对汽车用压缩天然气的有关规定如表7-1所示。由表7-1可见，车用压缩天然气的高位发热量不得小于31.4MJ/$m^3$，硫化氢（$H_2S$）含量不得大于20mg/$m^3$，总硫（以硫计）含量不得大于100mg/$m^3$，二氧化碳（$CO_2$）含量（体积分数）不得大于4%，水露点应低于最高操作压力下最低环境温度5℃。

**表7-1 车用压缩天然气技术要求**

| 项目 | 质量指标 | 试验方法 |
| --- | --- | --- |
| 高位发热量/(MJ/$m^3$) | ≥31.4 | GB 17820—2018 |
| 硫化氢($H_2S$)含量/(mg/$m^3$) | ≤20 | GB 17820—2018 |
| 总硫(以硫计)含量/(mg/$m^3$) | ≤100 | GB 17820—2018 |
| 二氧化碳($CO_2$)含量(体积分数)/% | ≤4 | GB 17820—2018 |

续表

| 项目 | 质量指标 | 试验方法 |
| --- | --- | --- |
| 水露点 | 低于最高操作压力下最低环境温度5℃ | SY/T 7507—2016(计算确定) |

注：1. 为确保压缩天然气的使用安全，压缩天然气应有特殊气味，必要时加入适量加臭剂，保证天然气的浓度在空气中达到爆炸下限的20%前能被察觉。

2. 气体体积为在101.325kPa、20℃状态下的体积。

**(2) 液化天然气汽车**

液化天然气汽车是以液体状态天然气为燃料的汽车，亦称“LNG汽车”。其所用液态天然气（liquefied natural gas，LNG）是指将低于－161.5℃的天然气在超低温下以液态状态储存于绝热性良好的容器中，工作时液化天然气即经升温、气化、计量和混合后进入气缸，也可直接喷入气缸或气管以供汽车发动机工作。由于天然气液化后的体积仅为标准状态下体积的1/625，因此携带方便，很适合汽车使用。

**(3) 液化石油气汽车**

在常温、常压下为气态，－0.5℃或15℃、0.8MPa的压力下为液态，以丙烷（$C_3H_8$）及丁烷（$C_4H_{10}$）为主体，来源于油井气、石油加工副产品和煤制取液体燃料时的副产品等的碳氢化合物的混合物为燃料的汽车，亦称“LPG汽车”。

为保证使用性能，燃气汽车的发动机都是发动机制造厂专门为使用某种气体燃料而改制设计或重新调整（LPG汽车）的机型。目前，国内外使用最多的气体燃料是压缩天然气（CNG）和液化天然气（LNG）两种。从整车结构上看，与传统汽、柴油汽车相比，其最大的差异在于燃料的储存和供给系统。

### 7.1.2 燃气汽车的燃料储存和供给系统

#### 7.1.2.1 CNG汽车的燃料储存和供给系统

CNG汽车的燃料为将含甲烷90%以上的天然气经脱水、脱硫净化处理后多级加压制成，并以20MPa左右压力储存于汽车上安装的高压气瓶中（20MPa标准状态下的CNG气体密度：0.763kg/m$^3$、1.31m$^3$/kg。标准状态下的空气密度：1.21kg/m$^3$），使用时经管路及控制系统解压、滤清，以气体形式供CNG发动机使用。

**(1) CNG系统的组成**

CNG汽车的燃料储存和供给系统主要由储气供气、调压、安全保护及控制和燃气泄漏报警部分组成。

① 储气供气部分。由压缩天然气储气瓶、高压电磁阀、压力表、加气嘴、高压管路、操控面板总成（充气阀、充气截止阀、压力表和系统排空阀等）及剩余气量显示系统等装置组成。

② 调压部分。由高压球阀、高压过滤器、高压电磁阀和低压管路等组成。

③ 安全保护及控制部分。由充气单向阀、过流保护装置、转换开关、ECU电子控制单元、CNG电磁阀、喷射阀、共轨阀及相关线束等组成。

④ 燃气泄漏报警部分。由储气瓶泄漏浓度传感器、减压阀泄漏浓度传感器、发动机泄漏浓度传感器、充气口泄漏浓度传感器、分线和报警指示器等组成。

CNG汽车的供气原理见图7-1。

CNG燃气供气普遍采用双回路供气系统，两路均为$\phi$8mm管，以加快加气速度，满足新能源汽车的要求。

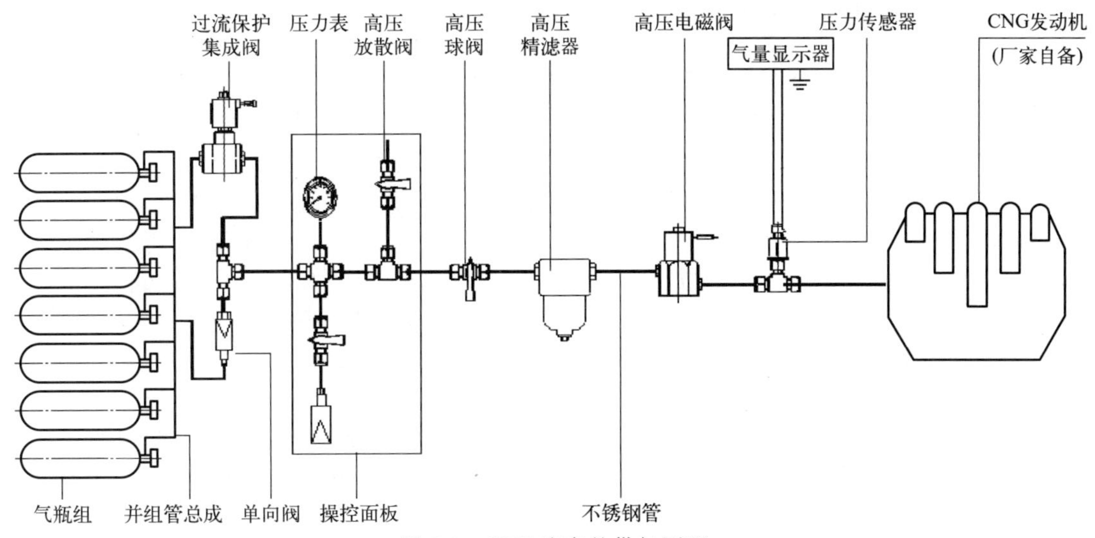


图 7-1　CNG 汽车的供气原理

**(2) CNG 汽车的动力系统**

对于 CNG 汽车，其动力和燃气系统多采用 CNG 发动机＋变速箱＋CNG 气瓶的设计方案，如图 7-2 所示。这种方案的特点是：结构简单、经济性好；平台化、系列化和可扩展性好，可与原柴油机汽车共享平台；成本低；使用清洁能源，排放污染低。

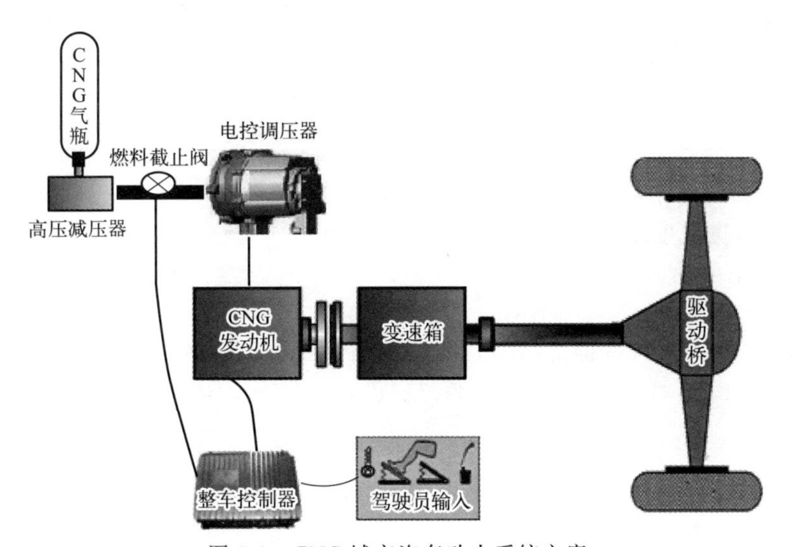


图 7-2　CNG 城市汽车动力系统方案

### 7.1.2.2　LNG 汽车的燃料储存和供给系统

**(1) LNG 的特点**

LNG 是一种比 CNG 更优质的燃料。它是将天然气在－162℃以下低温液化，液化过程中首先进行纯化，分离凝析油、重烃，除去 $H_2O$、$CO_2$、$H_2S$ 以及有机硫化物等杂质，以便在低温、低压、液态下储存、运输及应用，其特点如下。

① 比 CNG 更好的环保特性。LNG 作为汽车燃料，不含硫和氮，燃烧调节方便、无黑烟、烧尽后无灰渣和焦油、尾气污染少，几乎可以自由排放。

② 比CNG更大的密度（液态密度为426kg/m$^3$）。CNG汽车的最大缺点是高压瓶自重大、体积大、储气量小、能量储存密度小（5.0MJ/kg），而LNG能量储存密度大（17.1MJ/kg），单次加气可持续行驶500～700km，因此可应用于长途运输车辆。

③ 热值高。其热值为52MMBtu[1]/t，燃点650℃，比汽油的427℃和柴油的260℃燃点高很多。

④ 安全性好。主要表现在燃点高，因此更难引燃着火；爆炸极限范围4.7%～15%，比汽油（1%～5%）、柴油（0.5%～4.1%）宽，即比汽、柴油更难达到爆炸的条件；相对CNG汽车20MPa的系统压力，LNG压力更低（1.6MPa），气瓶制造成本也较低。

⑤ 功能强。LNG汽车气瓶可带自增压供气功能，在需维修泄压或充装压力达不到系统所需压力时，打开自增压阀门，即可实现自行增压，以满足汽车在多种工况下的燃料供应。

**（2）LNG系统的组成**

LNG汽车的燃料储存和供给系统主要由专用车载低温绝热瓶（液化天然气燃料气瓶）、充装接口、安全限流装置、LNG汽化器（液化天然气循环水汽化器）、稳压器和压力显示装置等组成。所谓LNG，就是将天然气经过脱水、脱硫、净化及冷冻后装瓶的低温液体。其供气流程如图7-3所示。

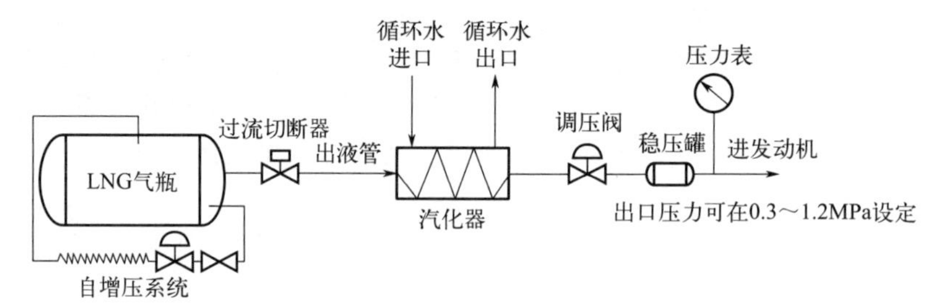


图7-3　LNG汽车的供气流程

LNG系统相对CNG系统更容易在汽车上进行布置，主要体现在燃料储存气瓶数量少，各种安全阀类安装集成度高。

**（3）LNG汽车的动力系统**

LNG汽车的动力系统多采用LNG发动机＋变速箱＋LNG气瓶＋汽化器（缓冲罐）的设计方案，如图7-4所示。这种方案的特点是：结构简单，经济性好；平台化、系列化、可扩展性好，可与原同类柴油机汽车共享平台；成本低、排放污染小；具有很高的气液体积比，续驶里程大。

## 7.1.3 燃气汽车供气系统

### 7.1.3.1 CNG系统的主要部件

**（1）储气瓶**

储气瓶是CNG汽车中的专用装置，其设计储气压力20MPa是在考虑到气瓶的容积与质量比以及降低加气站运行成本后所确定的。过高的储气压力会导致容积下降和加气站运行成本升高。气瓶瓶口阀上装有安全阀，当气瓶内的压力、温度过高时会自动泄压放气。

[1] MMBtu是百万英制热单位的缩写，1MMBtu＝2.52×10$^8$卡。

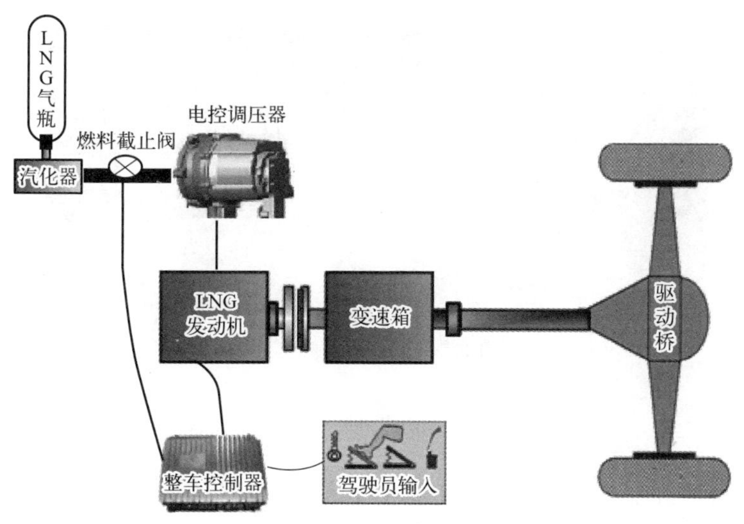

图 7-4　LNG 城市客车动力系统方案

车用 CNG 储气瓶可分为钢质气瓶和复合材料气瓶两大类，其中复合材料气瓶因材料或缠绕方式不同又有三种不同结构，如图 7-5 所示。

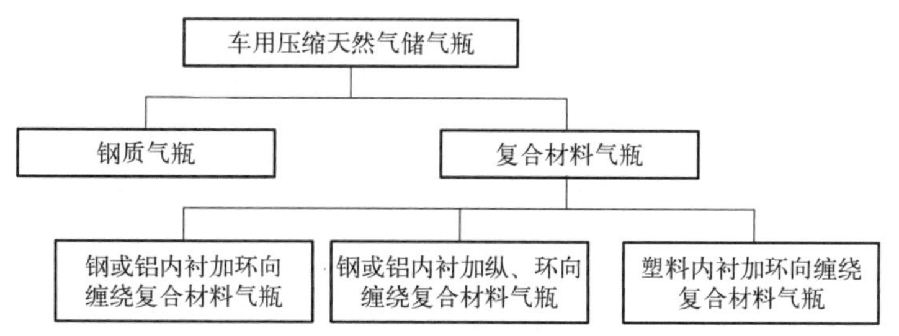

图 7-5　CNG 储气瓶的分类

目前，汽车上广泛使用的储气瓶主要为钢质气瓶和钢或铝内胆加环向缠绕的复合材料气瓶。其中，钢质气瓶笨重、直径相对较小，但耐冲击、磕碰，价格便宜，应用较为广泛(图 7-6)。而复合材料气瓶（俗称缠绕气瓶）与钢质气瓶相比重量相对要轻便一些，有一定的耐腐蚀性；但外部复合材料怕磕碰，在底盘上布置时需加保护装置；价格相对较高，尤其是铝内胆环向缠绕复合材料气瓶价格更高。常用的钢内胆环向缠绕复合材料气瓶如图 7-7 所示。

图 7-6　钢质气瓶

无论是钢质气瓶还是钢内胆环向缠绕复合材料气瓶，在汽车上的布置形式基本为两种：气瓶顶置（布置于车身顶盖上）和气瓶底置（布置于底盘车架上）。

图 7-7　常用的钢内胆环向缠绕复合材料气瓶

**(2) 控制面板总成**

控制面板总成由充气装置、手动截止阀面板和管路等组成。

充气装置是加气站和车用气瓶组之间的充气接口，由一个手动截止阀（充气单向阀）和防尘塞组成。该阀主要有插销式和卡口式两种结构，其中 $\phi$12mm 的插销式结构采用较多。截止阀漏气时防尘塞可以起到密封作用。充气单向阀只作为气瓶充气时的通路，在供气时自动切断 CNG 通路。

在储气瓶到减压阀之间设置有截止阀（主气阀），供车辆修理、入库、停放时使用，其作用是截断储气瓶到减压阀之间气路连接（以保安全）。该部件要求做到快速“开”和“关”，并标明旋向；应安装在易于操作的位置，阀体不得直接安装在驾驶室内。

**(3) 高压管线**

CNG 汽车的高压管线采用不锈钢无缝钢管或其他车用高压天然气专用管线。目前，采用较多的是 $\phi 6\times 1$、$\phi 8\times 1.25$ 的 1Cr18Ni9Ti 不锈钢无缝钢管（单位：mm）。

**(4) 气压（量）显示装置**

气压（量）显示装置可以是机械式压力表，也可以是压力传感器配合发光二极管显示。它是 CNG 系统中必须配置的仪表，对驾驶员的安全和节能操作有着重要意义。

**(5) 高压球阀和过流保护装置**

高压球阀主要实现对发动机供气的手动截止功能。

当 CNG 燃气供气系统出现超量泄漏时，过流保护装置的过流保护集成阀能够自动关断系统气源，以达到安全、保护的功能。该装置日常免维护，无须人为操作。

除了在系统中安装过流保护阀外，每个气瓶瓶阀也可采用带过流保护装置的阀门，提高整车安全性能。

**(6) 高压滤清器和高压电磁阀**

高压滤清器的主要功能是过滤气体中的水和杂质，保证气路畅通。一般情况下，过滤精度为 0.3$\mu$m。

高压电磁阀的主要功能是断电时自动切断发动机的供气通路，额定工作电压为 24V (DC)/12V (DC)。

**(7) 燃气泄漏报警装置**

燃气车辆供气系统一般存在泄漏的可能性，当燃气发生泄漏时，会给人身和车辆安全带来威胁。燃气泄漏报警装置的泄漏浓度传感器可对车辆燃气系统进行实时监测，当燃气泄漏浓度达到预先设定值时，该装置会及时发出报警信号，警示驾驶员立即采取措施，以避免事故的发生。泄漏浓度传感器的安装位置如图 7-8 所示。

### 7.1.3.2 LNG系统的主要部件

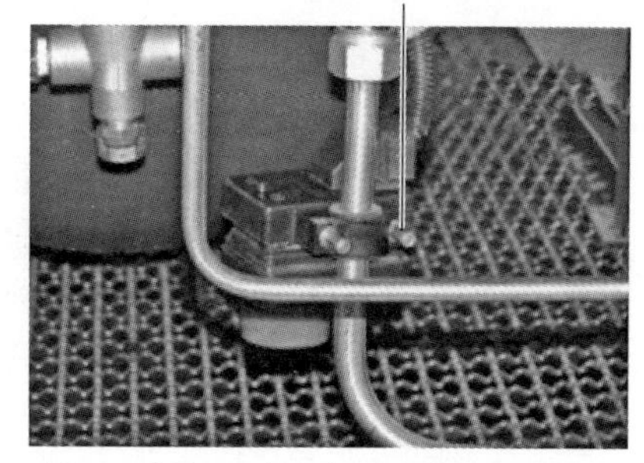

图 7-8 泄漏浓度传感器的安装位置

LNG 系统相对 CNG 系统更容易在汽车上进行布置，主要体现在燃料储存气瓶数量少，各种安全阀类安装集成度高。

**(1) LNG 气瓶结构**

车载 LNG 气瓶的工作温度一般为－162℃，充装系数为 0.9，主体材料为 0Cr18Ni9（304），采用耐低温的特殊材料制造，分内胆、外胆两层。在内胆外壁缠绕数十层复合绝热材料，包括高绝热性能的玻璃纤维纸和阻隔辐射传热的铝箔纸，并对夹套进行超高真空屏蔽处理，使气瓶达到良好的超级绝热性能。夹套间设置了低温吸附和常温吸附装置，可保证气瓶无论在低温使用或常温闲置时都有很好的夹套空间真空度。夹层超压条件下的保护是通过一个环形抽空塞来实现的，如果内胆发生泄漏（导致夹层压力超高），当压力达到 0.1～0.2MPa 时，抽空塞将打开泄压。

内胆上的充液管设计成单管直喷结构，以减少充装阻力，并在 LNG 充入内胆时稳定，同时可使内胆中的部分气相被 LNG 液化，以保持充装过程中内胆气相压力的相对稳定性。

气瓶内胆与外壳采用轴向组合支撑（一端固定、一端滑移），可以保证气瓶在车辆行驶中不会因为颠簸冲击而使内胆与外壳之间发生相对位移和结构变形，以及内胆因充装了液化天然气后冷缩而拉断支撑及管线的现象发生。此外，LNG 内胆中还设有防过量充装装置。

**(2) 阀类及相关系统组件**

LNG 系统所用各种阀类及相关组件可分散安装，也可在储气瓶上集成安装，其相关组件主要有一级安全阀、二级安全阀、进出液口、限流阀、气相口、电容式液位计和压力表等，如图 7-9 所示。

图 7-9 LNG 气瓶的阀类及相关系统组件

LNG 系统一级安全阀和二级安全阀的开启压力，不同生产商在其设置上略有区别，但基本原则是一级安全阀压力为气瓶公称工作压力，并通过连接管固定在汽车的安全点上，如有 LNG 气体泄漏，就通过管道进入通风竖管，从车辆顶部向上排出。

二级安全阀的开启压力高于一级安全阀压力，一般在储气瓶内压力升高且一级安全阀堵塞或出现故障无法打开时开启。

如排出液体，其排泄途径应避开人员、着火源或易被深冷温度损坏的材料。

电容探测器作为气瓶整体的一个组成部分，安装在气瓶内部。其作用是根据气瓶内的液位高度产生一个呈线性比例的电信号，并传送给信号转换器，再由信号转换器转换后传送到显示仪表。电信号不受液位状态（液相或气相）和压力的影响，能够精确反映气瓶内液位的多少。液位传感器安装在瓶内靠近充液管的一端。该系统能够适应由于加速、刹车、爬坡、转弯等行驶条件变化所带来的瞬间影响（注：在行驶过程中由于车辆摇晃造成瓶内液面波动，所显液位会稍低一些，但车辆稳定后液位就会显示正常）。

天然气在气瓶中以低温的液态和气态形式储存，使用中能够以纯液态或气液混合形态从气瓶中输出，由汽化器将其汽化成气体状态。汽化器安装在气瓶和发动机之间，并与发动机冷却系统相连，冷却液流经汽化器壳体并对汽化盘管进行加热。当液化天然气进入汽化器时，来自发动机的高温冷却液体将其加热并汽化，随后供给发动机。汽化器应水平安装，并配置直的管接头，以避免形成气阻。

## 7.2 太阳能汽车

目前，在汽车领域，太阳能技术的应用范围比较窄，主要是用作驱动力和作为汽车辅助设备的能量来源。以太阳能作为汽车的驱动力，一般是用特殊材料吸收太阳能，然后将太阳能转换成电能，再用电力驱动车辆。在车上，当太阳能为辅助能源时，大多数是用于协助电气设备，多数动力还是依靠燃料的供给。

太阳能汽车的原理是使用太阳能电池把吸收的光能转化成电能，在蓄电池中储存起来，以此用于驱动汽车的电机，使汽车正常行驶。

太阳能汽车是利用车身上各部位的太阳能电池来吸收太阳能，然后通过光电的转化将电能储存在车内蓄电池里，供电机使用来驱动车辆行驶的交通工具。太阳能汽车被公认为是全球最清洁、最有利用价值的汽车，太阳能汽车发展前景广阔，它具有低噪声、零排放、绿色环保和能源的来源广阔等优势。在日常光照强度足够大的情况下，太阳能电池吸收的太阳能转化成的电能，一方面能够直接驱动电机工作，另一方面可以与蓄电池同时供电；储存在蓄电池中的电量能够在不利的天气（例如雨天、黑夜、多云）吸收不到太阳能时供太阳能汽车使用。遗憾的是，受到目前技术发展的水平和诸多客观因素的制约，太阳能在汽车上主要还是作为一种辅助能源来使用。在世界范围内，太阳能汽车目前只是作为概念车或赛车来使用，要想实现商业化，以太阳能汽车完全取代燃油汽车，还需要一个漫长的过程。

### 7.2.1 太阳能汽车的主要构成

**（1）太阳能电池组**

太阳能汽车最重要的组成元件莫过于太阳能电池组，这些一定数量的单体电池组通过串联或并联的方式组成电池方阵，为汽车的行驶提供驱动力。其结构组成主要有三个部分：首先是保护电池片的钢化玻璃，这种玻璃需要进行超白钢化处理，且透光度要高，以保证发电主体的太阳光接收效率；其次为EVA，用以黏结固定钢化玻璃和电池片，核心部分即为发电主体，也就是电池片；其余部分则为可以起到支撑、密封、保护发电系统作用的如背板、铝合金保护层压件、接线盒等。

目前为止已投入应用的电池片大多为晶体硅太阳能电池片和薄膜太阳能电池片。两者在制造成本、光电转换率以及电池消耗等方面各有优劣。从当前市场占有率来看，晶体硅，尤其是单晶硅的光伏材料仍然是太阳能汽车电池板发展过程中的主流材料。相对较低的设备成本，最高可达24%的转换效率，且在钢化玻璃及防水树脂的密封下，长达25年的使用寿命，都让其从各类太阳能电池板中脱颖而出。另一类非晶硅电池板则以新型薄膜太阳能电池为代表，这种电池板在制作工艺上与晶体硅电池板大相径庭，其工艺过程大大简化，且在弱光条件下也可发电，但其转换效率较低，一般不作为汽车驱动力使用（通常都是为地面的基础设备所使用），但可在部分汽车内部系统（如影音、空调等较低能耗设备）中使用。在薄膜电池中另一种太阳能电池为多元化合物构成的电池，即硫化镉太阳能电池、砷化镓太阳能电池、铜铟硒太阳能电池等，这种多元半导体材料，可以大范围扩大太阳能的吸收光谱，进而提高光电转换效率，但目前仍未被工业化生产。其中砷化镓薄膜技术即被汉能太阳能汽车公司所掌握，其最高转换效率可超过30%。与常规的太阳能电池相对立的则是柔性薄膜太阳能电池，见图7-10，这种由PVC背板和ETFE薄膜盖板包裹的电池正如其名，可以任意弯曲，它省略了玻璃板、支架这些重量大的物体，使其重量降低80%。

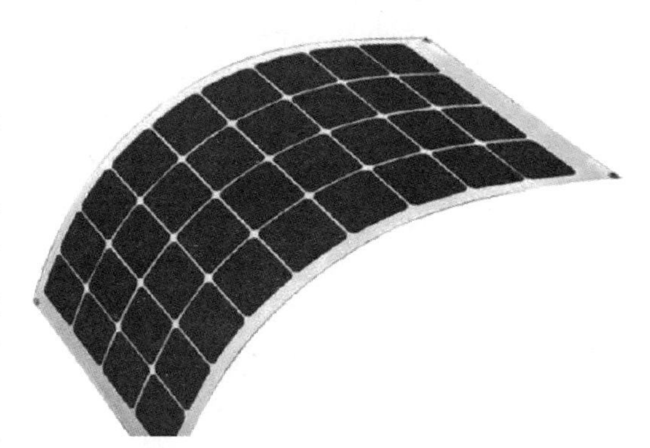
图7-10 柔性薄膜太阳能电池

**（2）太阳能电力系统**

太阳能汽车的另外一个重要组成部分即为它的电力系统，主要由数量不等的高能蓄电池组成，这些蓄电池在太阳能汽车中所扮演的角色即为内燃机汽车的油箱。简而言之，太阳能汽车的供能方式主要分为两种：一种是将光能转换为电能，储存在蓄电池中，而后通过蓄电池转换为行驶过程中汽车必需的电力，这也是太阳能汽车行驶动力的最大来源；另一种则是在起步过程中，将光能直接输送给发动机，作为起步动力等。因此可以说太阳能汽车内部最高级的元件系统就是电力系统，它包括了峰值电力监控仪、发动机控制器、资料获取系统等，提供了汽车运行过程中全部的电力供应和收集工作。蓄电池的分类主要包括以下几种：铅酸电池，镍镉电池，锂离子电池，锂聚合物电池。在这几种电池中，铅酸电池的生产成本和维护成本较低，但蓄电能力及重量等也较其他几种电池有所差距。

**（3）太阳能汽车的驱动系统**

太阳能汽车的驱动方式与传统的内燃机汽车相差甚远，传统的内燃机汽车一般采用轮驱动方式，简而言之，就是通过发动机驱动车轮从而带动车辆前进。而太阳能汽车内部，多齿轮传动装置的使用很少，一般均采用双线圈交流无刷电机作为传送动力装置。顾名思义，双线圈即高速线圈与低速线圈，高速线圈为太阳能汽车提供高效率的运行效果；低速线圈则为太阳能汽车的启动与减速提供较高的扭转力矩。通过双线圈的配合来改变发动机的速度频率。在太阳能汽车的驱动方式变化上主要有三种类型：直接引导式驱动，变频履带式驱动，轴式驱动。在太阳能汽车发展初期，一般采用直接引导式驱动力作为传送动力，在保证组件定位安装精准的前提下，可使其使用效率超过75%。而变频履带式驱动由于需要更加精准的安装与精细的配置，一般较少被人们应用。在后期的太阳能汽车发展中，轴式驱动逐渐成为主流，它可以极大限度地减少不必要的传送装备的配置，使结构更加简单，汽车重量进一步降低。除此之外，轴式驱动缩减了驱车能量，进一步提高了车辆驾驶效率，使其能够保证

95%的高效率运行。因此这种可以创造高效率、高速度、高舒适性的驾驶驱动系统得到了更多人的青睐。

**(4) 控制系统**

将太阳能汽车内部的操作系统、导航系统、驾驶系统等方面归纳在控制系统部分。由于实用性，太阳能汽车尚未普及，城市道路系统并未建立一套适用于太阳能汽车行驶的标准化政策。在道路行驶宽度需求、驻车面积、转向信号灯、前后视镜、行驶规则、加速装置、安全装置等各方面，太阳能汽车与传统内燃机汽车都有较大差距。如太阳能汽车的驾驶系统，相较于自动挡燃油汽车，由于省去了电子打火，在启动过程中，只需轻踏加速踏板即可完成启动，且配合创新的前桥和转向系统，前后独立悬挂，四轮鼓式制动，可极大减少刹车后的制动距离，这些都极大限度地简化了驾驶难度，从侧面也降低了交通事故的发生隐患。再如太阳能汽车的体积变化，由于大量配件的减少，很大程度上降低了车身的重量，缩减了车身体积，这也降低了车道行驶宽度的上限，并且可以降低驻车面积，节省更多的公共空间资源。所以在未来的发展中，随着太阳能汽车在绿色出行方面的逐渐普及，适应太阳能汽车控制系统的各项配置也应逐渐建立与完善。

## 7.2.2 太阳能汽车的工作原理

在提及太阳能汽车的工作原理前，首先要了解作用在太阳能汽车上的向日追踪器。由于在汽车行驶过程中，太阳对太阳能板的照射角度会不断变化，为了保证最大效率地接收太阳光线，向日追踪器就起到了始终保持太阳与电池板正对的作用。在此做出假设，基于日本科研人员研制的球状太阳能电池组，由于这种电池是柔性的，因此可以将其安装在车身等各个曲面位置，如果利用球体360°的转动角度效果，将其与向日追踪器结合，使电池组借由其形状本身，不断地与太阳照射保持最大能量接收角度，则可进一步提高太阳能转换效率，并可在有限车身面积上控制太阳能电池组数量，更好地开展实用性太阳能汽车的车身造型设计。所以太阳能汽车的工作原理，简化来讲，就是太阳能电池板在向日追踪器的控制下，接收太阳光线，并将其转换为电能，储存在电力系统的高能蓄电池中，再由电机供电，驱动汽车行驶，即太阳能-电能-动能的变换方式，见图7-11。除此之外，一些太阳能汽车在起步过程中，也会将部分太阳能通过电流变换器直接输送进发动机，利用双线圈交流无刷电机系统驱动汽车行驶，即太阳能-动能的转换方式。从某种意义上讲，现在的太阳能汽车仍然属于混合动力汽车的一种，其工作原理从本质上讲仍与串联式的混合动力汽车大致相同。且从目前太阳能的转换效率、天气影响等多方面影响因素来看，想要完全满足日常出行的条件，一般仍是与电能相结合，也就是混动汽车。当太阳光强烈的时候，通过转换的电能充足，直接对动力电池充电。当光照不足时，可采用外部设施充电，车与车的对接充电，或在技术达到一定程度的情况下，更换备用电池等多种方式，来保证电力系统正常运行，以满足汽车的正常行驶。

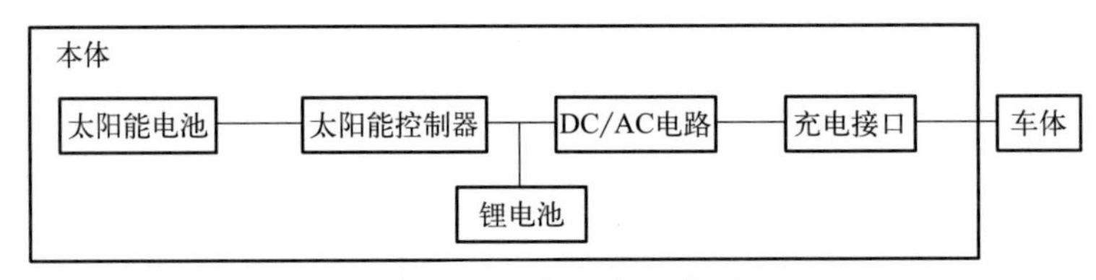


图7-11 太阳能汽车工作原理

## 7.2.3 车载太阳能充电系统设计

### 7.2.3.1 太阳能电池选型及系统工作原理

车载太阳能充电系统主要包括太阳能电池、太阳能充电控制器、动力电池和BMS控制系统、VCU整车控制器、12V低压蓄电池及其用电器，太阳能汽车能源系统的拓扑如图7-12所示。在光照强烈的白天，太阳能电池吸收阳光产生电能，通过太阳能充电控制器控制其发电功率和充电电压给动力电池充电；BMS实时监控动力蓄电池的电量状态；VCU根据电池的电量状态及车辆工况，控制电池的能量输出和输入；高压动力电池还通过DC/DC直流降压给12V蓄电池及车载用电器供电；而12V蓄电池又为太阳能控制器、BMS、VCU等控制系统提供稳定的电压。当没有太阳能资源时，还可以利用交流或直流充电桩给动力电池充电。

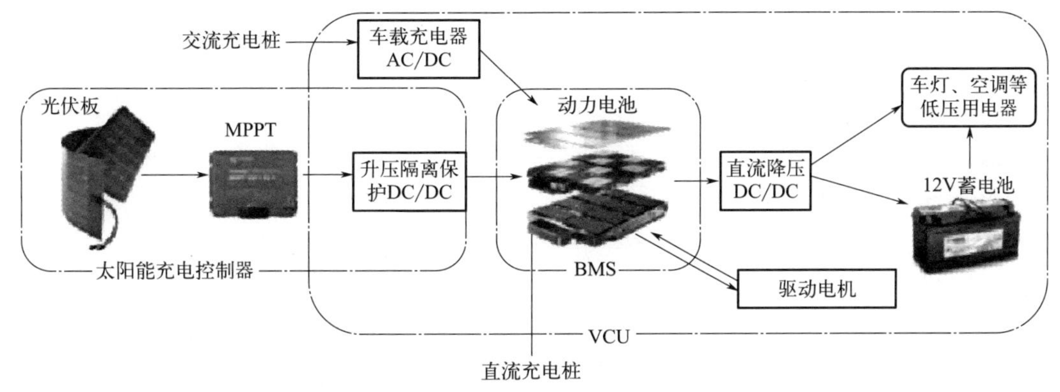

图7-12 太阳能汽车能源系统的拓扑

通过比较已量产的几种太阳能电池，从性能、成本及安装工艺方面考虑，选择实际效率达到24.7%硅基太阳能电池作为发电电源，如表7-2所示。

**表7-2 部分太阳能技术方案比较**

| 项目 | 太阳能电池种类 | | |
|---|---|---|---|
| | 砷化镓 | 铜铟镓富硒 | 晶硅 |
| 转化效率/% | >38 | >18 | >24 |
| 单位面积质量/(kg/m$^2$) | 20 | 20 | 10 |
| 温度衰减 | 小 | 大 | 大 |
| 柔韧性 | 可弯曲 | 可规则弯曲 | 不可弯曲 |
| 寿命/年 | >25 | 25 | 25 |
| 成本/(元/W) | 500 | 15 | 2.5 |

量产的太阳能电池组件实际的工作条件通常非常恶劣，会严重恶化电池的性能，导致效率的损失，这种效率损失的来源主要是以下2个方面。

首先是辐照强度变化，如图7-13所示，在一定温度下，组件的效率随着辐照强度的减少而减少。

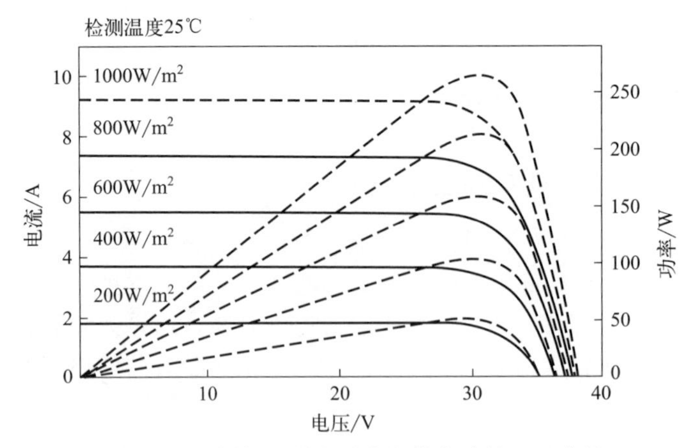

图 7-13　不同辐照强度下太阳能电池的 *I-U* 曲线

其次是电池温度变化、环境温度变化以及光导致组件中的电池被加热，更高的温度意味着性能的降低。

通过分析可以发现，组件的短路电流通常被认为严格地正比于辐照强度，在很低入射光强度下，效率损失更多并且更难预测；开路电压很强烈地依赖于电池温度，并随着温度升高而线性减少，通常定义为每升高 1℃，组件效率下降 0.5%。

考虑到太阳能电池的成组工艺和总装安装工艺的要求，其太阳能组件电池的实际成组效率只有 80%左右。因此可得此太阳能发电阵列的最大额定输出功率 $P_{max}$ 为

$$P_{max}=\eta_C\eta_{PV}P_{AM1.5G}S$$

式中，$\eta_C$ 为太阳能组件电池的实际成组效率；$\eta_{PV}$ 为太阳能系统输出效率；$P_{AM1.5}$ 为规定标准的 AM 1.5G 辐照强度，其值为 $1000W/m^2$，是指典型晴天时太阳光照射到一般地面的情况。

### 7.2.3.2　太阳能充电系统控制器设计

由于动力池的电压远远高于光伏阵列的输出电压，若要实现光伏阵列对动力电池的充电功能，需要设计高升压比的升压变换电路。某太阳能充电控制器采用二级升压电路，一级升压采用最简单的 Boost 电路，将太阳能电池电压升高到一定电压等级，为二级升压做准备，并实现太阳能电池输出的最大功率跟踪；而二级采用半桥升压变换式隔离型电路给动力电池充电。

**(1) Boost 升压电路及 MPPT 控制策略**

根据分析的太阳能电池伏安特性，发现随着温度和辐照强度的变化以及太阳能电池系统的整个生命周期（>25 年）中的衰变，其最大发电功率的电压值存在很大范围的漂移。因此必须有相应的控制器对太阳能电池的输出进行调控，使得太阳能电池的电压和电流满足瞬时的太阳能电池最大功率点，同时保持输出电压和电流符合负载要求。这就引入了光伏最大功率追踪控制的概念，如图 7-14 所示。

整个 Boost 电路的输入电压由太阳能电池提供，MPPT 控制器通过监控太阳能电池的电流信号 $I_{PV}$ 以及电压信号 $U_{PV}$，以使太阳能电池能够发出最多电量的最大功率算法控制 PWM 脉宽信号的变化，对 M1、M2 开关器件的占空比进行调整控制，实现输入、输出电压的调整，即

$$D=\frac{U_O-U_{PV}}{U_O}$$

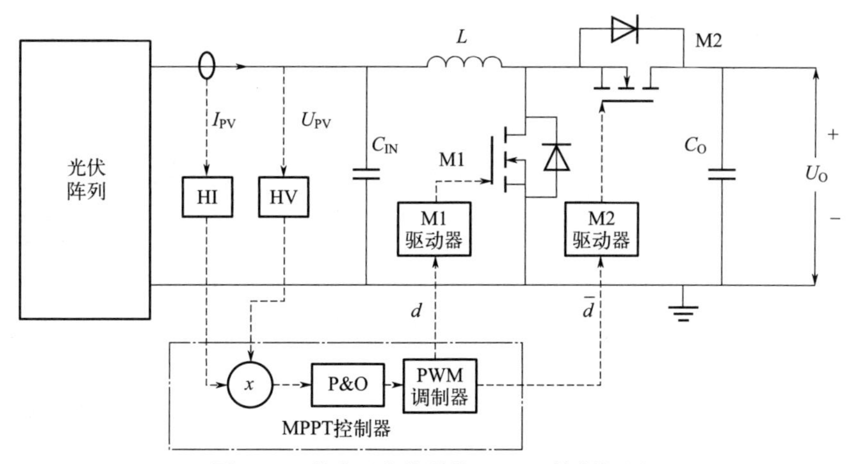

图 7-14　带升压变换器的 MPPT 控制框图

式中，$U_O$ 为系统输出电压；$U_{PV}$ 为太阳能电池输出电压，也是系统输入电压；$D$ 为开关器件的占空比。

使太阳能电池始终工作在最大功率点附近，即

$$P_{PV}=U_{PV}I_{PV}$$

式中，$P_{PV}$ 为太阳能电池最大功率；$I_{PV}$ 为最大功率点的电流。

采用根据功率与太阳能电池电压的倒数自适应调整占空比大小的自适应步长扰动观察法进行最大功率追踪，为保证 DC/DC 升压电路的转换效率，最终可将升压比设定为 2，即 $D=2$。其 Boost 电路能量转换效率一般 $\eta>95\%$。

**(2) 隔离型二次升压电路设计**

半桥变换器具有功率密度高、效率高的特点，可采用半桥变压器来实现进一步的升压控制及电源隔离，其拓扑结构如图 7-15 所示。拓扑结构分析：输入电压 $U_O$；输出电压 $U_{bat}$；开关组件 $S_1$；开关组件 $S_2$；变压器 T；分隔电容 $C_1$；分隔电容 $C_2$；原边线圈圈数 $N_p$；副边线圈圈数 $N_{S_1}$ 和 $N_{S_2}$；理想整流二极管 $D_1$ 和 $D_2$；储能电容 $L$；滤波电容 $C_3$。

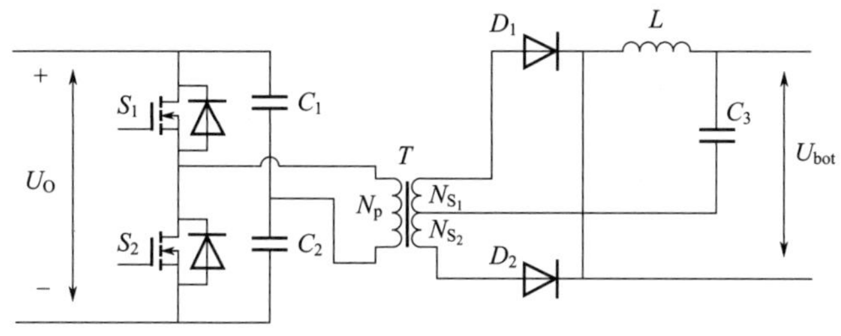

图 7-15　半桥变换器拓扑结构

半桥变换器在 $S_1$ 和 $S_2$ 各半周期内交替开关，为一个完整周期，此完整周期在变压器原边线圈两端电压 $U_P$ 上。$S_1$ 导通且 $S_2$ 关断时的半周期为正压降；$S_2$ 导通且 $S_1$ 关断时的半周期为负压降。$S_1$ 和 $S_2$ 分别导通、关断时间相同，所以副边 $U_{bat}$ 上呈现半周期重复且导通时间相同、大小相同的电压，定义占空比为 $D$。

由此可得，半桥变换器电压转换公式为

$$\frac{U_o}{U_{bat}}=\frac{2n}{D}$$

#### 7.2.3.3 整车充电控制逻辑

太阳能充电系统在给整车的动力电池进行充电时须满足几个条件：

① 为保护电池，动力电池的温度>3℃、电量 SOC<95%时方可充电；

② 车载太阳能充电控制器在夜晚自动休眠，而白天检测到发电功率远大于整车上高压的耗电功率时，才能进行充电；

③ VCU 和 BMS 实时监控充电状态，一旦出现不满足充电的情况即停止充电，整车处于下高压状态。

因此太阳能充电控制系统必须与整车进行 CAN 通信。

第
3
篇

# 控制篇

# 第8章 新能源汽车的动力系统及控制

新能源汽车整车动力系统的结构决定了整车控制系统的结构，整车控制主要由整车控制系统、电机控制系统和管理监控系统等组成。新能源汽车控制器（VCU）是整车控制系统的核心部件，通过分析整车动力系统的结构得出控制器的需求功能。根据这些需求功能，设计和研究整车控制策略及其控制器，保障汽车安全性与可靠性，保证控制器间的正常通信。

新能源汽车的电机控制器（MCU）与驱动电机紧密结合在一起，整车控制器通过总线发送控制指令与转矩请求，电机控制器根据这些信号协助整车控制器完成预充，高压上电。通过控制驱动电机，实现汽车行驶、能量回收、倒车和上坡。MCU 监控自身故障的同时，配合 VCU 对全车故障进行安全处理，保证汽车的安全性。

## 8.1 纯电动汽车动力系统及控制

### 8.1.1 纯电动汽车动力系统

纯电动汽车动力系统主要有单电机直驱动力系统、单电机＋AMT 动力系统、双电机耦合减速系统以及轮毂电机驱动系统。

**(1) 单电机直驱动力系统**

这种驱动形式的特点是无离合器、变速箱的直驱式电驱动系统，可采用大功率、高转矩、低速永磁同步电机或交流异步电机，如图 8-1 所示。

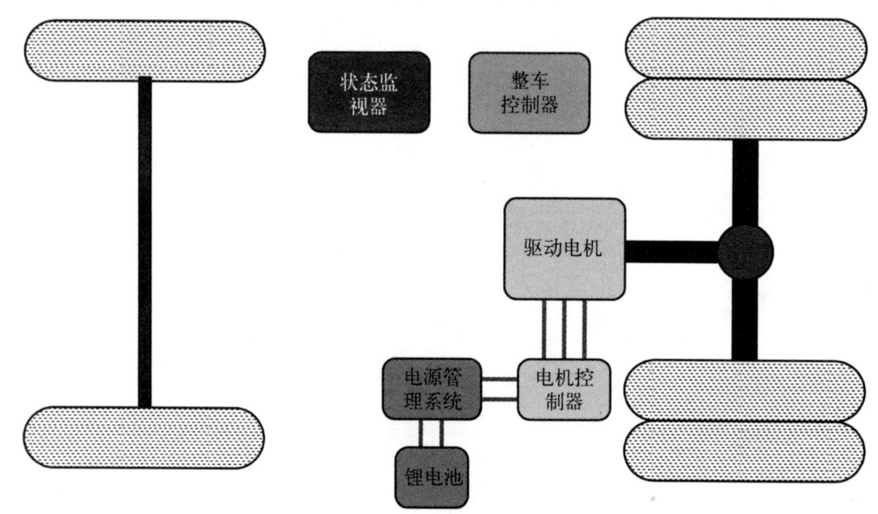


图 8-1 单电机直驱动力系统

(2) 单电机+AMT 动力系统

这种驱动形式的特点是无离合器，采用三挡机械自动变速器电驱动系统，电机为大功率中速永磁同步电机，如图 8-2 所示。

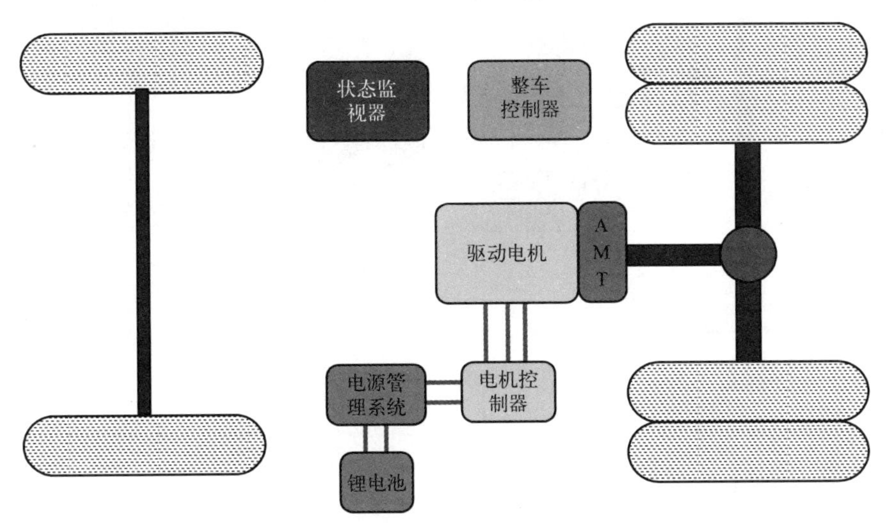


图 8-2 单电机+AMT 动力系统

(3) 双电机耦合减速系统

这种驱动形式的特点是体积小、重量轻、便于底盘布置和有效利用空间，有利于低地板汽车布置；噪声小、双电机驱动运转平滑；双电机协调工作，单电机失效仍能运行，如图 8-3 所示。

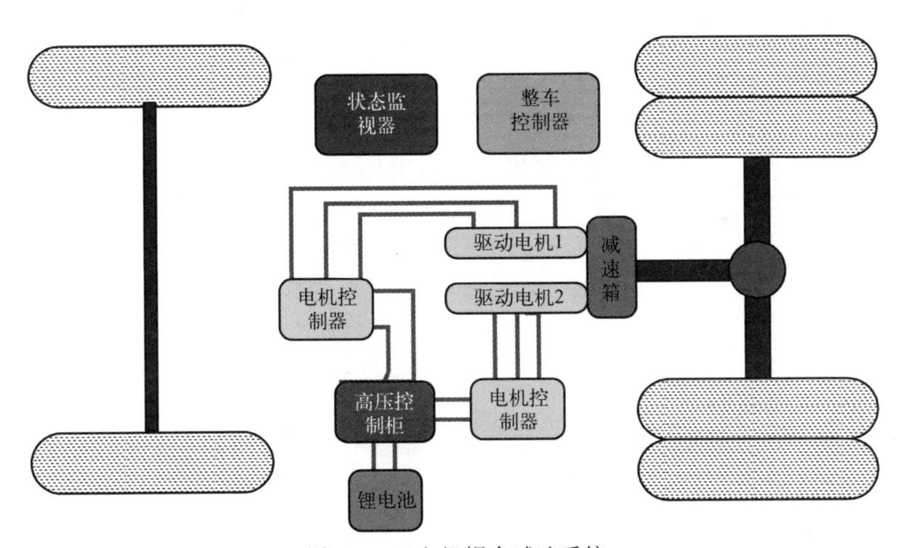


图 8-3 双电机耦合减速系统

(4) 轮毂电机驱动系统

这种驱动形式的特点是无主减速器和差速器，利于低地板汽车布置；电机直接驱动车轮，制动时吸收车轮制动能量，效率更高；双电机分别驱动两个后轮，可实现精确差速控制和转向控制，如图 8-4 所示。

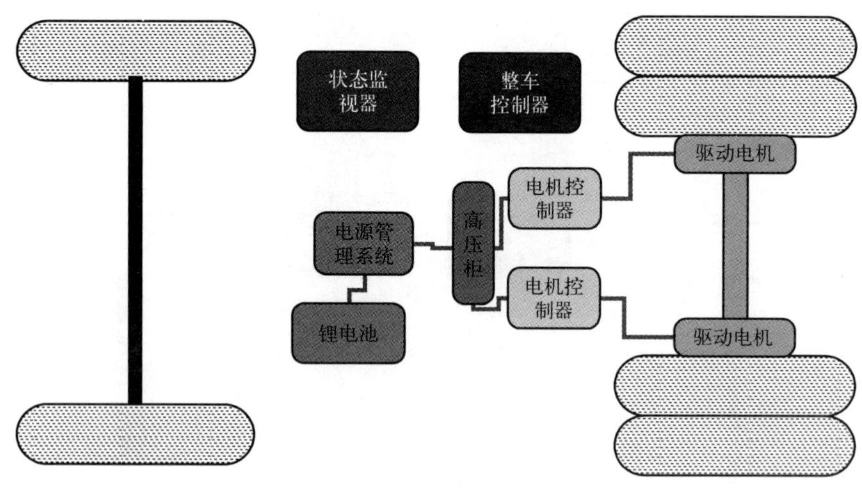


图 8-4 轮毂电机驱动系统

## 8.1.2 驱动电机系统

驱动电机系统是新能源汽车的三大核心部件（电机、电池和电控）之一，是行驶中的主要执行机构，在纯电动汽车和燃料电池汽车上，它是唯一的驱动部件；在混合动力汽车上，它是实现各种工作模式的关键。其驱动特性决定了汽车行驶的主要性能指标，不仅直接影响动力性、经济性和行驶稳定性，而且关系到整车排放。因此，配置合适的驱动电机是提高新能源汽车性价比的重要因素。

### 8.1.2.1 对驱动电机系统的要求

与一般工业用电机不同，用于新能源汽车的驱动电机应具有调速范围宽、启动转矩大、后备功率高和效率高的特性，此外还要求可靠性高、耐高温及耐潮、结构简单、成本低、维护简单、适合大规模生产等。因此，研发和完善能同时满足车辆行驶过程中的各项性能要求，并具有坚固耐用、造价低、效能高等特点的电机驱动方式就显得极为重要。

由于驱动电机系统工况复杂，需随时面对车辆启动、加速、制动、停车、上坡、下坡、转弯和变道等随机工况，而在混合动力汽车中，又存在多种工作模式，如电机启动发动机、电机驱动、电机发电、电机制动能量回馈等，且电机具体工作于何种模式也是随机的，这就要求电机应具有如下特点。

**(1) 转矩、功率密度大**

新能源汽车的动力总成结构紧凑，留给电机驱动系统的空间非常狭小，在要求减小电机体积的同时还必须具有足够的转矩和功率；此外，实现全转速运行范围内的效率最优化，以提高车辆的续驶里程。

**(2) 工作速域宽**

一般在电机输出到轮毂的半轴之间设有主减速齿轮和差速齿轮，要满足车辆各种行驶工况的要求，驱动电机的理想机械特性是：基速以下输出大转矩，以适应启动、加速、负荷爬坡、频繁起停等复杂工况的要求；基速以上为恒功率运行，以适应最高车速和超车等要求。

**(3) 系统效率高**

由于新能源汽车的供电电源能量有限，尤其是在当前受动力电池成本和整车布置限制的条件下，提高电驱动系统效率就成为提高车辆续驶里程和经济性的重要手段。

**(4) 系统适应环境能力强**

驱动电机系统通常布置在发动机舱内和车架上，工作环境较为恶劣。要求电机及其驱动器要防水、防尘、防震，具有很强的适应环境能力，而且结构坚固、体积小、重量轻，具有良好的环境适应性和高可靠性。

**(5) 电磁兼容性好**

驱动电机系统在汽车上是较大的干扰源，因此在电机和驱动器设计及整车布置上要充分考虑电磁兼容和屏蔽，尽量避免和减小驱动系统对其他电器的影响。此外，还要避免和减小其他干扰源对驱动电机系统的影响。

**(6) 性价比高**

驱动电机系统作为整车的主要总成之一，在保证性能的前提下，价格适中。

### 8.1.2.2 驱动电机系统组成

新能源汽车的驱动系统一般包括电机驱动系统及机械传动机构两大部分，其中电机驱动系统主要由电机、功率转换器、控制器、各种检测传感器以及电源等部分构成。对于电机，一般要求具有电动、发电两项功能，按类型常用的有直流、交流、永磁无刷或开关磁阻等几种机型；功率转换器按所配电机类型的不同，有 DC/DC 功率变换器和 DC/AC 功率变换器等形式，其作用是按驱动电机的电流要求，将蓄电池的直流电转换为相应电压等级的直流、交流或脉冲电源。

电机是应用电磁感应原理运行的旋转电磁机械，主要用于实现电能向机械能的转换。运行时从电系统吸收电功率，向机械系统输出机械功率。在驱动电机系统中，驱动电机和电机控制器所占的成本之比约为 1∶1，但根据设计原理与分类方式的不同，电机的具体构造与成本构成也有所差异。电机控制系统主要起到调节电机运行状态，使之满足整车不同的运行要求。针对不同类型的电机，控制系统的原理与方式有很大差别。

### 8.1.2.3 电机本体结构

以采用较多的三相异步电机为例，电机本体结构如图 8-5 所示，主要由前后端盖、定子部分、转子部分、机座、风扇和风罩等组成。

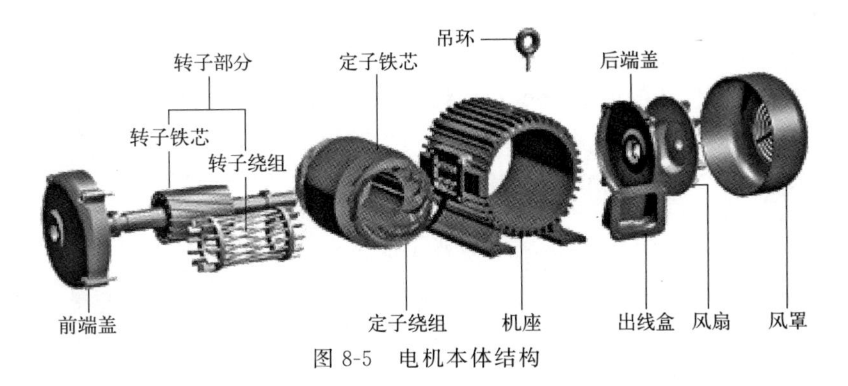


图 8-5　电机本体结构

**(1) 定子部分**

① 定子铁芯。由导磁性能很好的硅钢片叠成——导磁部分。

② 定子绕组。放在定子铁芯内圆槽内——导电部分，其机座固定定子铁芯及端盖，具有较强的机械强度和刚度。

**（2）转子部分**

① 转子铁芯。由硅钢片叠成，也是磁路的一部分。

② 转子绕组。对于鼠笼式转子，转子铁芯的每个槽内插入一根裸导条，形成一个多相对称短路绕组；对于绕线式转子，转子绕组为三相对称绕组，嵌放在转子铁芯槽内。

此外，异步电机的气隙是均匀的，大小为机械条件所能允许达到的最小值。

#### 8.1.2.4 电机类型

电动汽车的时速快慢和启动速度取决于驱动电机功率及性能，续驶里程的长短取决于车载动力电池容量的大小，而对各种系统的选用则取决于制造商对整车档次的定位、用途以及市场界定和市场细分。电机分类示意如图 8-6 所示。

由图 8-6 可见，电机种类繁多，但除无轨电车仍有部分使用直流电机外，新能源汽车电机主要使用的是异步电机、永磁同步电机和开关磁阻电机。其中，异步电机主要应用于纯电动汽车（包括轿车及汽车），永磁同步电机主要应用于混合动力汽车，开关磁阻电机则主要应用于大中型汽车。目前，在混合动力轿车中采用的基本上都是永磁同步电机，而采用永磁同步驱动将是未来的发展方向，主要原因在于能在控制方式上实现数字化，在结构上实现电机与齿轮箱的一体化。当前，国外电动汽车用电机驱动系统以异步驱动为主；日本丰田公司的普锐斯采用永磁同步电机的功率已达到 50kW，新配置的 SUV 车型所用电机功率达到了 123kW。

**（1）直流电机及其控制系统**

① 结构及工作原理。直流电机的结构如图 8-7 所示，一般由定子、转子、换向器和电刷等组成。定子上有磁极，转子上有绕组，通电后，转子上也形成磁场（磁极），定子和转子的磁极之间有一个夹角，在定转子磁场（N 极和 S 极之间）的相互吸引下，使电机旋转。改变电刷的位置，就可以改变定转子磁极夹角（假设以定子的磁极为夹角起始边，转子的磁极为另一边，由转子的磁极指向定子的磁极的方向就是电机的旋转方向）的方向，从而改变电机的旋转方向。

由于直流电机结构简单，具有优良的电磁转矩控制特性，因此直到 20 世纪 80 年代中期，仍是主要研发对象。但因普通直流电机的机械换向结构易产生火花，不宜在多尘、潮湿和易燃易爆环境中使用，且换向器维护困难，很难向大容量、高速度发展。此外，电火花产生的电磁干扰对高度电子化的电动汽车来说将是致命的危害。但随着新材料及电子技术和控制理论的发展，无刷直流电机以其突出的优点仍在新能源汽车上得到应用。

② 无刷直流电机的特点。无刷直流电机（brushless direct current motor，BLDCM）是近几年来随着微处理器技术的发展和高开关频率、低功耗新型电力电子器件的应用，以及控制方法的优化和低成本、高磁能级的永磁材料的出现而发展起来的一种新型直流电机。其既保持了传统直流电机良好的调速性能，又具有无滑动接触和换向火花、可靠性高、使用寿命长及噪声低等优点。

按照供电方式的不同，无刷直流电机可分为两类，即方波无刷直流电机，其反电势波形和供电电流波形都是矩形波，又称为矩形波永磁同步电机；正弦波无刷直流电机，其反电势波形和供电电流波形均为正弦波。无刷直流电机的诞生，克服了有刷直流电机的先天性缺陷，以电子换向器取代了机械换向器，所以既具有直流电机良好的调速性能等特点，又具有交流电机结构简单、无换向火花、运行可靠和易于维护等优点。

如图 8-8 所示为一种小功率、三相、星形连接、单副磁对极的无刷直流电机模型，其定子在内，转子在外。也有定子在外，转子在内的结构，即定子是线圈绕组组成的机座，而转子用永磁材料制造。

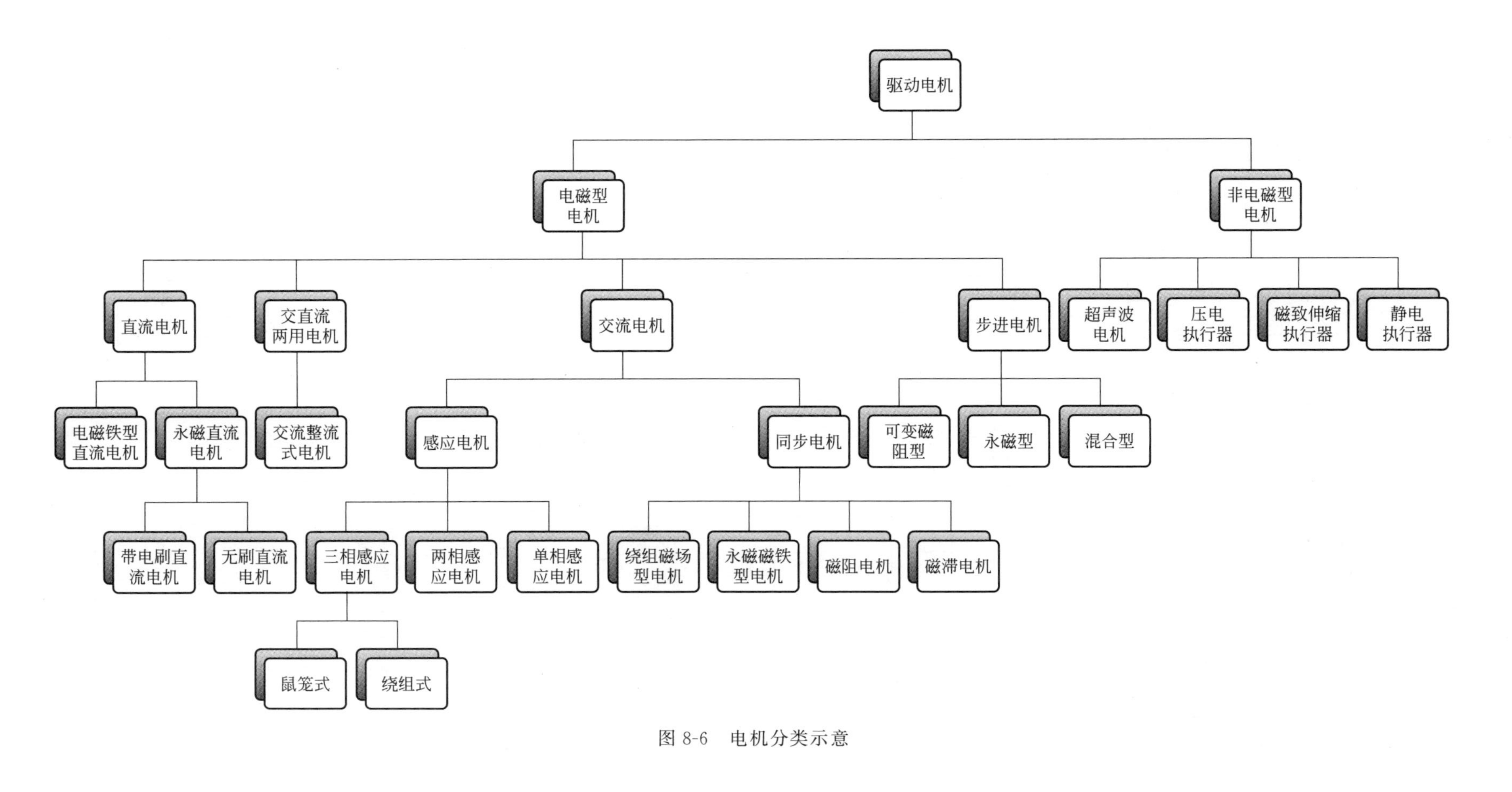
驱动电机
电磁型电机
非电磁型电机
直流电机
交直流两用电机
交流电机
步进电机
超声波电机
压电执行器
磁致伸缩执行器
静电执行器
电磁铁型直流电机
永磁直流电机
交流整流式电机
感应电机
同步电机
可变磁阻型
永磁型
混合型
带电刷直流电机
无刷直流电机
三相感应电机
两相感应电机
单相感应电机
绕组磁场型电机
永磁磁铁型电机
磁阻电机
磁滞电机
鼠笼式
绕组式

图 8-6　电机分类示意

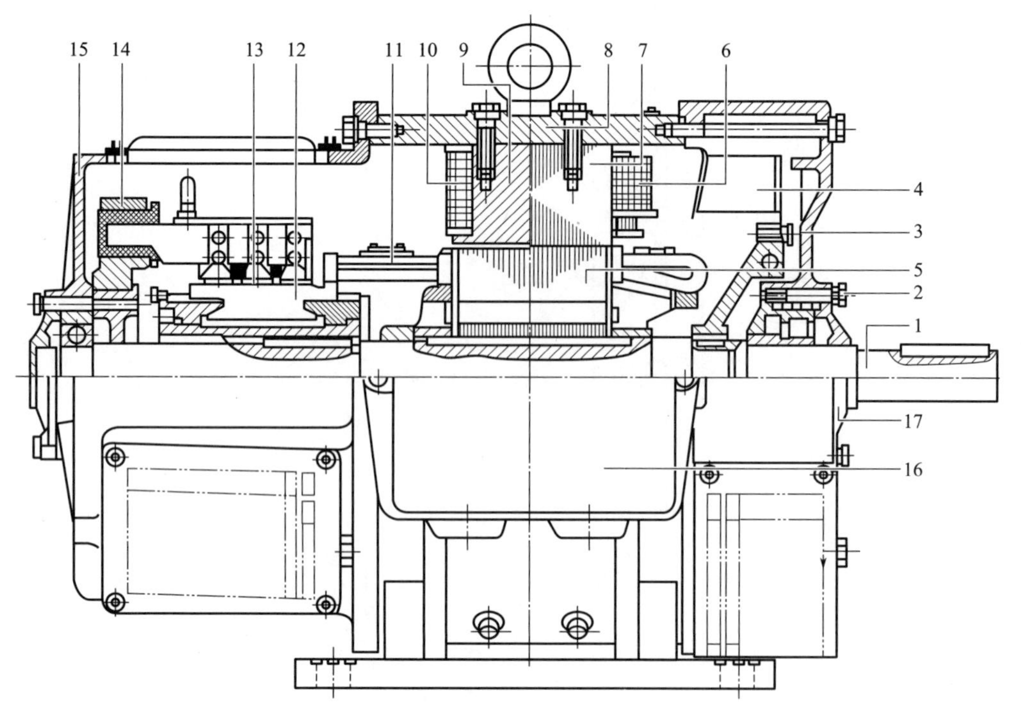


图 8-7　直流电机的结构

1—轴；2—轴承；3—后端盖；4—风扇；5—电枢铁芯；6—主极绕组；7—主极铁芯；8—基座；9—换向极铁芯；10—换向极绕组；11—电枢绕组；12—换向器；13—电刷；14—刷架；15—前端盖；16—出线盒；17—轴承盖

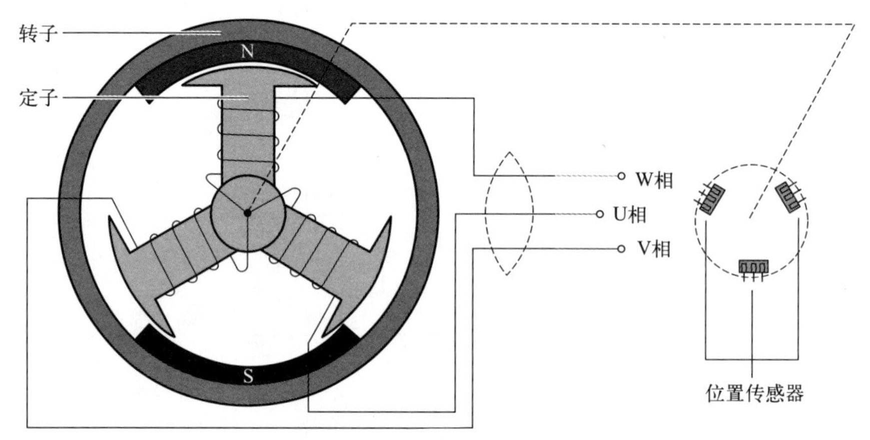


图 8-8　无刷直流电机模型

无刷直流电机的特点是：外特性好，能够在低速下输出大转矩，因此可提供大的启动转矩；速度范围宽，任何速度下都可以全功率运行；效率高、过载能力强，使之在拖动系统中有出色的表现；再生制动效果好，由于转子是永磁材料，制动时电机可进入发电机状态；体积小，功率密度高；无机械换向器，采用全封闭式结构，可以防止尘土进入电机内部，可靠性高；比异步电机的驱动控制简单。

③ 直流电机的控制。直流电机控制系统主要由斩波器和中央控制器构成，根据输出转矩的需要，通过斩波器来控制电机的输入电压、电流，以此控制和驱动直流电机运行。

无刷直流电机由同步电机和驱动器组成，同步电机的定子绕组多做成三相对称星形接法，与三相异步电机十分相似。而转子上粘有已充磁的永磁体，为了检测电机转子的极性，在电机内装有位置传感器。驱动器由功率电子器件和集成电路等构成，其功能是接收电机的启动、停止、制动信号，以控制电机的启动、停止和制动；接收位置传感器信号和正反转信号，用于控制逆变桥各功率管的通断，产生连续转矩；接收速度指令和速度反馈信号，用于控制和调整转速；提供保护和显示等。

**(2) 交流三相感应电机及其控制系统**

① 交流三相感应电机的结构及工作原理。感应电机又称“异步电机”，即转子置于旋转磁场中，在旋转磁场的作用下，获得一个转动力矩，从而产生转动。转子是可转动的导体，通常多呈鼠笼状；定子是电机中不转动的部分，主要任务是产生旋转磁场。通常旋转磁场不用机械方法来实现，而是以交流电通过数对电磁铁，使其磁极性质循环改变，故相当于一个旋转的磁场，感应电机并不像直流电机有电刷或集电环。依据所用交流电的种类有单相电机和三相电机两种，后者多用于电动汽车和动力设备。

交流三相感应电机如图 8-9 所示，主要由转子和定子构成，在转子与定子之间没有相互接触的滑环、换向器等部件。运行时，定子通过交流电而产生旋转磁场，旋转磁场切割转子中的导体，在转子导体中产生感应电流，转子的感应电流产生一个新的磁场，两个磁场相互作用则使转子转动。

图 8-9　交流三相感应电机

② 交流三相感应电机的特点。交流三相感应电机结构简单，可靠性好，使用寿命长，其功率范围宽，转速可达 12000～15000r/min。可采用空冷或水冷的方式，对环境适应性好，并能够实现再生反馈制动。与同样功率的直流电机相比较，效率较高、重量轻、价格便宜、修护方便。不足之处在于耗电量较大，转子容易发热，功率因数较低，且调速性能相对较差。

③ 交流三相感应电机的控制。由于交流三相感应电机不能直接使用直流电，因此需要逆变装置进行转换控制。应用于感应电机的控制技术主要有三种：V/F 控制（即压频控制，通过电源电压和额定频率的比率控制，维持电机恒定磁通，使电机保持较高效率）、转差频率控制和矢量控制。20 世纪 90 年代以前主要使用前两种控制方式，但是因转速控制范围小，转矩特性不理想，而对于需频繁启动、加减速的电动汽车并不适合。近年来，几乎所有的交流感应电机都采用了矢量控制技术。

**(3) 永磁同步电机及其控制系统**

在电机内建立进行机电能量转换所必需的气隙磁场有两种方法。一种是在电机绕组内通电流产生磁场，这种方法既需要有专门的绕组和相应的装置，又需要不断供给能量以维持电流流动，例如普通的直流电机和同步电机。另一种是由永磁体来产生磁场，这种方法既可简化电机结构，又可节约能量。即对于转子直流励磁的同步电机，若采用永磁体取代其转子直流绕组，则相应的同步电机就成为永磁同步电机。

① 永磁同步电机的结构及工作原理。永磁同步电机主要由转子、定子、位置传感器、电子换向开关及端盖等部件组成，如图 8-10 所示，如图 8-11 所示为其实物。一般来说，永磁同步电机的最大的特点是其定子结构与普通感应电机的结构非常相似，主要区别在于其转子的独特结构及其在转子上放置的高质量永磁体磁极。由于在转子上安放永磁体的位置有很

多选择，所以永磁同步电机通常被分为面贴式、插入式及内嵌式三大类，如图 8-12 所示。

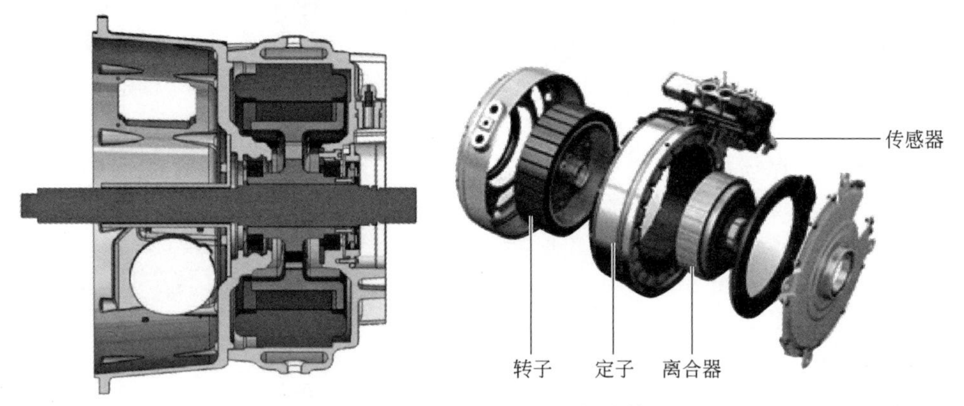

图 8-10　永磁同步电机内部结构

图 8-11　永磁同步电机及其控制系统实物

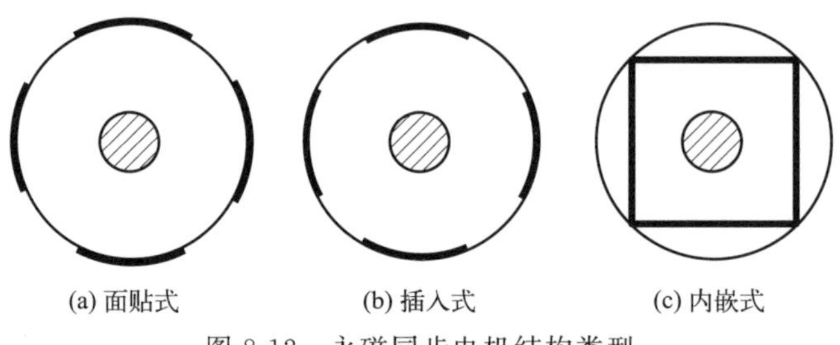

图 8-12　永磁同步电机结构类型

通常所说的永磁同步电机是正弦波永磁同步电机。与一般同步电机一样，正弦波永磁同步电机的定子绕组通常采用三相对称的正弦分布绕组，或转子采用特殊形状的永磁体以确保气隙磁密且沿空间呈正弦分布。这样当电机恒速运行时，定子三相绕组所感应的电动势则为正弦波，正弦波永磁同步电机由此而得名。

正弦波永磁同步电机是一种典型的机电一体化电机。它不仅包括电机本身，而且涉及位置传感器、电力电子变流器以及驱动电路等。

永磁同步电机具有结构简单、体积小、重量轻、损耗小、效率高、功率因数高等优点，主要用于要求响应快速、调速范围宽、定位准确的高性能伺服传动系统和直流电机的更新替代电机。

永磁同步电机最受关注的是其运行性能，而影响运行性能的因素很多，但最主要的是电机结构。就面贴式、插入式和嵌入式而言，各种结构各有优点。

工作时，在电机的定子绕组中通入三相电流，随即定子绕组中形成旋转磁场，由于转子上安装了永磁体，而永磁体的磁极是固定的，根据磁极同性相斥、异性相吸原理，在定子中产生的旋转磁场会带动转子进行旋转，最终达到转子的旋转速度与定子中产生的旋转磁极的转速相等。因此，可以把永磁同步电机的启动过程看成是由异步启动阶段和牵入同步阶段组成。在异步启动阶段，电机的转速从零开始逐渐增大，主要原因是其在异步转矩、永磁发电制动转矩、由转子磁路不对称引起的磁阻转矩和单轴转矩等一系列因素共同作用下而引起的，所以在这个过程中转速呈振荡上升。在启动过程中，只有异步转矩是驱动性质的转矩，电机就是以该转矩来得以加速的，而其他转矩大部分以制动性质为主。在电机速度由零增加到接近定子的磁场旋转转速时，在永磁体脉振转矩的影响下，永磁同步电机的转速有可能会超过同步转速而出现转速的超调现象。但经过一段时间的转速振荡后，最终在同步转矩的作用下而被牵入同步。

② 永磁同步电机的控制。目前，永磁同步电机的控制技术已从最初的基于稳态模型的标量控制发展到矢量控制、直接转矩控制、非线性控制、自适应控制、滑模变结构控制和智能控制，其中智能控制包括专家系统智能控制、模糊逻辑智能控制和神经网络智能控制等。

对于内嵌式永磁同步电机的无位置传感器矢量控制系统，通过将滑模观测器和高频电压信号注入法相结合，在无位置传感器的内嵌式永磁同步电机闭环矢量控制方式下平稳启动运行，并能在低速和高速运行场合获得较准确的转子位置观察信息。这种控制方法最本质的特征，是通过坐标变换将交流电机内部复杂耦合的非线性变量变换成相对坐标系为静止的直流变量（如电流、磁链、电压等），从中找到约束条件，获得某一目标的最佳控制策略。

③ 永磁同步电机作为驱动电机的优势。

a. 转矩大、功率密度大、启动转矩大。由于永磁电机的气隙磁密度可大大提高，因此电机指标可实现最佳设计，从而使得电机体积缩小、启动转矩大、重量减轻。以同容量的稀土永磁电机为例，其体积、重量和所用材料可以减少30%左右，在车辆启动时能提供有效的启动转矩，满足驶行需求。

b. 力能指标好。Y系列电机在60%的负荷下工作时，效率下降15%，功率因数下降30%，力能指标下降40%。而永磁同步电机的效率和功率因数则下降甚微，当电机只有20%的负荷时，其力能指标仍为满负荷的80%以上。同时，永磁无刷同步电机的恒转矩区较长，一直延伸到电机最高转速的50%左右，这对提高汽车的低速动力性能有很大帮助。

c. 高效节能。在转子上嵌入稀土永磁材料后，正常工作时转子与定子磁场同步运行，转子绕组无感应电流，不存在转子电阻和磁滞损耗，提高了电机效率。永磁同步电机不但可减小电阻损耗，而且能有效提高功率因数。如在25%～120%额定负载范围内，永磁同步电机均可保持较高的效率和功率因素。

d. 结构简单、可靠性高。用永磁材料励磁，可将原励磁电机中的励磁线圈由一块或多块永磁体替代，从而使零部件大量减少，结构大大简化，不仅改善了电机的工艺性，而且电机运行的机械可靠性也大为增强，寿命增加。转子绕组中不存在电阻损耗，定子绕组中也几乎不存在无功电流，电机温升低，这样可以使整车冷却系统的负荷降低，进一步提高运行效率。

**(4) 开关磁阻电机及其控制系统**

① 开关磁阻电机的结构及工作原理。开关磁阻电机驱动系统是高性能机电一体化系统，主要由开关磁阻电机、功率变换器、传感器和控制器四部分组成。开关磁阻电机为开关磁阻电机驱动系统的主要组成部分，功能是实现电能向机械能的转化；功率变换器是连接电源和电机的开关器件，用以提供开关电机所需电能，结构形式一般与供电电压、电机相数以及主开关器件种类有关；传感器用于反馈位置及电流信号，并传送给控制器；控制器是系统的中枢，起决策和指挥作用，主要是针对传感器提供的转子位置、速度和电流反馈信息以及外部输入的指令，实时加以分析处理，进而采取相应的控制决策，控制功率变换器中主开关器件的工作状态，实现对开关磁阻电机运行状态的控制。

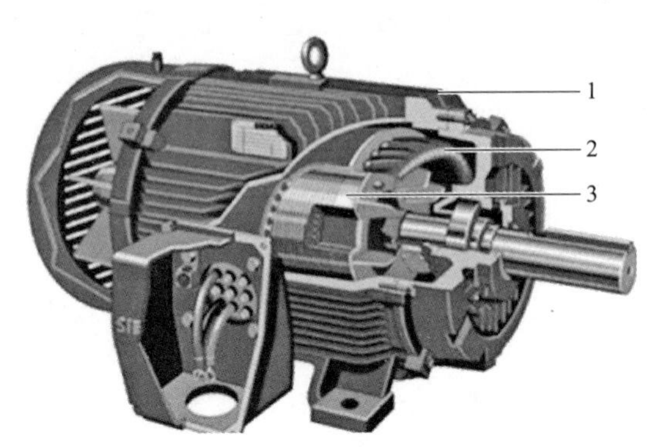

图 8-13　开关磁组电机结构
1—外壳；2—定子；3—转子

虽然开关磁阻电机有多种不同的结构形式，且每种结构各有不同的性能特点，但其定子和转子铁芯均由硅钢片叠压而成，如图 8-13 所示。图 8-13 中转子冲片均有一个齿槽，构成双凸极结构，依定子和转子片上齿槽的多少，形成不同的极数。工作时遵循“磁阻最小原理”——磁通总是沿磁阻最小的路径闭合，因此磁场扭曲而产生磁阻性质的电磁转矩。

② 开关磁阻电机驱动系统的特点。开关磁阻电机驱动系统具有结构简单可靠、紧凑牢固，适于在较宽转速和转矩范围内及高温环境下高速运行；功率变换器结构简单，容错性能强；可控参数多，调速性能好；启动转矩大，调速范围宽；效率高、功耗小、响应速度快和成本较低等特点。但也存在转矩波动大、噪声大、需要位置检测器和系统非线性特性等缺点。

以上特点使开关磁阻电机驱动系统适用于电动汽车在各种工况下运行，而现有的不足将在科技进步中逐步得到解决，因此在电动汽车领域具有一定的应用前景。

③ 关磁阻电机的控制。由于开关磁阻电机具有明显的非线性特性，系统难以建模，一般的线性控制方式不适于采用开关磁阻电机的驱动系统。目前，主要控制方式有模糊逻辑控制和神经网络控制等。

以混合动力汽车用电机为例，驱动电机以交流异步电机和永磁同步电机使用最多。但由于交流异步电机技术成熟、价格低廉和可靠性、稳定性好，也被不少企业的混合动力汽车选择为驱动电机。永磁同步电机效率高、功率因数高、转矩惯量比大，也得到许多企业的产品的青睐。开关磁阻电机是一种新型电机，其所具有的特殊优点成为交流电机调速系统、直流电机调速系统和无刷直流电机调速系统的强有力竞争者，东风汽车（与北京中纺锐力合作）一直进行这种电机在混合动力汽车上的应用试验。

从目前情况看，不同类型电动汽车偏好使用不同类型的电机驱动系统。随着电动汽车量产规模的扩大，以及电机驱动系统的技术发展，各种电机在各类性能指标上的孰优孰劣将难以一概而论。

## 8.1.3　功率变换器

新能源汽车的电子设备是极为复杂的电子系统，该系统不仅包含许多作用不同的功能模块，而且每个功能模块对电源的要求以及所需的功率等级、电压高低、电流大小、安全可靠性和电磁兼容性等指标也不尽相同。为了满足不同模块的不同要求，新能源汽车常使用AC/DC（或AC-DC）、DC/DC（或DC-DC）和DC/AC（或DC-AC）三种类型的功率变换器，以适应各种不同的需求，其中使用最多的是前两种。

如图8-14所示为新能源汽车（包括混合动力汽车和燃料电池汽车）上使用的各种电能变换器的示例（示例中驱动电机假设为交流电机）。

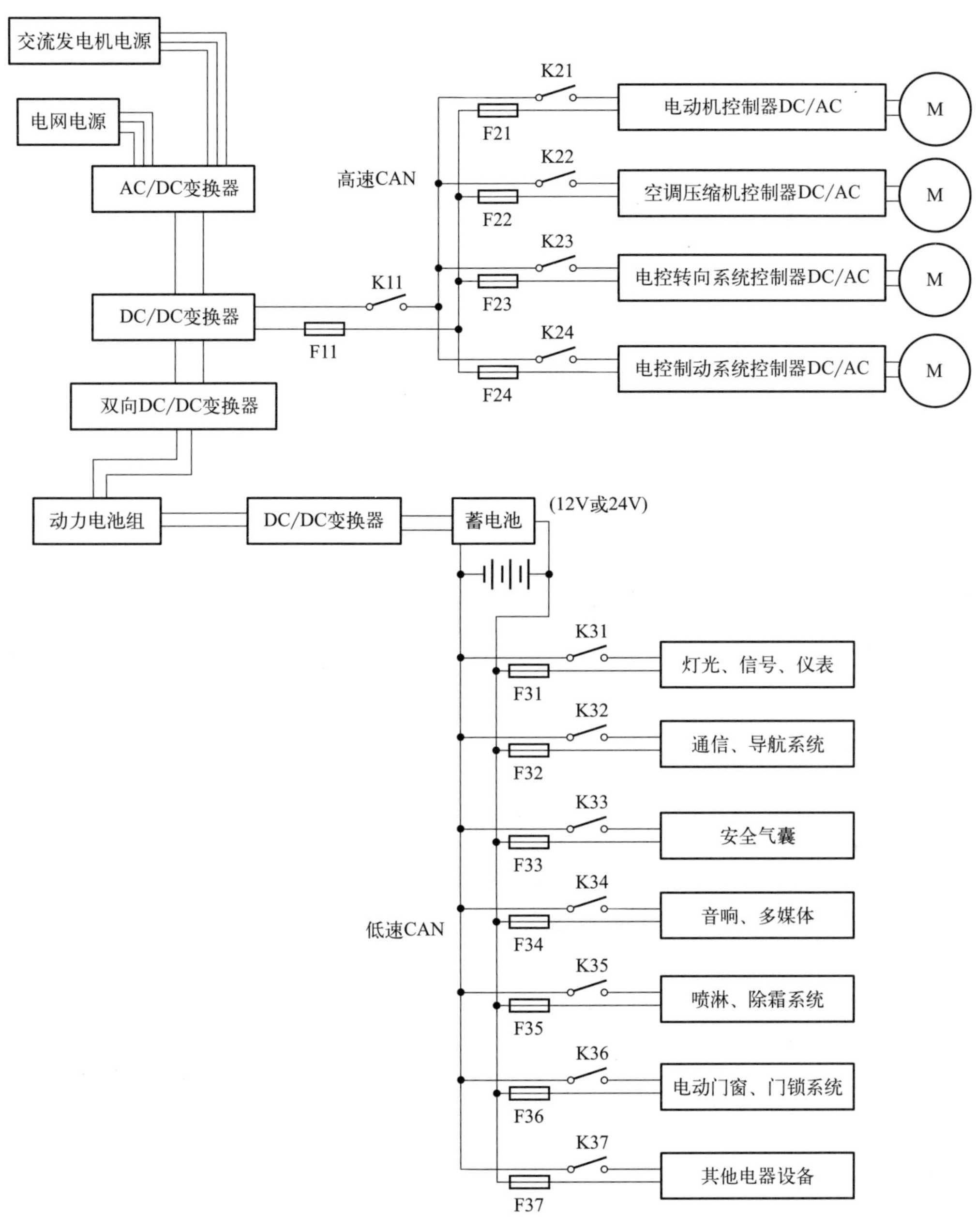


图8-14 新能源汽车电-电（电力）混合供电系统以及各种电能变换器应用示例

F11，K11—电源总熔断器和总开关；F21～F24—各个动力电源熔断器；

K21～K24—各个动力电源开关；F31～F37—各个行车电源熔断器；

K31～K37—各个行车管理电源开关

#### 8.1.3.1 DC/DC 功率变换器

**(1) DC/DC 的功用**

在新能源电动汽车的电子系统和电子设备中，系统的直流母线不可能满足性能各异、种类繁多的元器件（包括集成组件）对直流电源的电压等级和稳定性等要求，因而必须采用各种 DC/DC 功率变换模块来满足电子系统对直流电源的各种需求。其中，DC/DC（直流/直流变换器）变换模块的直流输入电源可来自系统中的电池，也可来自直流总线，这些电源通常有 48V、24V、5V 或者其他数值。由于电压的稳定性能差，且会有较高的噪声分量，要使电子设备正常工作，必须使用一个 DC/DC 功率变换模块，将宽范围变化的直流电压变换成一种稳定性能良好的直流电压。

新能源电动汽车的 DC/DC 变换器的主要功能是给车灯、电气控制设备（electric control unit，ECU）、小型电器等车辆附属设备供给电力和向附属设备电源充电，其作用与传统内燃机汽车的交流发电机相似。传统汽车依靠发动机带动交流发电机发电，供给附属电气设备和其他设备的电源，由于纯新能源（电动）汽车和燃料电池电动汽车无发动机，而混合动力汽车的发动机也是不间断地工作，且多带有“自动停止怠速”设备，致使这类汽车无法使用交流发电机提供电源，必须靠主电池向附属用电设备及电源供电，因此 DC/DC 就成为必备设备。

**(2) 双向 DC/DC 变换器在电动汽车上的应用**

目前，大多数 DC/DC 变换器只是单向工作，即通过变换器的能量流动方向只能是单向的。然而，对于需要能量双向流动的采用超级电容器等新能源电动汽车，如果仍然使用单向 DC/DC 变换器，则需要将两个单向 DC/DC 变换器反方向并联使用，这样虽然可以达到能量双向流动的目的，但总体电路会变得非常复杂，而采用双向 DC/DC 变换器就可以直接完成这种能量的变换。

所谓双向 DC/DC 变换器，是指在保持变换器两端直流电压极性不变的情况下，能根据实际需要完成能量双向传输的直流变换器。这种变换器不仅可以非常方便地实现能量的双向传输，而且使用的电力电子器件数目少，具有效率高、体积小和成本低等优势。

#### 8.1.3.2 DC/AC 功率变换器

DC/AC 功率变换器（直流/交流变换器）亦称 DC/AC 逆变器，是一种应用功率半导体器件将直流电能转换成恒压恒频交流电能的静止装置，主要供交流负荷用电或交流电网并网发电。一般可分为有源逆变与无源逆变两种，其中有源逆变是指把直流逆变成与交流电源同频率的交流电馈送到电网中区的逆变器；在逆变状态下，变换电路的交流侧如果不与交流电网连接而直接与负荷连接，将直流电逆变成某一频率或可调频率的交流电直接供给负荷，则称为无源逆变。

电动汽车中使用的 DC/AC 多为无源逆变器，其功用主要是将蓄电池或燃料电池输出的直流电变换为交流电提供给交流驱动电机等使用。

#### 8.1.3.3 AC/DC 功率变换器

电动汽车中 AC/DC 变换器（交流/直流变换器）的功能主要是将交流发电机发出的交流电转换成直流电提供给用电器或储能设备储存。其功率流向可以是双向的，由电源流向负载的称为“整流”，由负载返回电源的称为“有源逆变”。

# 8.2 混合动力汽车动力系统及控制

## 8.2.1 混合动力汽车动力系统结构特性

国外混合动力汽车的开发起步较早，其中最具代表性的有日野公司的并联系统、BAE公司的串联系统、通用公司的混联系统、伊顿公司的并联系统等。

**(1) 日野公司的并联系统**

日野公司（Hino Motors，Ltd）的HIMR系统为并联方案，如图8-15所示。由图8-15可见，电机动力与发动机动力通过齿轮减速机构实现在变速器-轴的耦合。目前，装配该系统的混合动力汽车已在日本大量运行。

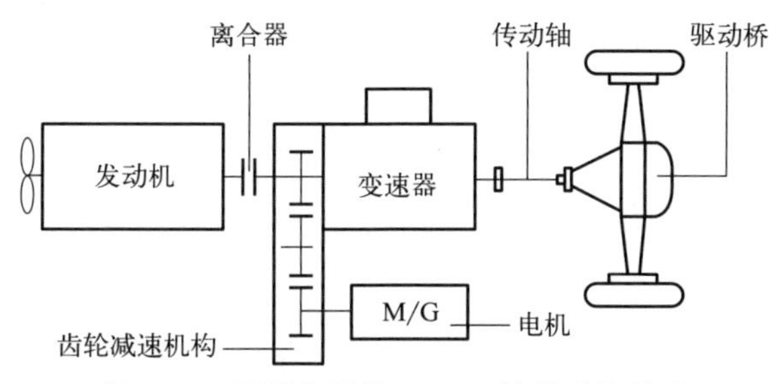


图8-15 日野公司的HIMR并联系统示意

**(2) BAE公司的串联和混联系统**

BAE公司的串联系统示意如图8-16所示，发动机发出的能量通过发电机和电动机传到驱动桥，发动机和驱动桥之间没有直接的机械连接。该方案的优点是控制较简单，适用于车速波动比较剧烈、平均车速比较低的场合；缺点是对其他场合的适应性较差，且电池的工作负担较重，对电池寿命要求较高。

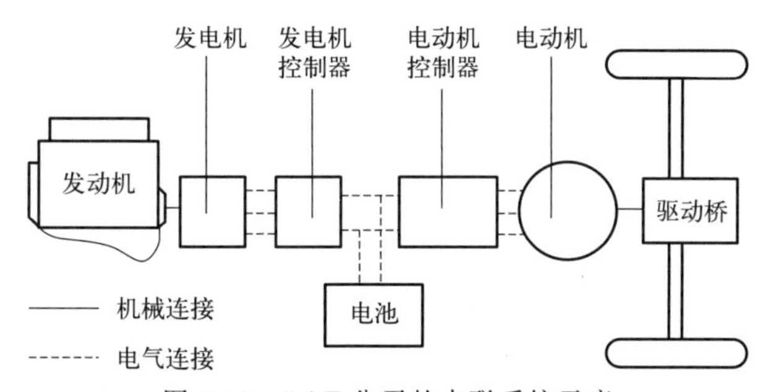


图8-16 BAE公司的串联系统示意

如图8-17所示为BAE公司的混联系统示意，其采用行星齿轮耦合器，发动机动力通过离合器与行星机构的行星架连接，两个电机与中心齿轮连接，环形齿轮作为耦合器的动力输出机构与驱动桥连接。通过控制离合器、两个电机及与行星架相连的制动器工作状态，可以实现多种工作模式。

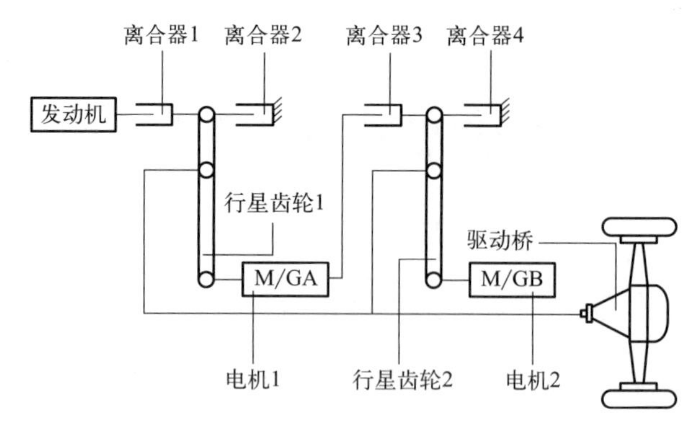

图 8-17 BAE公司的混联系统示意

**(3) 通用公司的混联系统**

通用汽车（GM）公司的混联系统示意如图 8-18 所示，采用两个行星齿轮和两个电机，发动机动力通过左边的行星齿轮实现输入分流，通过右边的行星齿轮实现发动机与电机动力的输出耦合；通过湿式离合器和电机控制实现混合动力的多种工作状态和状态切换及换挡。该方案实现了电机与行星齿轮变速器的集成设计，去掉了原有的变矩器。通过发动机、两个电机和多个湿式离合器的控制，实现多种工作状态和状态切换，以及与传统液力机械式自动变速器（AT）类似的换挡控制。其优点是系统结构紧凑、布置方便，对路况的适应性强；缺点是结构复杂，成本较高。

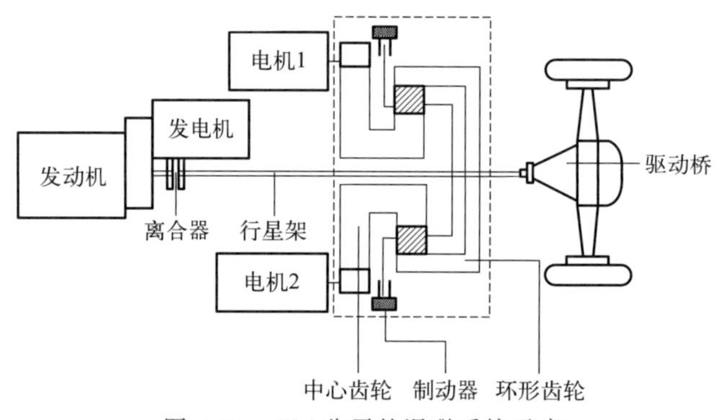

图 8-18 GM公司的混联系统示意

**(4) 伊顿公司并联系统**

伊顿（EATON）系统为并联方案，如图 8-19 所示。该方案在自动离合器的输出与机械自动变速器的输入之间增加了一个同轴的电机，通过对电机工作状态的控制实现各种混合动力工况。该方案所需电池少，重量轻，目前已在国内大批量试运行。

**(5) 采埃孚公司单模混合动力系统**

采埃孚（ZF Friedrichshafen AG）公司在 2013 年上海国际车展上推出的集成式混合动力解决方案中，有带启动-停止功能的微混合动力和强单模混合动力变速器，如图 8-20 所示。同时，其与德国大陆汽车系统联合，推出了并联式单模混合动力系统。在联合开发该系统中，大陆汽车系统负责与发动机匹配、软件集成、动力蓄电池能量管理、工业电子电控单元和制动能量回收等，其中锂离子电池由大陆公司与英耐时公司合作的企业提供。同时，在该系统中配有启动-停止装置和制动能量回收装置。而采埃孚公司则负责开发带电机的自动变速器，该自动变速器可将电机、离合器、扭转减振器、双质量飞轮和液压机构等部件集成在变速器中，满足了这些集成部件高效和紧凑安装的需求。采埃孚公司单模自动变速器配备

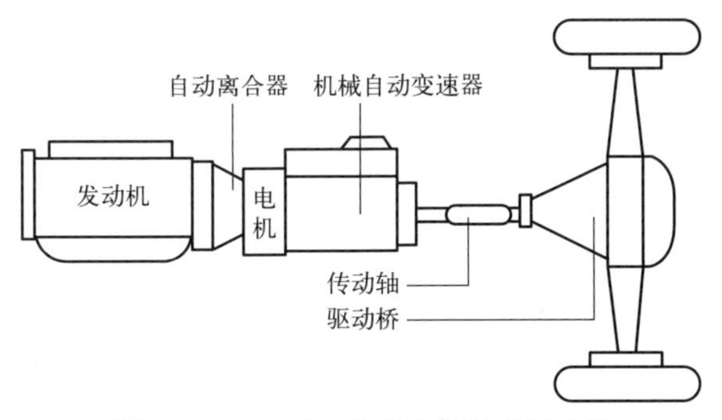

图 8-19　EATON 公司的并联系统示意

了启动-停止装置，可节省油耗 5%；在微混系统中配备曲轴启动发电机 Dynastar 电子驱动装置（integrated starter and generator，ISG），可节省油耗 15%；而在强混系统中，自动变速器内电机峰值功率更高（电功率比大于 30%），可节省油耗 30%。

**（6）福伊特公司混合动力系统**

福伊特（VOITH）公司的混合动力系统中具有 Drop-in 启-停系统和集成化电机，其混合动力控制器可同步控制发动机与电机；高压逆变器可通过高压直流蓄电池为电机提供变频交流电。中度混合动力系统中的蓄电池是由美国著名蓄电池企业 A123 系统公司采用 Nano-phosphate 专利技术生产的大容量、高电压磷酸铁锂蓄电池，并由德尔福公司进行成组设计，集成在混合动力系统中。同时，将控制器、逆变器、DC/DC 变换器和蓄电池系统集成在一个模块中，如图 8-21 所示。

图 8-20　ZF 单模混合动力系统

图 8-21　VOITH 并联混合驱动系统

除此之外，福伊特公司还开发了插电式串联混合动力系统，增程式系统及中度、重度混合动力系统作为多种混合动力的解决方案，如图 8-22 所示。

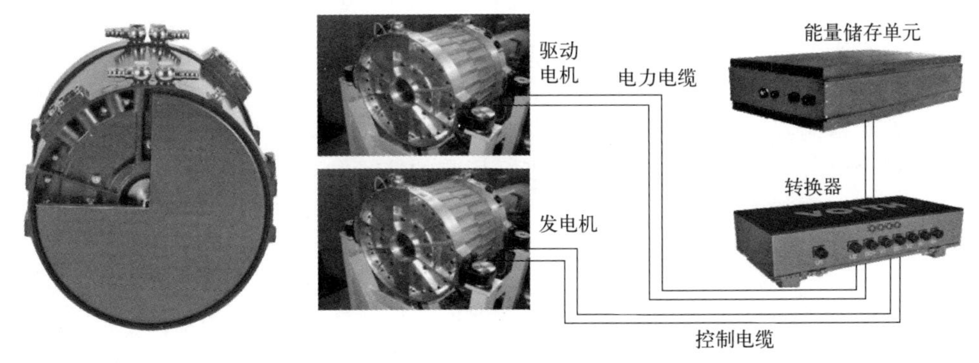

图 8-22　VOITH 插电式串联混合动力系统示意

**(7) 艾里逊公司双模式混合动力系统**

艾里逊（Allison）公司原为通用汽车公司动力分部，后来脱离通用汽车公司成为独立公司。其研发的EP40/50双模式混合动力系统应用在以柴油机为动力的城市公交汽车上，如图8-23所示。EP40双模式混合动力系统适用于城市公交汽车，EP50双模式混合动力系统适用于15m长市郊公交车和铰接式城市公交车。

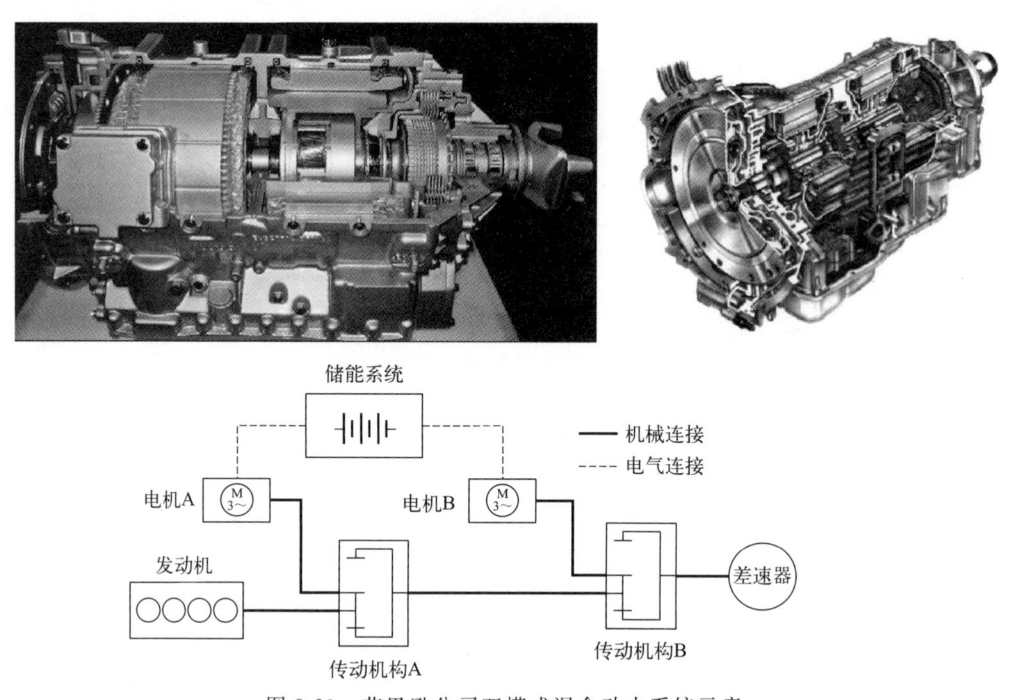


图8-23 艾里逊公司双模式混合动力系统示意

## 8.2.2 混合动力系统的控制方法

混合动力汽车与传统车辆相比的最大不同就是增加了动力源，从而导致在混合动力汽车中出现了能量流动方向的多样性。为此，混合动力汽车的控制策略就是解决汽车行驶时所需要的能量和功率何时以及如何由车上各种不同的动力总成来提供的能量管理问题，也就是如何根据使用要求有效地利用不同类型的动力源，以达到节能环保的目的。由于能量管理直接影响着能量在车辆内部的流动，继而影响整车的动力性、经济性以及排放指标，因此对于不同的混合动力结构，其控制策略也有较大区别。

混合动力汽车的整车控制系统即动力总成控制器，是整个车辆的核心控制部件，它采集加速踏板信号、制动踏板信号及其他部件信号并做出相应判断后，控制下层各部件控制器的动作，驱动整车控制器采集驾驶信号和车辆状态，通过CAN总线对网络信息进行管理、调度、分析和运算，针对车型的不同配置，进行相应的能量管理，实现整车驱动控制、能量优化控制、制动回馈控制和网络管理等功能，这就是混合动力系统的控制策略。对于不同的混合动力结构，其控制策略也有较大区别。

### 8.2.2.1 串联混合动力系统控制策略

由于串联式混合动力汽车的发动机与行驶工况没有直接联系，因此控制策略的主要目标是使发动机在最佳效率区和排放区工作。此外，为了优化控制策略，还必须考虑合并在一起的电池、电传动系统、发动机和发电机的总体效率。

**(1)“恒温器”式控制策略**

该控制策略较为简单，主要针对纯电动车辆续驶里程短的特点，因此在普通电动车辆上增加一个辅助动力单元（auxiliary power unit，APU)，由其为蓄电池及时补充电能或承担车辆的部分行驶功率，从而减少蓄电池能量消耗，延长整车行驶里程。与没有 APU 的情况相比，电池放电速度减慢。但是，APU 的功率不足以维持蓄电池的荷电状态值（state of charge，SOC)，这种类型也称“电量耗尽混合型”，即电池在循环工况结束时它们的 SOC 值低于开始时的 SOC 值，蓄电池必须有外接电源为其充电。

具体说，当蓄电池 SOC 降到设定的低门限值时，发动机启动，在最低油耗（或排放）点按恒功率输出，一部分功率用于满足车轮驱动功率要求，另一部分功率向蓄电池充电；当蓄电池组的 SOC 上升到所设定的高门限值时，发动机关闭，由电机驱动车轮。在这种模式中，蓄电池组要满足所有瞬时功率的要求，而蓄电池组的过度循环所引起的损失可能会减少发动机优化所带来的好处。因此，这种控制模式对发动机比较有利而对蓄电池不利。

蓄电池的 SOC 值是控制发动机的一个重要的参数，不同工况直接控制 SOC 值。为了满足汽车加速时具有足够的电池功率，SOC 值不能下降太低；为了尽可能地吸收再生制动的能量，蓄电池的电量不能充得太足；当 SOC 值达到一个最大值时，APU 应被关闭或在怠速状态；当 SOC 低于某一下限值时，APU 应该开启；当 SOC 非常低，低于最小值时，APU 应该以其最大功率工作，尽快地给蓄电池充电。如图 8-24 所示为串联式混合动力系统发动机的开启和关闭状态，它与蓄电池 SOC 值、所需发动机功率和发动机前一工作状态等参数有关，一般根据从功率总线向发电机发出的功率请求，计算出所需要的发动机功率，从而满足车辆驱动和附属设备的需求。

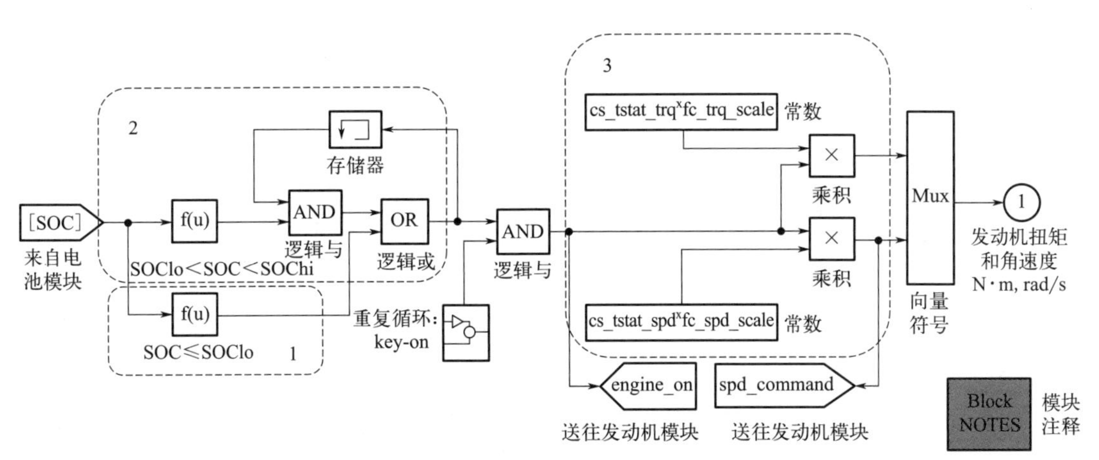


图 8-24　串联式 HEV 中的“恒温器”式控制策略实现方法框图

发动机功率的需求常常根据 SOC 的偏差数来选择。如图 8-25 所示，该控制策略有最大、最小两个偏差数可以选择，最小允许偏差数说明可以允许 SOC 下降的速度，这个数值与混合动力汽车的行驶里程紧密相关，如果该数值选择为零，则行驶里程完全由燃油箱的容量来决定，否则 SOC 一直下降直到电池电量为零。另外一个是最大偏差数，如果电池的 SOC 偏差大于此最大值，APU 应尽可能地开启到最大的功率。如果电池的 SOC 介于允许偏差与最大偏差之间，发动机可以选择在其最小的燃油消耗点工作。否则，如果电池的

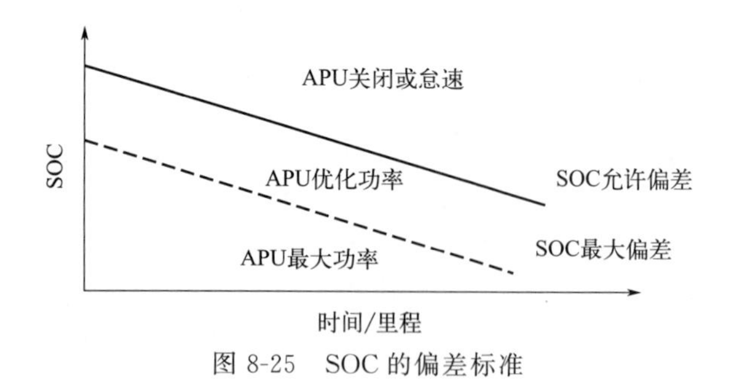


图 8-25　SOC 的偏差标准

SOC 偏差比允许偏差还要低，发动机可以关闭或者设在怠速状态。

**(2)“功率跟随”式控制策略**

Advisor 中发动机功率跟踪器控制模型如图 8-26 所示。由图 8-26 可见，与行驶里程延伸型控制模式相比，在该控制策略下，发动机的功率紧随车轮功率的变化而变化，这与传统的汽车运行相似。但与延长行驶里程不同的是，这种控制模式的车辆采用较大额定功率的 APU 和较小的蓄电池型号，其蓄电池主要用于应对所需要的峰值功率以及回收再生制动的能量，运行中尽可能保证蓄电池 SOC 值在循环工况终了时与循环工况开始前相等（当然，任意时刻的 SOC 值可能不一样），所以这种驱动类型也称为“电量维持混合型”。采用这种控制策略，蓄电池工作循环将消失，与充放电有关的蓄电池组的损失将被减少到最低限度；但是，发动机必须在从低到高的整个负荷区范围内运行，且功率快速动态地变化，因此在低负荷区发动机的效率降低且排放增高。

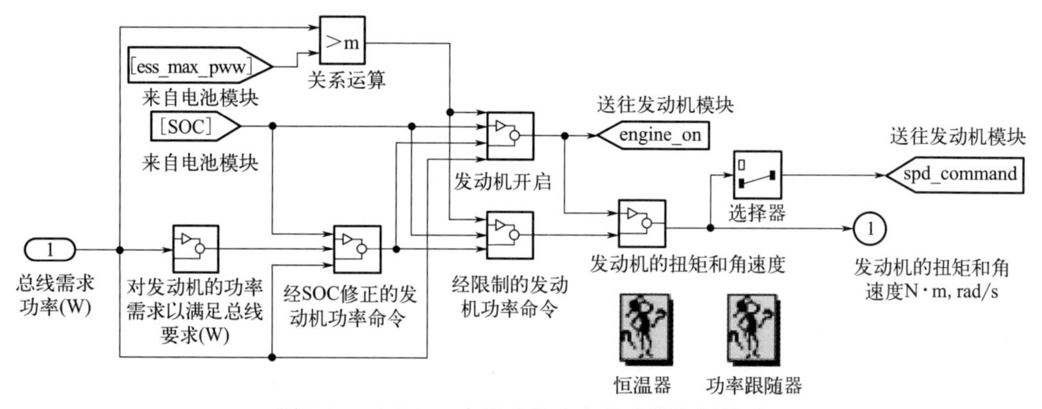


图 8-26　Advisor 中发动机功率跟踪器控制模型

目前，较常用的解决的方案是采用自动无级变速器（continuously variable transmission，CVT），通过调节 CVT 的速比，使之控制发动机沿最小油耗曲线运行，同时也减少了 HC 和 CO 的排放量。

**(3) 对比分析**

两种控制模式各有优缺点，如果将其结合起来，同时充分利用发动机和电池的高效率区，可达到整体效率最高。如当汽车加速时，为了满足车轮驱动功率要求，降低对蓄电池的峰值功率要求，延长其工作寿命，可采用功率跟随模式；而当车辆功率要求低时，为了避免发动机低效率工况的发生，可以采用恒温器模式，以提高整车系统的效率。

无论何种模式，其中都涉及对电池 SOC 的准确评估。因此，电池 SOC 的准确评估及其高效区的合理评价，是整车控制策略得以有效实施的前提。

### 8.2.2.2 并联混合动力系统控制策略

按照制定控制策略的目标来划分，可以将其分为经济性最优控制策略、排放最优控制策略和同时考虑经济性和排放指标的折中策略。若以经济性最优为评价指标，则主要通过发动机怠速及低速时的关机状态来达到改善排放指标的目的。制定该控制策略之前，必须对各部件性能有深入的了解，其中包括发动机万有特性、电机转矩特性、电池内阻和电压特性、电池充放电效率和电机的机械效率等。这便为控制策略建模仿真提供了基础，因为控制策略的参数选取很大程度上依赖于部件的特性，而不同的部件匹配需选择不同的控制策略及相应的控制参数。

通常情况下并联式混合动力的工作模式主要包括以下几种：怠速时，发动机关闭，实现零排放，同时也消除了无效的能量消耗；低速时，由电机工作，发动机关闭，以达到降低油耗和排放的目的，这是因为在低速时，发动机的负荷率通常比较低，效率较差；中高速时，由发动机工作，同时根据电池和电机的效率以及电池的SOC，可对电池进行充电，该过程可有效提高发动机的负荷率，另外也可以保证电池的电量平衡；加速或上坡时，如果阻力功率大于发动机所能提供的功率，则发动机和电机同时工作，电机起助力作用，通过该措施可减小发动机的额定功率，同时获得相应的动力性能；减速时，发动机关闭，并强制电机对电池进行充电，回收部分制动能量。常用的控制策略包括电动助力控制策略、实时控制策略和模糊逻辑控制策略三种。

**(1) 电动助力控制策略**

在电动助力控制策略中，主要输入参数包括变速器的请求扭矩、请求转速、电池SOC以及车辆的速度等。

控制策略要在各个部件状态允许的情况下尽可能地满足变速器的扭矩请求和转速请求。电池的SOC和车辆的速度主要用于确定在不同工况下分配给电机的工作扭矩，这包括为了提高负荷率而对电池充电、电池单独工作以及制动能量的回收等。

控制器的模型首先根据请求扭矩、请求转速和车辆的行驶速度三个输入参数，以及电机的转矩、转速限制得到在以下三种情况下，即 $SOC<SOC_{lo}$、$SOC_{lo}<SOC<SOC_{hi}$、$SOC>SOC_{hi}$ 时发动机和电机应该提供的扭矩，然后再根据电池目前的SOC，选择输出发动机和电机需要提供的扭矩和转速。

当电池的 $SOC<SOC_{lo}$ 时，首先根据充电扭矩的算法计算出此时发动机应该提供的充电扭矩，并根据请求扭矩计算发动机的工作扭矩，然后将得到的扭矩和发动机工作的最小扭矩 $T_{min(n)}$ 相比较，选择较大的一个，定义为 $T_1$，由请求扭矩和 $T_1$ 的差值，并同时考虑电机的扭矩限制，得到电机需要提供的扭矩；由请求扭矩和电机扭矩的差值得到发动机的扭矩，同时将其与发动机的最大扭矩加以比较，得到发动机需要提供的扭矩。

当 $SOC_{lo}<SOC<SOC_{hi}$ 时，若车速低于某一最小车速，或者虽然车速高于设定的最小车速，但所需扭矩小于发动机关机扭矩 $T_{off(n)}$，则由电机提供全部驱动力，发动机关闭；当车速高于某一最小车速且所需扭矩不小于 $T_{off(n)}$ 时，则由发动机工作，并在电池允许的情况下对电池进行充电。

最小车速的设定主要考虑电机最大功率和电池能够长时间工作的最大电流，同时将最小车速设定为电池的SOC的函数，以保持使用过程中电池的SOC的平衡，其定义公式为

$$v=v_{lo}+\frac{(v_{hi}-v_{lo})(SOC-SOC_{lo})}{(SOC_{hi}-SOC_{lo})}$$

式中，$v$ 为设定的最小车速；$SOC_{lo}$ 为SOC低限值；$SOC_{hi}$ 为SOC高限值；$v_{lo}$ 为

$SOC_{lo}$ 时的设定车速；$v_{hi}$ 为 $SOC_{hi}$ 时的设定车速。

根据电池状态修正电机所提供的扭矩，主要包括两个部分：如果电池的温度过高，已经不适合继续工作，电机会根据电池管理系统传来的信号，停止工作；如果已请求扭矩对电池进行充电且超过电池工作的最大电流，电机同样停止工作。这种情况主要来自两方面，一是当电机以程序中设定的发动机最小工作扭矩 $T_{off(n)}$ 对电池充电时已经超过了电池工作的最大电流，如果需要，这种情况可以在控制参数设定时加以避免；二是车辆虽然以低速行驶，但此时的加速度较大，造成了请求扭矩的数值较大，这种情况适合于电机关机，由发动机工作，以保证车辆具有良好的加速性能。

由于要尽量限制电池工作在 $[SOC_{lo},SOC_{hi}]$ 区间内，因此 $SOC<SOC_{lo}$ 这种情况存在的时刻不多。一般出现 $SOC<SOC_{lo}$ 时，主要是为了保证在排放控制比较严格的区域实现零排放，即在电池的 SOC 低于 $SOC_{lo}$ 的情况下也可以通过手动的方式强制电池放电从而以电机驱动车辆行驶；$SOC>SOC_{hi}$ 时，主要是为了避免发动机在电池的 SOC 靠近 $SOC_{hi}$ 时出现频繁关闭的情况，从而限制发动机开关动作持续的最短时间。

当 $SOC>SOC_{hi}$ 时，若车速低于某一最小车速，或者虽然车速高于设定的最小车速，但是所需扭矩小于 $T_{off(n)}$，则由电机提供全部驱动力，发动机关闭；当车速高于某一最小车速且所需扭矩不小于 $T_{off(n)}$ 时，则由发动机工作，但不对电池进行充电。

以上所分析的都是在请求扭矩为正，且小于发动机最大扭矩的情况。如果请求扭矩为负，则发动机关闭，同时根据电池状态以及制动能量回收策略，决定电机所需提供的扭矩；如果请求扭矩大于发动机的最大扭矩，则发动机以最大扭矩工作，然后根据电池工作状态及扭矩差来决定电机所需提供的扭矩。

**(2) 实时控制策略**

在电动助力的控制策略中，基本上只考虑了发动机效率，尽量保证发动机在效率较高的区域内工作。而要保证发动机在效率高的区域内工作，就必然要利用电机对电池进行充电。在这种状况下，发动机工作时虽然具备了较高的效率，但由于是将部分机械能转换成电能并以化学能的形式储存在电池组中，而使用时再将储存的化学能转换成电能、机械能的过程不可避免地存在着能量损失。若综合考虑整个转换过程中的能量损失，虽然电动助力控制策略中发动机能以较高的效率工作，但是整个车辆系统的效率未必最高。为了获得更好的经济性，在并联式混合动力系统的控制策略中应该同时考虑电机和电池的效率。

实时控制策略就是在已知各部件特性的基础上，实时比较各工作模式的整体效率来决定各部件的工作状态，以使整个系统的能量流动损失最小。在已知各部件特性的情况下，为了考察电池的充放电效率 $\eta_c$，实时控制策略中的一个重要参数就是电池中储存能量的比油耗（亦称为“能量当量”），要求在需要选择的情况下，比较发动机的燃油消耗率和电池的能量当量，选择经济性较好的部件以实现整个系统效率最高。电池中的能量主要来自两个部分，一是由发动机通过电机对电池的充电，二是来自回收的制动能量，而能量当量则根据车辆的行驶情况不同而变化。为了使电池的电量维持在要求的区域内，能量当量应是电池 SOC 的函数。因此，这个控制策略具体可以表述如下。

① 当车速低于某一最低车速时，由电机提供全部驱动力。

② 当车速大于最低车速，且行驶需要扭矩小于电机的最大扭矩时，根据发动机燃油消耗率和电池的能量当量来决定工作的动力源。

③ 当行驶需要扭矩大于电机的最大扭矩，且小于发动机在给定转速下所能产生的最大扭矩时，由发动机独自提供全部驱动力。发动机是否驱动电机对电池充电，取决于电池的 SOC 以及此时电池、电机的效率，在这种情况下，也可以利用能量当量的概念加以判断，

即计算出发动机用于充电的那部分能量中的有用能量，然后给出发动机给电池充电状下的等量燃油消耗率，与发动机不对电池进行充电时的燃油消耗率加以比较，选择燃油消耗率较小的工作模式。

④ 当行驶需要扭矩大于发动机在给定转速下所能产生的最大扭矩时，由电机提供扭矩助力。

⑤ 减速时，根据减速请求，部分回收制动能量。

**(3) 模糊逻辑控制策略**

模糊逻辑控制策略的出发点是通过综合考虑发动机、电机和电池的工作效率来实现混合动力系统的整体效率最高。虽然其目标与实时控制策略较为相似，但与实时控制策略相比，模糊逻辑控制策略具有鲁棒性好的优点。

模糊控制器的输入为电池的 SOC、来自变速器的请求扭矩以及请求转速，输出为电机的扭矩。部分主要控制规则可以表述如下。

① 如果 SOC 为高，则电机的充电扭矩为零。

② 如果 SOC 为正常，请求扭矩为低，则电机的充电扭矩为零；请求扭矩为正常，电机转速为低，则电机的充电扭矩为中；电机转速为高，则电机的充电扭矩为高；请求扭矩为高，则电机的充电扭矩为低。

③ 如果 SOC 为低，发动机的请求扭矩为高，则电机的充电扭矩为高；发动机的请求扭矩为高，则电机的充电扭矩为低。

为了防止发动机低负荷时工作，在模糊逻辑控制器后另外加了一个限制条件，即当发动机的输出扭矩小于某一特定的扭矩时，发动机关机，由电机来满足请求扭矩，同时还保证发动机的输出扭矩小于发动的最大扭矩。

**(4) 对比分析**

在电动助力控制策略中，基本上只考虑了发动机效率，尽量保证发动机在效率较高的区域内工作，因此必然要利用电机对电池进行充电。在这种状况下，发动机工作时虽然具备了较高的效率，但由于将部分机械能转换成电能并以化学能的形式储存于电池组，使用时再将电池组储存的化学能转换成电能、机械能，这一过程不可避免地存在着能量损失。综合考虑整个转换过程的能量损失，采用电动助力控制策略，虽然发动机能以较高的效率工作，但整个车辆系统的效率未必是最高的。

实时控制策略中，对实验数据的准确性和全面性要求很高，而这在实际中则难以达到；此外，各部件在使用中由于受老化、动态特性等因素的影响，其特性必然随时间的推移而变化。这种情况下，实时控制策略就难以达到预期要求，从而影响车辆的燃油经济性。

模糊控制策略控制灵活，可实现任何形式的控制方式；因其是在操作人员控制经验基础上实现对系统的控制，所以无须建立数学模型，是解决不确定性系统的一种有效途径；具有较强的鲁棒性，被控对象参数的变化对模糊控制的影响不明显，可用于非线性、时变、时滞系统的控制；控制机理符合人们对过程控制作用的直观描述和思维逻辑，为智能控制应用打下了基础。

#### 8.2.2.3 混联混合动力系统控制策略

混联式驱动系统的控制策略是：

① 启动时，由电池组分别向车辆前驱动轴、后驱动轴电机供电，直到发动机可以较高效率工作时，启动发动机并用于驱动车辆前进；

② 轻载时，发动机关闭，车辆前驱动轴由电池组、电机系统驱动；

③ 正常行驶时，由发动机直接驱动车辆前驱动轴；

④ 全节气门开度加速时，发动机和两个电机同时工作，用于提供车辆驱动行驶功率；

⑤ 减速制动时，电机以发电机模式工作，实现再生制动；

⑥ 电池组充电模式，在车辆正常行驶过程中，当电池组电量偏低时，应对电池组进行补充充电。

# 第9章 新能源汽车整车控制器

新能源汽车驱动系统是由多个子系统构成的一个复杂系统，主要包括电池、电机、制动等动力系统以及其他附件。各子系统几乎都通过各自的控制单元（ECU）来完成其各自的功能和目标。

为了满足整车动力性、经济性、安全性和舒适性的目标，一方面必须具有智能化的人车交互接口；另一方面，各系统还必须彼此协作，优化匹配，这项任务需要由控制系统中的整车控制器来完成。

动力驱动主模块主要由整车控制器、电机控制器、电机和机械传动装置等组成。由于加速踏板、制动踏板等对于汽车驾驶员来说，是十分熟悉和习惯使用的操纵装置，故为适应驾驶员的传统操纵习惯，新能源汽车仍保留了加速踏板、制动踏板及有关操纵手柄或按钮等。不过在新能源汽车上是将加速踏板、制动踏板的机械位移量转换为相应的电信号，输入整车控制器来对汽车的行驶进行控制的，而对于挡位变速杆，为遵循驾驶员的传统习惯，一般仍需保留并且以开关信号传输。同样，除了传统的驱动模式以外，只保留了前进挡、空挡和倒退挡三个挡位，并且以开关信号的形式传输到中央控制单元来对汽车进行前进、停车和倒车控制。

## 9.1 整车控制器功能定义

新能源汽车在运行过程中，应用层控制软件通过判断底层信号的输入需求，来进入相应的工作模式。加速踏板位置、制动踏板位置、电机状态、电池状态、车速、温度等信号是软件控制运行的基础，依此来进行高压上下电管理、挡位判断、驾驶需求扭矩的计算、电机工作指令设置、电动附件的控制、能量管理、仪表显示、外接充电等。实时性要求较高的任务则由相应的中断程序执行，主要包括数字及模拟信号采集、脉冲捕捉、CAN信息发送、故障存储。高层功能模块与底层功能模块通过RAM交换信息。数字及模拟信号采集、CAN定时发送、CAN中断接收和应用层控制管理等不同任务均按各自的执行频率独立运行。

纯电动汽车整车控制系统组成如图9-1所示。从图9-1中可以看出，整车控制系统主要有整车控制器，以及采集驾驶员信息的加速踏板和制动踏板，再加上电机控制系统和电池管理系统。

纯电动汽车整车控制系统可分为三层，其分层结构控制系统如图9-2所示。整车控制的最底层是执行层，执行层里包含有电池系统、电机系统以及其他部件控制器和执行单元，它们的作用就是准确响应中间层发来的指令。中间层是协调层，是电动汽车的“大脑”，也就是电动汽车的核心层。这一层主要有电动汽车的整车控制器VCU，它的作用一方面是获得驾驶员的操作意图，另一方面是根据驾驶员和执行层当前状态进行协调控制并将命令输出给执行层。最高层就是组织层，包括一些驾驶员操作信息、仪表信息等。

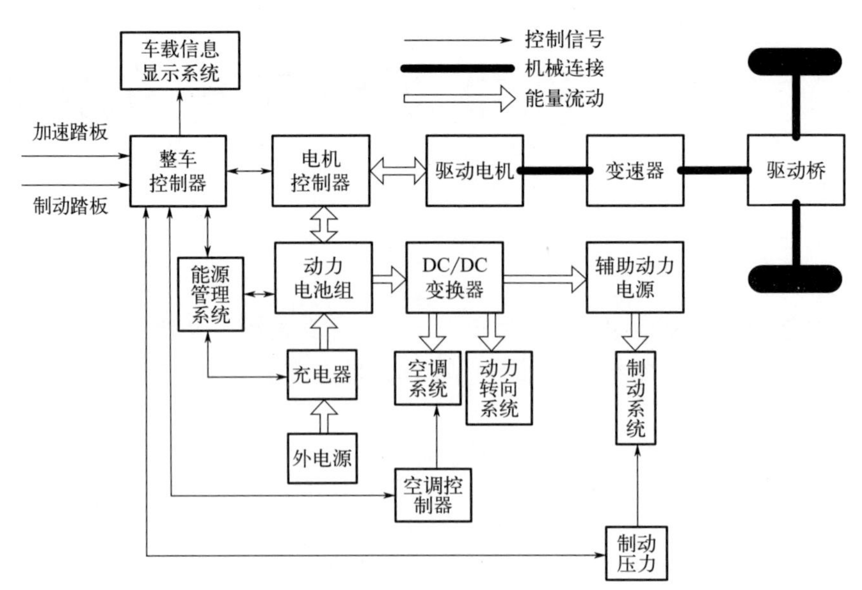

图 9-1　纯电动汽车整车控制系统组成

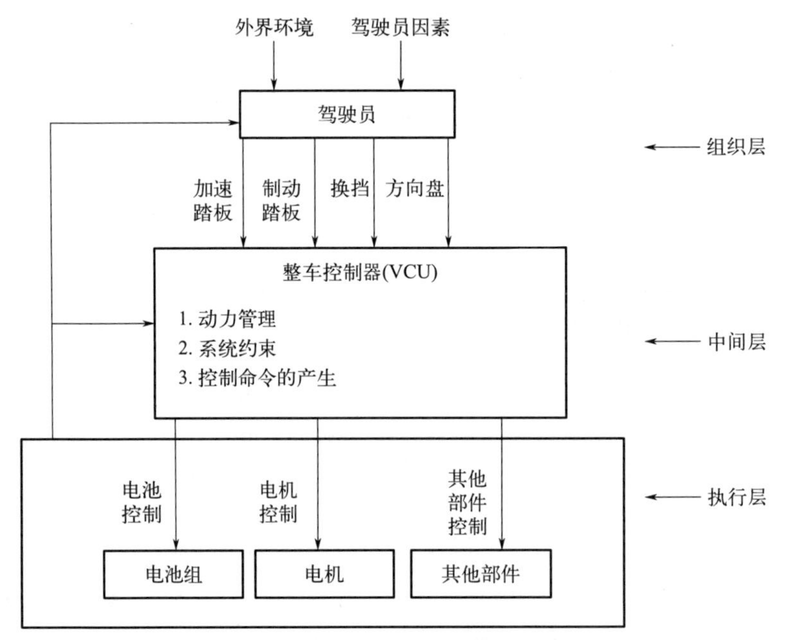

图 9-2　纯电动汽车分层结构控制系统

整车控制器是电动汽车控制系统核心部件，为了满足纯电动汽车的性能要求，整车控制器设计必须具备如下的设计原则。

① 必须优先考虑整车系统的安全性和可靠性。安全性和可靠性不仅仅是控制器的设计原则，也是纯电动汽车的设计原则，只有保证整车的安全性及可靠性，整车的设计才有意义、才有价值。所以，安全性和可靠性是设计时考虑的必要因素。在保障了安全性和可靠性的前提下，才能改善汽车的整体性能。

② 硬件设计的灵活性。在硬件设计时，要预留很多接口，做到接口冗余设计，为接下来可能出现的情况做好前期准备工作，提供变更适应性，最终定版的时候，再对硬件系统进

行精简。

③ 综合分析功能需求。进行功能验证与样车开发试制时，尽可能多地采用软件实现，以便增加系统变更的灵活性，设定定型后综合考虑系统可靠性与成本设计软硬件。

④ 系统通信的通用性。采用 CAN2.0B 协议实现数据传输。

⑤ 控制策略和控制逻辑尽量满足汽车的性能，控制各个设备的稳定性、安全性和可靠性。

## 9.1.1 整车控制器结构

新能源汽车整车控制器结构包括微控制器、模拟量调理、开关量调理、继电器驱动、高速 CAN 总线接口和电源等模块。整车控制器对新能源汽车动力链的各个环节进行管理、协调和监控，以提高整车能量利用效率，确保安全性和可靠性。

该整车控制器采集驾驶员驾驶信号，通过 CAN 总线获得电机和电池系统的相关信息，进行分析和运算，通过 CAN 总线给出电机控制和电池管理指令，实现整车驱动控制、能量优化控制和制动回馈控制。该整车控制器还具有综合仪表接口功能，可显示整车状态信息；具备完善的故障诊断和处理功能；具有整车网关及网络管理功能。其结构原理如图 9-3 所示。

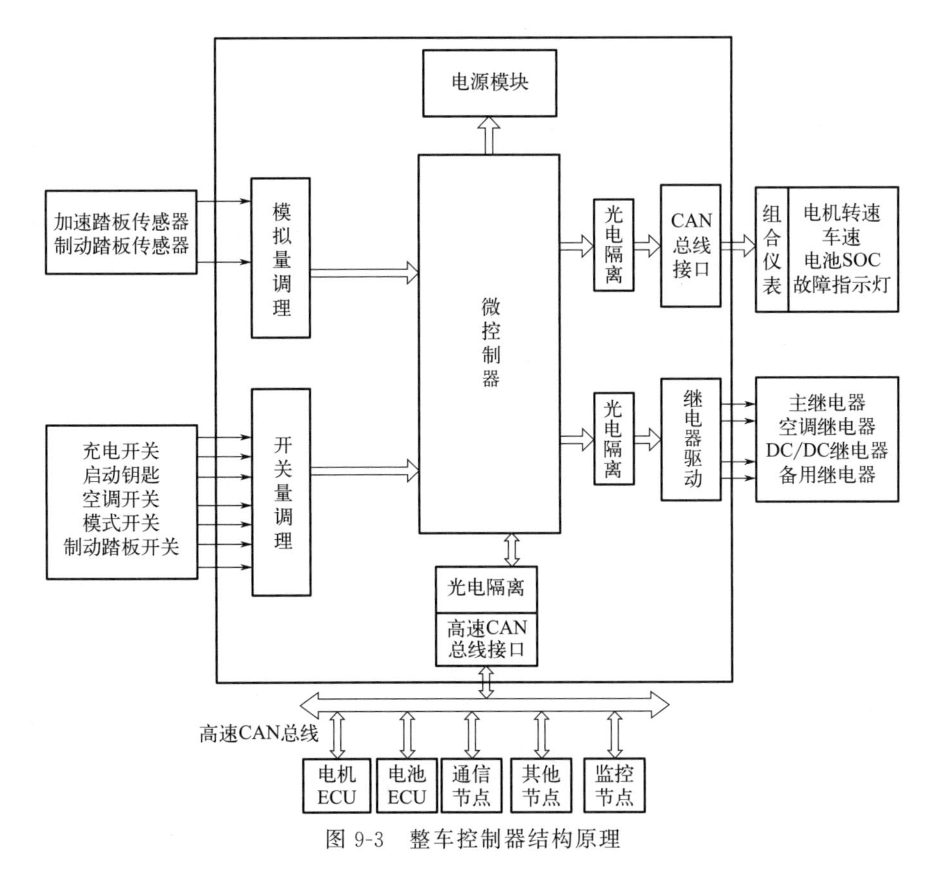


图 9-3 整车控制器结构原理

下面对每个模块功能进行简要的说明。

**(1) 开关量调理模块**

开关量调理模块用于开关输入量的电平转换，其一端与多个开关量传感器相连，另一端与微控制器相接。

**(2) 继电器驱动模块**

继电器驱动模块用于驱动多个继电器，其一端通过光电隔离器与微控制器相连，另一端与多个继电器相接。

**(3) 高速 CAN 总线接口模块**

高速 CAN 总线接口模块用于提供高速 CAN 总线接口，其一端通过光电隔离器与微控制器相连，另一端与系统高速 CAN 总线相接。

**(4) 电源模块**

电源模块可为微处理器与各输入和输出模块提供隔离电源，并对蓄电池电压进行监控，与微控制器相连。

**(5) 模拟量调理模块**

① 模拟量输入和输出模块。模拟量输入和输出模块，可采集 0～5V 模拟电压信号，并可输出 0～5.095V 的模拟电压信号。

② 脉冲信号输入和输出模块。可采集脉冲信号并进行调理，范围为 1Hz～20kHz，幅度为 6～50V；输出 PWM 信号范围为 1Hz～10kHz，幅度为 0～14V。

**(6) 故障和数据存储模块**

铁电存储器可以存储标定的数据和故障码及车辆特征参数等，容量为 32K。

### 9.1.2 整车控制器功能说明

整车控制器基本上有以下几项功能。

**(1) 对汽车行驶控制的功能**

新能源汽车的动力电机必须按照驾驶员意图输出驱动或制动扭矩。当驾驶员踩下加速踏板或制动踏板时，动力电机要输出一定的驱动功率或再生制动功率。踏板开度越大，动力电机的输出功率越大。因此，整车控制器要合理解释驾驶员操作；接收整车各子系统的反馈信息，为驾驶员提供决策信息；对整车各子系统发送控制指令，以实现车辆的正常行驶。

**(2) 整车的网络化管理**

在新能源汽车中，电子控制单元比传统燃油汽车更多、更复杂。因此，CAN 总线的应用势在必行。整车控制器是新能源汽车众多控制器中的一个，是 CAN 总线中的一个节点。在整车网络管理中，整车控制器是信息控制的中心，负责信息的组织与传输、网络状态的监控、网络节点的管理以及网络故障的诊断与处理。

**(3) 制动能量回馈控制**

新能源汽车以电机作为驱动转矩的输出机构。电机具有回馈制动的性能，此时电机作为发电机，利用新能源汽车的制动能量发电，同时将此能量存储在储能装置中，当满足充电条件时，将多余能量给动力电池组储存。在这一过程中，整车控制器根据加速踏板和制动踏板的开度以及动力电池的 SOC 值来判断某一时刻能否进行制动能量回馈，如果可以进行，则整车控制器向电机控制器发出制动指令，回收部分能量。

**(4) 整车能量管理和优化**

在纯电动汽车中，电池除了给动力电机供电以外，还要给电动附件供电，因此，为了获得最大的续驶里程，整车控制器将负责整车的能量管理，以提高能量的利用率。当电池 SOC 值比较低时，整车控制器将对某些电动附件发出指令，通过限制电动附件的输出功率来增加续驶里程。

**(5) 车辆状态的监测和显示**

整车控制器应该对车辆的状态进行实时监测，并且将各个子系统的信息发送给车载信息显示系统，其过程是通过传感器和 CAN 总线，检测车辆状态及各子系统状态信息，驱动显示仪表，将状态信息和故障诊断信息经过显示仪表显示出来。显示内容包括：电机的转速、车速、电池的电量和故障信息等

**(6) 故障诊断与处理**

连续监视整车电控系统，进行故障诊断。故障指示灯指示出故障类别和部分故障码。根据故障内容，及时进行相应的安全保护处理。对于不太严重的故障，可低速行驶到附近维修站进行检修。

**(7) 外接充电管理**

实现充电的连接，监控充电过程，报告充电状态。

**(8) 诊断设备的在线诊断和下线检测**

负责与外部诊断设备的连接和诊断通信，实现 UDS（unified diagnostic services，UDS 协议，ISO 14229）诊断服务，包括数据流的读取、故障码的读取和清除及控制端口的调试。

## 9.1.3 整车控制系统网络结构

通常电动汽车由动力电池系统、电机驱动系统组成的高压驱动系统取代原车的发动机系统，并增加了 DC/DC 直流变换器、车载充电机和高压配电盒等高压器件。驱动系统采用电机前置前驱的结构，动力电池安装在车厢底板下，并将高压电系统集中配置在车身前部。其结构示意如图 9-4 所示。

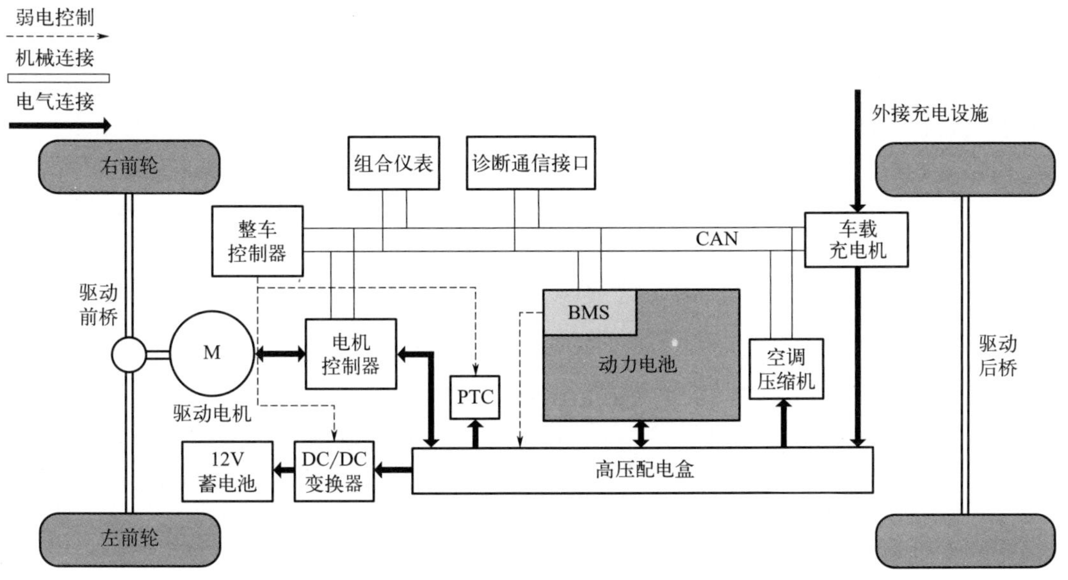


图 9-4 电动汽车整车控制系统结构示意

由图 9-4 可知，整车控制器 VCU、电机控制器 MCU、电池管理系统 BMS、空调压缩

机、车载充电机（car-mounted charger，CC）、组合仪表（dashboard，DBD）等电子控制单元通过 CAN 总线连接；整车控制器直接控制 DC/DC 直流变换器等电子控制器。外部车辆诊断设备可连接到诊断通信接口 DLC 插座，通过不同的诊断通信协议和支持相同协议的车辆电子控制单元通信。除此之外，在车辆调试阶段用于检测与标定的 PC 机也通过 CAN 总线对整车控制器进行调试。

电动汽车动力系统由 VCU、MCU、BMS、CC、ABS 等电子控制单元组成。这些电子控制单元以 CAN 总线网络作为主通信网络进行相互之间的通信，组合仪表也连接到动力 CAN 总线上接收和显示车辆状态信息。整车采用以整车控制器为主的分布式控制方式来提高系统的可靠性与实时性。如图 9-5 所示为整车分布式控制示意。

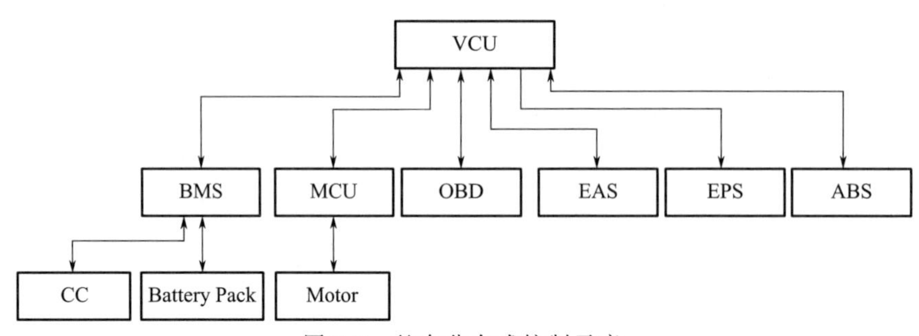

图 9-5　整车分布式控制示意

分布式控制网络布局使得整车系统控制模块化，整车控制器根据驾驶命令，综合各级各子系统的运行状况，向其发送控制命令；各级子控制器通过通信总线接收整车控制器的控制参数并与其他子控制器共享信息，结合自身的控制策略控制其相应的部件动作，并向整车控制器发送运行时的状态参数。如车辆运行时电机控制器根据整车控制器给定的目标车速或转矩值，综合整车运行状况，将动力电池输出的直流电逆变为相应的交流电，从而控制电机的转矩，再经过传动系统来驱动车辆行驶。动力电池模块构成了动力电池系统，电池模块控制单元通过传感器采集电池单体电压、电流和温度值；各电池模块通过低速 CAN 总线将采集到的信号发送给 BMS，BMS 经过运算后将动力电池系统的状态通过高速 CAN 总线发送给 VCU，BMS 还负责控制车载充电机对动力电池系统进行交流充电。

整车总线网络拓扑如图 9-6 所示，整车网络系统以 CAN 总线作为动力系统总线，通信速率为 250kbit/s，供动力系统内部的各电子控制单元之间相互进行通信；辅助系统总线采用 LIN 线，通信速率为 10kbit/s，供安全气囊 SRS、车身控制器（body control unit，BCU）、防盗 ECU 等辅助电子设备和 VCU 相互之间通信。

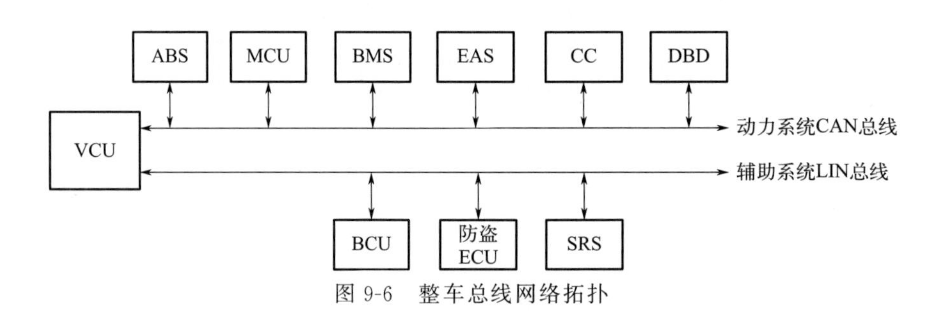

图 9-6　整车总线网络拓扑

### 9.1.4 电机控制器

电机控制器是驱动电机系统的控制中心，又称智能功率模块，以IGBT（绝缘栅双极型晶体管）模块为核心，辅以驱动集成电路和主控集成电路。通过把微电子器件和功率器件集成到同一芯片上，形成了智能功率模块。对所有的输入信号进行处理，并将驱动电机控制系统运行状态的信息通过CAN2.0网络发送给整车控制器。驱动电机控制器内含故障诊断电路，当诊断出异常时，它将会激活一个错误代码，发送给整车控制器，同时也会存储该故障码和数据。

电机控制器使用以下传感器来提供驱动电机系统的工作信息。

① 电流传感器：用以检测电机工作的实际电流（包括母线电流、三相交流电流）。

② 电压传感器：用以检测供给电机控制器工作的实际电压（包括动力电池电压、12V蓄电池电压）。

③ 温度传感器：用以检测电机控制系统的工作温度（包括IGBT模块温度、电机控制器板载温度）。

## 9.2 整车控制策略

驱动控制策略是整车控制器最重要的部分，如何使得车辆在任何时刻获得最佳的转矩控制，是整车控制策略的重点，同时也是整车控制的难点。由于驾驶员的驾驶指令在短时间内是随机的，不可预测的，并且驾驶员有可能会出现误操作，比如在面临危险时有可能会将加速踏板误认为制动踏板而快速地踩下去，这时整车控制器需要及时地判断驾驶员的驾驶意图，对驾驶员的误操作做出尽可能快的反应。驾驶员正常操作时，整车控制器需要做出最适合的转矩分配，既能满足车辆的动力性，又从整体来讲保持纯电动汽车的经济性，这是十分重要的。

### 9.2.1 控制系统主流程

电动汽车有两种工作状态：一种是电动汽车的充电工作状态；另一种是电动汽车的驾驶工作状态。纯电动汽车以电池作为驱动能源，电机会将电池的化学能转化为使汽车运动的机械能，电池的电量会随着汽车的运行工作而降低。电池的能量主要影响着汽车的续驶能力，而电池充电技术也影响着电池的寿命。正确的充电方式，既可以减少电池的损耗，又可以减少充电时间。通常电动汽车的充电模式分为快充和慢充两种类型。快充可以短时间补充电池能量，但是快充不能将电池充满，即电池的SOC达不到95%以上。慢充可以将更多的能量“装满”电池，但是时间上又会做出牺牲。如图9-7(a)所示为整车控制器主流程，从控制流程图中可以看到在接入充电后，首先进行的是整车控制器自检。通过自检后，整车控制器开始工作，进入充电模式。充电过程中时刻检测充电完成信号，当完成充电后，整车控制器将会发送信号，让人们知道已充电完成。如图9-7(b)所示是整车驾驶过程中的工作流程。从图中可以看到，当用汽车钥匙启动车辆时，系统收到钥匙信号，整车进入自检程序。当完成自检程序后，通过汽车进入预充电，整车的上电完成。

在驾驶汽车的过程中，会有不同的驾驶模式，而不同的驾驶模式在不同驾驶状况下，进行不同模式的切换。这些模式的切换，将更好地表现出汽车的性能。

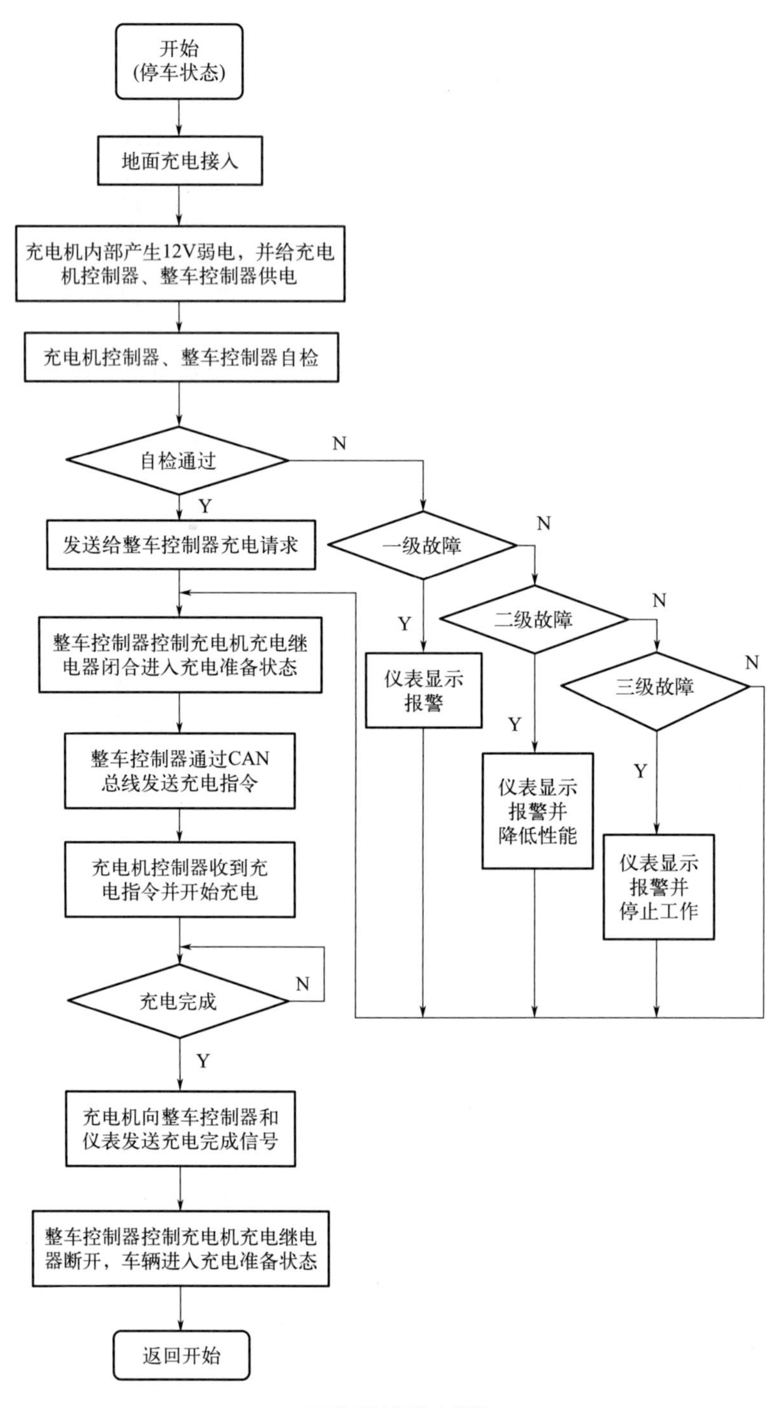

(a) 整车控制器主流程

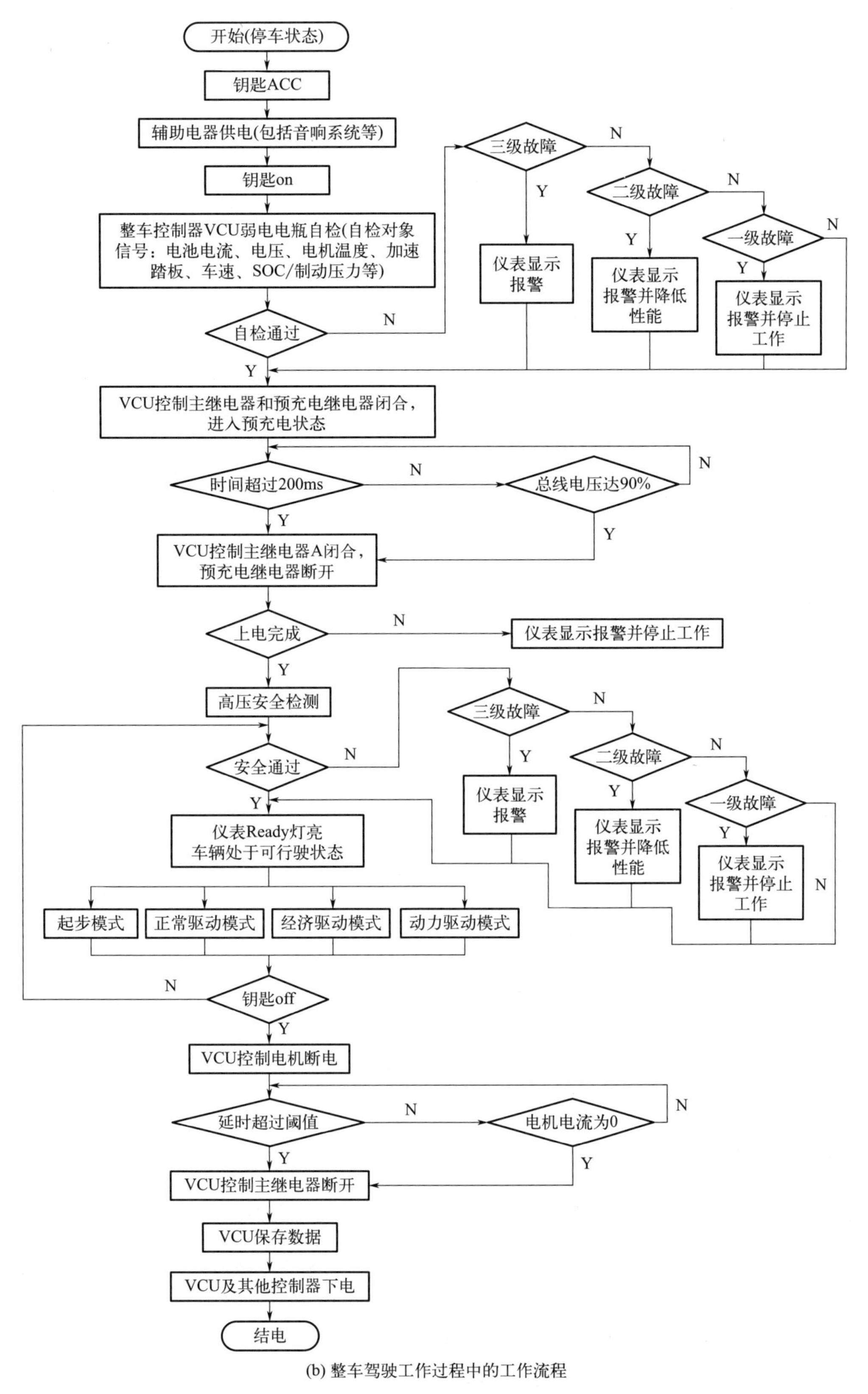


(b) 整车驾驶工作过程中的工作流程

图 9-7 整车控制器主流程和整车驾驶工作过程中的工作流程

## 9.2.2 驱动控制策略

驱动控制策略实际就是计算电机的驱动转矩。在驾驶过程中转矩的计算是复杂的、多样化的。驱动转矩需求是根据整车当前的行驶状态、驾驶员踩下加速踏板及制动踏板的开度、电机工作模式、电机的转速转矩特性及动力电池的情况而对电机提出的转矩需求，需求的转矩可表示如下。

$$T_{请求}=f(SOC,v,A,B,T_{当前}) \tag{9-1}$$

式中，$T_{请求}$为当前需要的电机转矩；$v$为当前电机转速；$A$为加速踏板开度；$B$为制动踏板开度；$T_{当前}$为当前电机输出转矩。

如图 9-8 所示为电机转矩请求过程的流程。结合式(9-1)和图 9-9 可以得出，电机当前的请求转矩主要过程为，根据加速踏板行程系数，判断电机工作模式，然后确定电机驱动转矩负荷系数。当前电机转速和电池 SOC 决定着当前电机所能请求的最大转矩。通过电机驱动转矩负荷系数和查表当前转速的最大转矩计算出电机此时此刻的需求转矩，最终发出指令，请求当前计算电机的需求转矩，电机是闭环控制，时刻反馈着电机的转速和转矩信息，为了下一刻的电机的转矩请求。

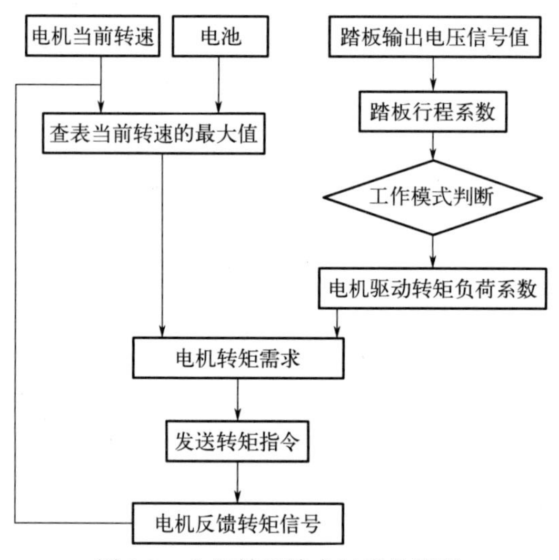

图 9-8 电机转矩请求过程的流程

## 9.2.3 加速踏板信号处理

加速踏板的开度以及变化率将反应驾驶员的驾驶意图。通常设计采用两个电位计式传感器的加速踏板。两组加速踏板传感器的设计，是为了增加油门系统的可靠性。人们都知道，加速踏板是驾驶员与纯电动汽车结合比较密切的设备。保障加速踏板的可靠性，将大大增加驾驶的可靠性，双加速踏板传感器设计系统虽然冗杂，但提高了加速踏板信号的可靠性。两组传感器的结构和原理相同，具有同步联动关系。如图 9-9 所示为加速踏板工作原理及信号输出示意。当对 C1 组 2、3 引脚，C2 组 1、5 引脚间提供 5V 电压时，此时传感器输出信号和加速踏板开度成线性关系。

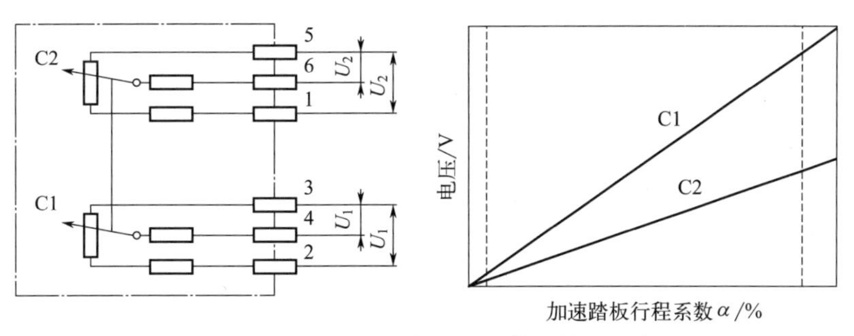


图 9-9 加速踏板工作原理及信号输出示意

电动汽车的加速踏板信号经过处理，将其转化为加速踏板行程系数 $\alpha$，即

$$\alpha=\frac{U-U_{\min}}{U_{\max}-U_{\min}}\times 100\% \tag{9-2}$$

式中，$U$ 为每时每刻加速踏板传感器输出的实际电压值；$U_{\min}$ 为加速踏板传感器标定时输出的最小电压值；$U_{\max}$ 为加速踏板传感器标定时输出的最大电压值。

整车控制器对加速踏板信号的采集采用最高频率等级，采样周期为 5ms。由于纯电动客车整车的电磁干扰强烈，因此要做一些相关措施，避免以及减少对加速踏板信号的干扰。

① 整车控制器的 ATD 具有高速连续转换模式，通过设置单通道单次连续 4 次采样，对采样结果进行平均处理，这样做就会有效消除高频扰动。

② 要设置两个加速踏板传感器输出信号正常范围限值，当任意 $m$ 时刻传感器输出信号为 APP($m$) 超过限定的数值时，就按照限定值输出，假如连续采样数值超出限值，就将此传感器视为失效。程序设定中，将不再考虑传感器的输出数值。

③ 还要对加速踏板传感器信号的变化率进行限值处理。某些时刻加速踏板信号的变化率将体现出驾驶员对汽车的驾驶要求，所以当传感器信号的变化率$=\Delta$APP($m$)$=$APP($m$)$-$APP($m-1$) 超过某一限定值后，程序算法中将默认采用 $\Delta$APP（$m$）的限定值。

接下来要对两组加速踏板传感器进行数据处理，假设两组加速踏板开度分别为 APP1($m$) 和 APP2($m$)，根据传感器信号有效性，设置加速踏板传感器信号的权系数。C1 和 C2 两组传感器的权系数分别为 APP1_$m$ 和 APP2_$m$，并且 APP1_$m$ + APP2_$m$ = 1，则加速踏板开度值为

$$\text{APP\_S}(m)=\text{APP1\_}m\times\text{APP1}(m)+\text{APP2\_}m\times\text{APP2}(m) \tag{9-3}$$

如果当其中某一个传感器信号失效时，则此时该传感器所对应的权系数为 0，相应的另一个有效传感器的权系数为 1。

## 9.2.4 工作模式划分

根据纯电动汽车驾驶外界路况的不同，大致分以下几种工作模式。

**(1) 起步控制模式**

起步控制模式是汽车从静止到开始运动的过程模式。无论是汽车刚上电起步还是汽车静止后起步，起步模式都是一样的。起步过程中，由于汽车静止，需要一定转矩后汽车才能运动。此模式下需要了解电机的输出转矩特性，如图 9-10 所示为电机转矩特性曲线。

根据图 9-10 电机的转矩特性，可以总结如下：首先电机有基速概念，当电机转速在基速以下时，电机为恒转矩输出，电机的功率大致为随着电机转速的增大，电机功率也随之线

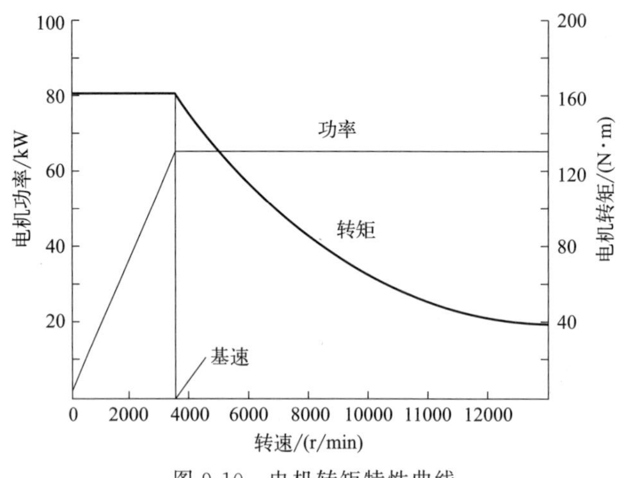


图 9-10　电机转矩特性曲线

性增大；当电机的转速在基速之上时，电机将会恒功率工作，电机此时的转矩随着转速的增大而减小。正是由于电机这个特性，汽车在起步时，速度很慢，电机的转速就会低，处于基速以下，而此时电机输出的转矩为恒定转矩，从图 9-10 中可以发现，转矩值在电机正常工作时获得最大值。因此如果不加改动控制，纯电动汽车在起步控制时，电机的输出转矩那么大，导致汽车的加速度过大，容易造成不必要的损失，过大的起步加速度，可能增大驾驶难度，造成严重后果。因此，在起步过程中，需要对电机加以控制，使电机在低速起步过程中，输出稳定合理转矩值，既保证汽车平稳有力起步，又最大限度减少事故发生，即要做到在汽车起步时，限制电机的输出转矩。可以减小输入电机电流，以此达到减小电机输出转矩的目的。通过多次试验，最终得到令汽车平稳起步的电机转矩值以及相对应的输入电流，这样一来，解决了纯电动汽车起步过程中不稳定问题，保障了汽车在整个驾驶过程中的驾驶平顺性，也有利于提高能量的有效利用，提高整车的经济性。

**(2) 正常控制模式**

电机在驱动工作过程中，每一个电机转速对应一个最大电机输出转矩值，在正常控制模式下，将电机的不同转速下可输出的最大转矩值设定为额定电机转矩值，即

$$T=DT_{\mathrm{M}} \tag{9-4}$$

式中，$T$ 为驾驶员需要请求转矩；$D$ 为电机驱动转矩负荷系数；$T_{\mathrm{M}}$ 为当前转速下电机可以输出的最大转矩，也就是当前转速下电机可以输出的额定转矩。

电机驱动转矩负荷系数与加速踏板行程有关，加速踏板反映驾驶员的驾驶意图，在驾驶过程中，加速踏板的行程越大，代表需求转矩越大。根据式(9-2) 可知，根据加速踏板信号可转化为加速踏板行程系数 $\alpha$，故电机驱动转矩负荷系数 $D$ 与加速踏板行程系数 $\alpha$ 有一定函数关系。这种函数关系可以是简单的线性的，也可以是复杂的曲线。在简单线性函数中，虽然处理起来比较简单，但汽车的加速很慢，降低了汽车的驾驶性能。在一些复杂的函数关系中，处理过程计算量很大，加速性能很好，这种情况适用于动力控制模式，在现在设计的正常控制模式中，将加速踏板行程系数和电机转矩负荷系数的线性定义为

$$D=\alpha \tag{9-5}$$

即加速踏板行程系数与电机转矩负荷系数的函数关系曲线，如图 9-11 所示。

由式(9-4) 与式(9-5) 可以计算得到，此时驾驶员请求电机转矩与加速踏板行程之间的关系为

$$T = \alpha T_{M} \tag{9-6}$$

当加速踏板开度小于70%时，均可使用正常驱动模式控制策略，当然，当控制器判断当前的行驶满足经济模式时，车辆将自动切换到经济驱动模式。

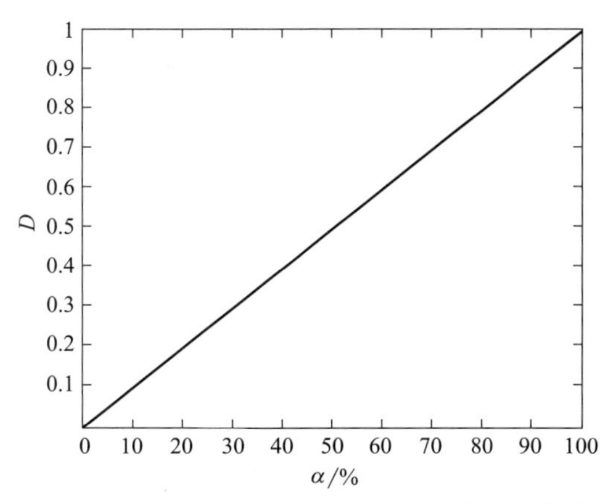


图9-11　正常控制模式下 $D$ 与 $\alpha$ 函数关系曲线

**(3) 经济驱动模式**

经济驱动模式是在纯电动汽车行驶在平顺路面上，长时间平稳行驶，无频繁加速情况下，在驾驶过程中，将侧重点放在汽车驾驶经济性能上。所谓驾驶经济性能，是在最少的能量损耗下，尽量行驶更远距离，增加电动汽车的续驶里程，当然还要考虑到电池寿命以及电机损耗。因此经济驱动模式下只有在电机和电池都在高效区域内工作，这样电能转化为机械能对电动汽车驱动的效率才会增高。

**(4) 动力驱动模式**

动力驱动模式是在要求汽车爬坡和紧急加速时需要的，电机提供足够的功率和转矩来满足电动汽车的需求。在动力驱动模式时根据式(9-4)，可以计算出 $\alpha$-$D$ 的关系，然后画出关系曲线图。

**(5) 倒车驱动模式**

倒车驱动模式是指纯电动汽车变速器处于倒挡时，加速踏板开度与电机需求转矩系数之间的关系满足下列要求：倒车过程中，整车控制器收到反转信号后，将给电机发送转矩请求；设计要做到倒车平稳缓慢，因此倒车时整车控制器给电机发送请求转矩的数据要合理；出于倒车安全考虑，将电机转矩限制在某一固定值，避免驾驶员倒车时，加速踏板开度过大，出现意外情况。

## 9.2.5 电机过载管理

电机具有一定的过载运行能力，但是过载只能是一小段时间，不能长时间过载运行。电机过载的时候，由于输出功率大，流经电机本体的电流相应增大，导致内部线圈产生的热量大，电机温度迅速升高，这样一来容易造成定子线圈烧毁和永磁退磁等现象。所以在整车控制器请求电机转矩过程中，一定要考虑电机过载问题。在电机工作发热过程中，电机最大转矩表示如下。

$$T_{max} = T_{cont}\lambda + T_{pcak}(1-\lambda) \tag{9-7}$$

式中，$\lambda$ 为温度调制系数；$T_{cont}$ 为电机额定转矩；$T_{peak}$ 为电机峰值转矩。

$\lambda$ 在 $[0,1]$ 范围内取值，当 $\lambda$ 等于 1 时，电机没有过热现象，当 $\lambda$ 等于 0 时，说明电机过热。电机实际可输出的最大转矩为电机当前转速下的额定转矩。根据电机过载时间特性，电机过载运行一段时间后，必须回到额定转矩以下工作较长时间，以便电机恢复性能。电机过载转矩大小不同，过载持续时间和冷却方式也不同。假设电机过载运行时间与过载转矩成反比，则电机过载运行时间可由式(9-8) 计算出。

$$t_{over}=\int_0^t \frac{T_{out}-T_{cont}}{T_{peak}-T_{cont}}\mathrm{d}t \tag{9-8}$$

式中，$T_{out}$ 为电机实际输出转矩。

温度调制系数 $\lambda$ 的表达式为

$$\lambda=\begin{cases}\dfrac{t_{over}}{t_{lim}} & t_{over}>0 \\ 0 & t_{over}\leqslant 0\end{cases} \tag{9-9}$$

式中，$t_{lim}$ 为电机在峰值功率时允许的最大过载时间。所以程序中电机过载控制流程如图 9-12 所示。

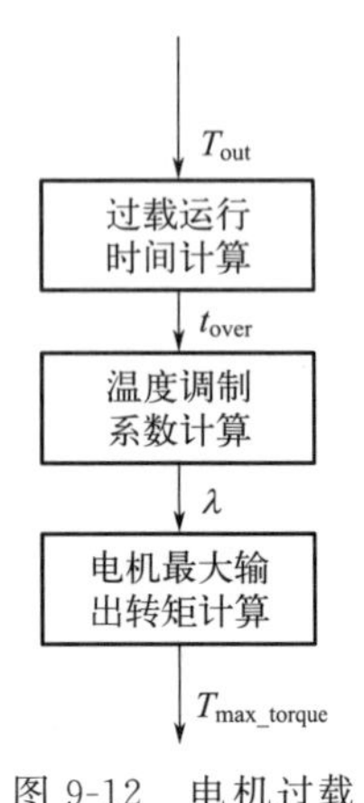

图 9-12　电机过载控制流程

## 9.2.6　电池保护

纯电动汽车将电池作为汽车驱动的唯一能源，电池能量的耗尽也就意味着汽车无法行驶。当电池 SOC 下降到一定程度时，纯电动汽车将对电池采取一定保护措施，避免电池再在大功率下工作。如果在 SOC 小到一定值后，还存在大功率输出，会加速电池电压数值下降，当降到临界电压后，继续大功率工作，电池容易造成不可恢复的损伤，极大影响电池寿命。因此，出于对电池寿命考虑，当电池的 SOC 下降到一定值时，为了安全驶回充电站，从功率输出限制和电动附件管理两个方面对整车能量进行管理。动力电池组除供给驱动电机能量以外，还为车上其他辅助电力设备供电，包括空调系统、动力转向系统、真空助力系统等。在动力电池组 SOC 较低时，控制策略关闭不影响整车安全的电动附件，节省能量消耗，保证汽车安全返回。

# 9.3　电机请求转矩算法

在电动汽车运行过程中，由于外界环境以及内部因素的时刻变化，从而给整车控制器请求电机转矩增加了难度。在汽车运行过程中，运行的路况不同，汽车驾驶模式就不同。当车内系统电机工作状态以及电池工作状态不同时，电机请求转矩的方法也不同。

**(1) 电机转矩补偿方法**

电机转矩补偿方法是国内外现阶段常采用的一种方法，但此方法也有不同的补偿方式和补偿算法。现阶段广泛研究和使用的两种算法，一种是模糊转矩补偿，另一种是利用 MAP 图进行转矩补偿。

电动汽车加速过程中，转矩补偿算法也是经常被采用的转矩补偿方式。在电动汽车转矩请求过程中，重点采用了模糊转矩补偿控制算法来计算请求加速转矩补偿，在算法过程中，以加速踏板的开度和加速踏板的变化率为输入，通过模糊计算，得到输出扭矩增量，模糊转矩补偿控制算法如图 9-13 所示。

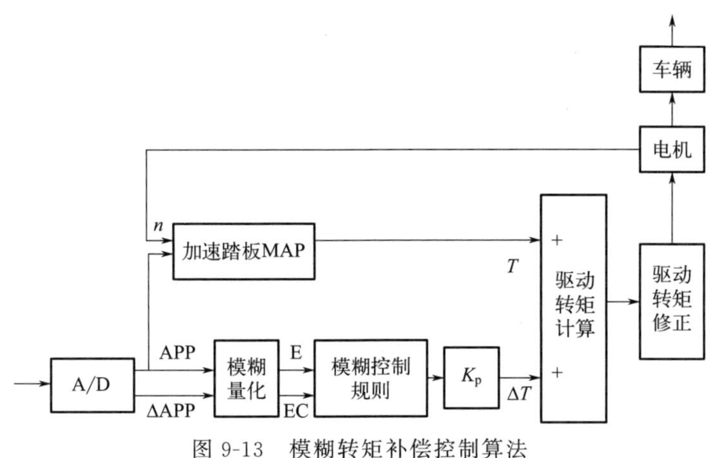

图 9-13　模糊转矩补偿控制算法

电动汽车起步和加速过程中，若遇到电动汽车动力疲软的问题，则采用 MAP 图的加速补偿控制策略。在汽车运行过程中，首先检测判断当前车辆状态，针对汽车起步和加速有不同转矩补偿。如图 9-14 所示，电动汽车在起步过程中有不同情况，有平坦路面、爬坡路面以及下坡路面。通过实验和仿真获得电动汽车起步过程中的起步转矩和车辆速度，依此进行转矩补偿控制。在加速过程中，也通过实验仿真获得电机转速、加速踏板开度与电机转矩的 MAP 图，如图 9-15 所示，通过此图进行电动汽车加速过程中的电机转矩补偿。

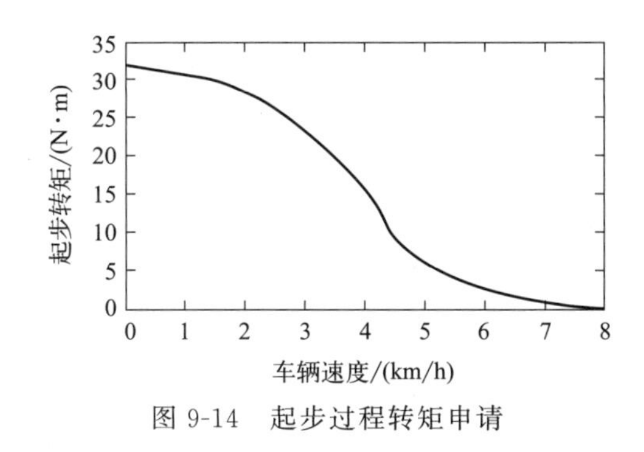

图 9-14　起步过程转矩申请

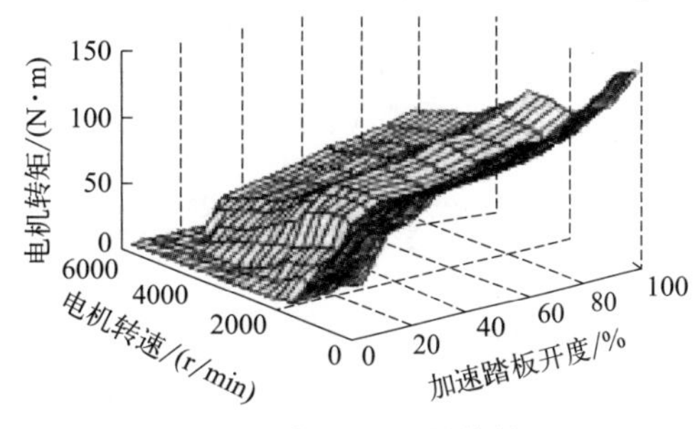

图 9-15　加速过程补偿转矩

**(2) 电机控制器与路况结合方法**

电机控制器用于控制电机的输出，在电动汽车中，很多驱动策略与电机控制器相结合。电动汽车的电机控制器的控制策略算法与汽车当前运行的路况以及汽车自身一些因素结合起来，它的作用是解决电动汽车在不同工况模式下的工作过程中，引起电机转矩突变波动造成驾驶不稳定的问题。如图 9-16 所示，该车在驾驶过程中，通过传感器采集驾驶员驾驶意图，然后通过当前汽车电机转速以及过载倍数，改变电机控制器的阈值大小，最终输出电机转矩请求值，达到控制电动汽车在不同路况下平稳运行的目的。

**(3) 归一化处理方法**

此方法是给出一个简单的数学模型，该模型是将电机转矩 $T$ 作为输出，将电机转速 MS、电机的温度 MT、电池电压 $U$、电池电流 $I$、SOC、加速踏板信号 ACC 作为模型输入。

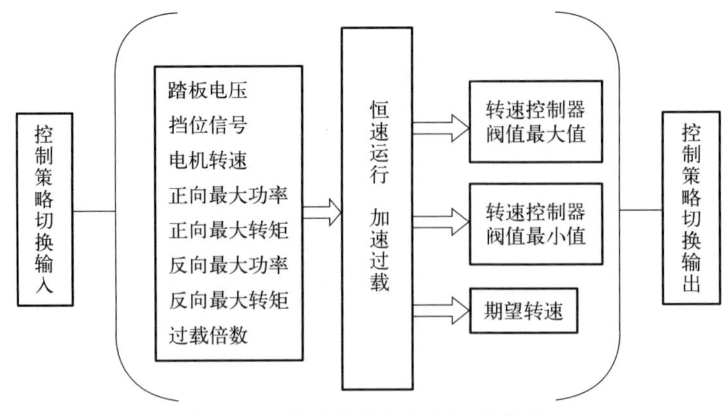

图 9-16 转速恒定与加速过载策略

数学函数为

$$T=F(\mathrm{MS},\mathrm{MT},U,I,\mathrm{SOC},\mathrm{ACC}) \tag{9-10}$$

在电动汽车加速过程中，加速特性取决于踏板开度，即 $T=f(\mathrm{ACC})$，这里采用归一化方式，如图 9-17 所示，在加速过程中，该方法选取曲线 $a$，因为曲线 $a$ 满足加速特征，然后进行试验，再对曲线 $a$ 进行修改。该方法的缺点是先定性地选择加速过程中电机转矩的请求曲线，然后进行大量试验来完善。

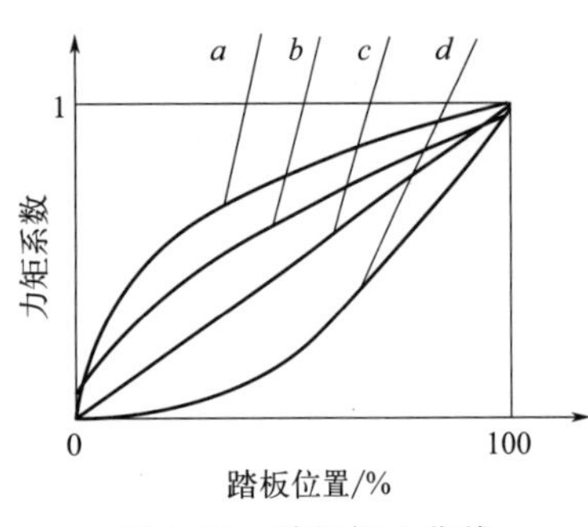

图 9-17 踏板加速曲线

上述提到的三种方法都有一定的局限性，电动汽车是一个复杂的系统，多因素影响着汽车性能。面对电动汽车的电机选取类型不同、电池性能不同等问题，这些方法在某种情况下具有局限性。

## 9.4 整车控制器硬件通信

**(1) 整车控制器实际设计**

根据整车控制器的设计原则以及设计功能，设计出符合实际应用的整车控制器。

通常整车控制器采用单片机设计的嵌入式系统，其硬件结构如图 9-18 所示。

从图 9-18 中可以清楚看到 CPU 与外界的联系通信过程。外界一些模拟量传感器，例如加速踏板 1 传感器、加速踏板 2 传感器、制动踏板传感器等，通过模拟量调理，然后与 CPU 进行通信。还有一部分开关量控制接口，数据储存器、整车控制电源管理系统、与上位机通信的 RS232 接口、CAN 通信网络接口，以及整车中电子器件与 CPU 的通信。整车中电机控制系统、电池管理系统、仪表显示系统等，这几个主要系统与整车控制器的 CPU 芯片通信，都是采用 CAN 总线的通信机制，高效、准确、实时地进行各个系统间数据通信。

**(2) 整车通信网络管理**

CAN 总线是汽车常用的通信网络，它的全称为控制器局域网络（control area network，CAN)，该局域网络通信技术是在 1986 年德国博世公司为了解决汽车中众多控制与测试仪器之间数据交换而开发的一种通信协议。CAN 总线是目前市场上使用最广泛的现场总线，在各个行业现场总线中几乎都能找到它的身影。

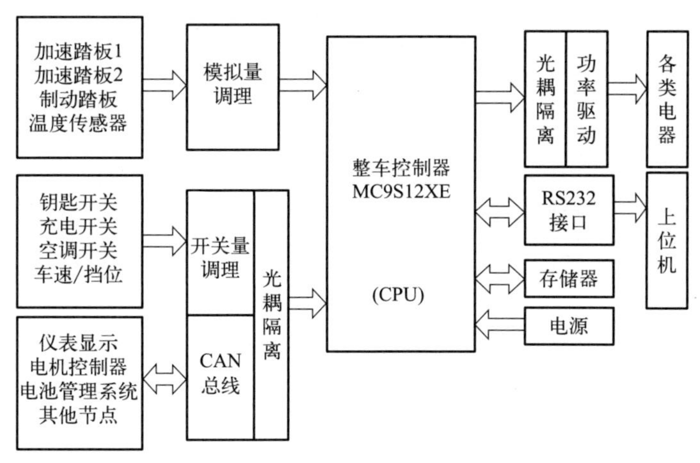


图 9-18　控制器硬件结构

CAN 总线采用双向串行通信方式。如图 9-19 所示是 CAN 总线拓扑图，从图中可以看到，CAN 总线有两根信号线，即 CANH 和 CANL，工作时，利用这两根线的差分电压进行传输数据。为了有更高的信息通信的实时性，CAN 总线采用两层模型结构，即物理层和数据链路层。

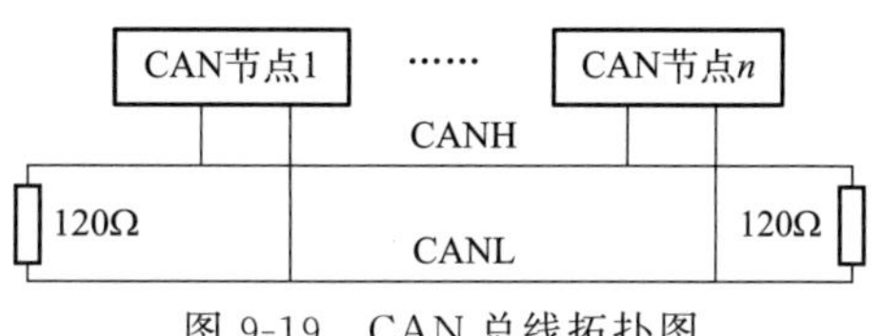


图 9-19　CAN 总线拓扑图

纯电动汽车中，控制系统复杂，系统性能要求很高，要求系统必须具有很好的实时性，CAN 总线又恰恰很好地满足了这一点，CAN 总线支持多个节点之间的通信，它的通信机制，大大减少了硬件线路的排布，降低了布线的难度。如图 9-20 所示是整车 CAN 总线通信结构。从图 9-20 中可以看到，整车控制器与智能充电机、电池管理系统、电机控制器与智能显示终端，它们之间都通过 CAN 总线连接，它们两两之间都可以进行数据传输。整车控制器会通过 CAN 总线接收到电池管理系统、电机控制器以及智能显示终端的信息，同时整车控制器也会发送数据到各个设备，这样大大增加了控制系统的效率。

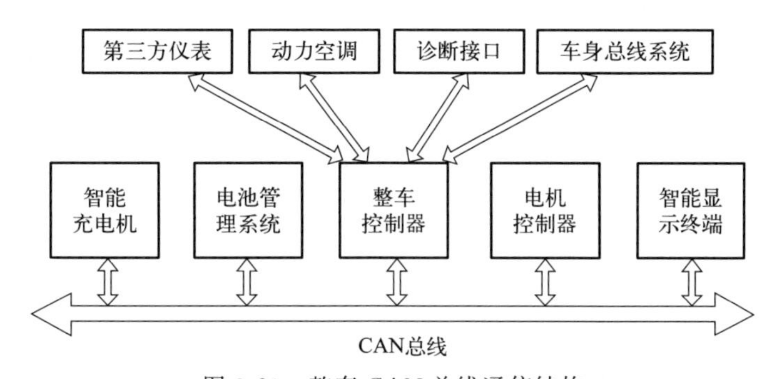


图 9-20　整车 CAN 总线通信结构

整车控制器的核心作用就是要处理通信中复杂的数据。大量的数据以及多类型的数据，都给整车控制器处理带来困难。CAN 总线的出现解决了这个困难，在各个模块系统与整车控制器通信过程中，采用 CAN 总线通信方式。纯电动汽车整车控制器数据接收与发送情况见表 9-1。表 9-1 中，T 表示发送数据，R 表示接收数据，R&T 表示数据经过整车控制器处理后进行发送。

表 9-1　纯电动汽车整车控制器数据接收与发送情况

| 项目 | 信号类型 | | | | |
|---|---|---|---|---|---|
| | 整车控制器 | 电池管理系统 | 电机控制单元 | 液晶显示单元 | 车内服务设施单元 |
| 电池电压 | R&T | T | | R | |
| 电池电流 | R&T | T | | R | |
| 电池温度 | R&T | T | | R | |
| SOC 值 | R&T | T | | R | |
| 电池故障 | R&T | T | | R | |
| 单体电池电压 | R&T | T | | | |
| 电机转速 | R&T | T | T | R | |
| 车速 | R&T | | | R | |
| 电机故障 | R&T | | T | R | |
| 电机转矩 | R&T | | R | | |
| 电机启停 | T | | R | | |
| 加速踏板行程 | T | | | R | |
| 制动踏板行程 | R&T | | | R | |
| 车内温度 | R&T | | | R | T |

## 9.5　整车控制器硬件设计

纯电动汽车整车控制器的首要任务是确保安全行驶。整车控制器采用的芯片要求运行速度快、片内资源丰富、抗干扰能力强，满足所需要的多输入、多输出的非线性系统，处理的信号多，具有很好的实时性和可靠性。

### 9.5.1　单片机最小系统设计

单片机最小系统主要包括电源电路、时钟电路、复位电路、WATCH DOG 电路、FRAM 存储器电路、BDM 电路等。

**(1) 电源电路**

首先设计单片机的电源电路。电动汽车对工作环境有一定要求，所以电源电路的设计要满足环境要求。+5V 给单片机系统，而电源要+12V 电压，需进行转换。以 LM2596 芯片为例，该器件只需要外接 4 个元件，这里使用通用的标准电感来设计此电路，这样一来更优化了 LM2596 的使用，将开关电源电路的设计过程进行了简化。如图 9-21 所示为电源电路。

**(2) 时钟电路**

时钟电路的主要作用是保障系统可靠运行。通常采用的时钟电路是单片机标准的时钟电路，晶振接口 XTAL 和 EXTAL 与外部晶振连接，然后用压控振荡器和锁相环，将频率增高到 25Hz 作为单片机内部总线时钟。时钟电路如图 9-22 所示。

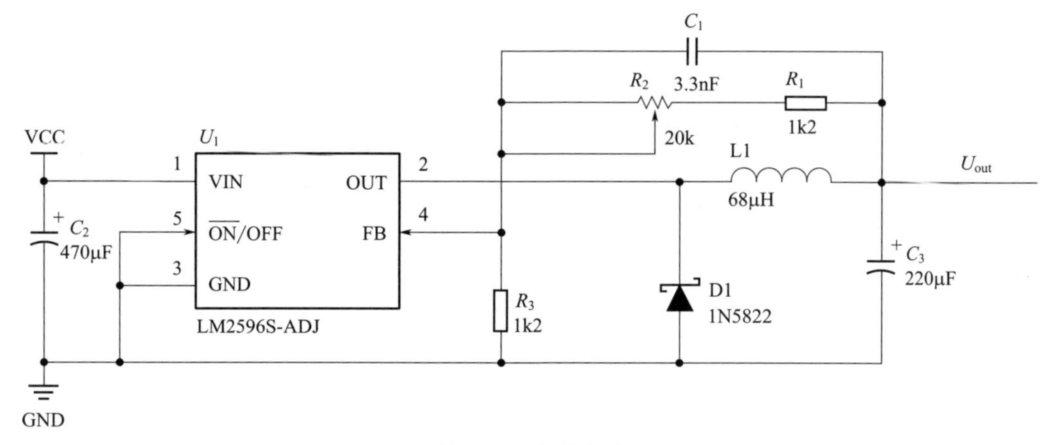


图 9-21 电源电路

**(3) 复位电路**

复位电路是多数硬件设计中不可或缺的电路，它的作用是通过电路设备使电路恢复到起始状态，复位电路的第一功能就是给电路上电复位。复位方式有多种形式，常用的有手动复位和上电复位。对于手动复位，为了方便人为改动，上电复位为了每次重启时，进行复位。常见的 VCU 复位电路如图 9-23 的所示。

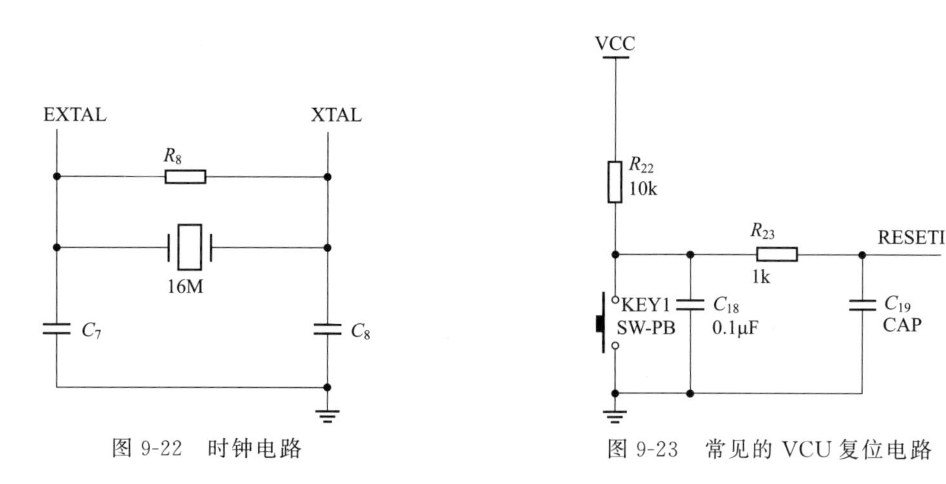


图 9-22 时钟电路

图 9-23 常见的 VCU 复位电路

**(4) WATCH DOG 电路**

WATCH DOG 电路具有监视并恢复程序正常运行的功能，从而达到增强系统稳定性的目的，它本质上是一种定时器电路。以 SP706EN 芯片为例，作为看门狗使用芯片，具体设计电路如图 9-24 所示。

**(5) FRAM 存储器电路**

FRAM 存储器最大的特点是速度低，读写功耗极低。该存储器的优点是不存在最大写入次数问题，但是它的缺点是存在最大访问次数问题。以 FM25256 芯片为例，此款芯片采用 SPI 通信方式，如图 9-25 所示为 FRAM 存储器电路。

**(6) BDM 电路**

BDM 是常用的调试接口，如图 9-26 所示为 BDM 电路。使用设置时，正常单片模式 MODC=1，MODB=0，MODA=0。

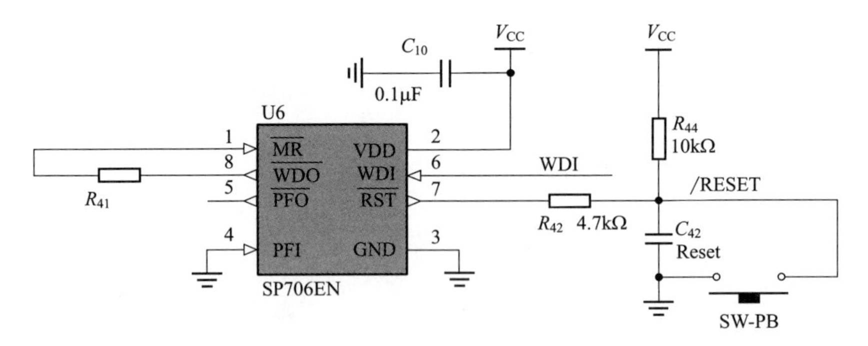


图 9-24　看门狗电路

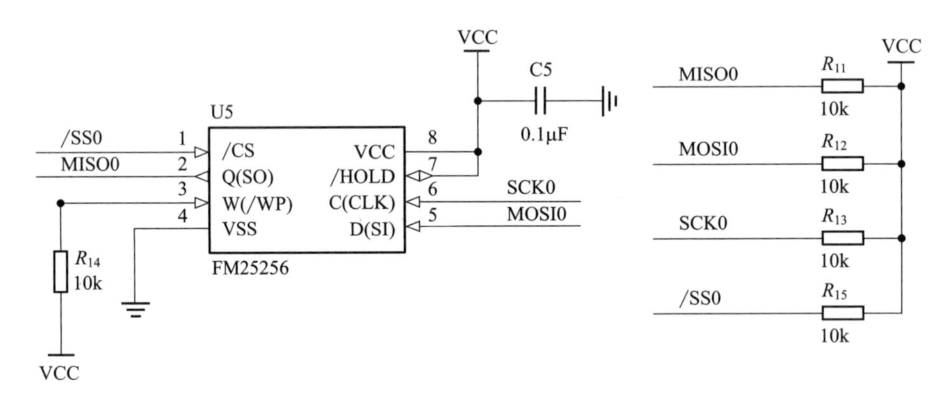


图 9-25　FRAM 存储器电路

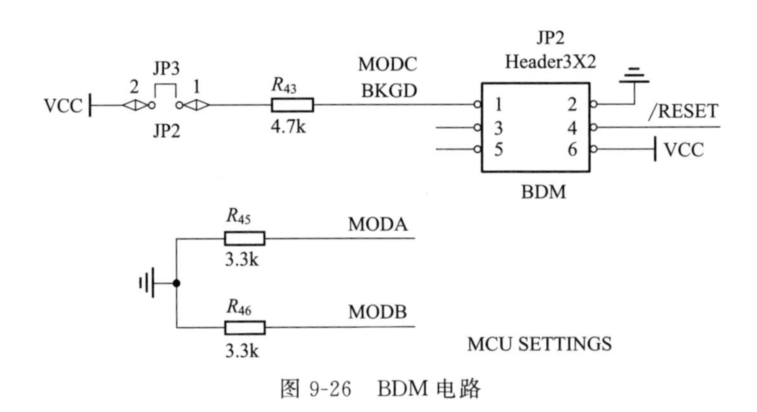


图 9-26　BDM 电路

## 9.5.2　电子器件驱动电路设计

电子器件驱动电路是用在主电路与控制电路之间的接口，作用是使电子器件在较理想的状态下工作，好处是缩短开关时间以及减少开关损耗，且对装置的运行效率、安全性和可靠性极具意义。通常也将对器件以及电路的保护设计放在驱动电路中，或者通过驱动电路来完成对器件以及电路的保护。可以把信息电子电路传来的信号，按照控制目标的要求，把信号转化作为加在电子器件控制端和公共端之间的其他信号，即可以使其关断或开通的信号。驱动电路还有一个作用就是提供控制电路与主电路之间的保护环节，即常用的电器隔离环节，常用的隔离环节包括光隔离或磁隔离。以 BTS3410G 芯片为例的暖风空调驱动电路如图 9-27 所示，芯片是 8 针脚。

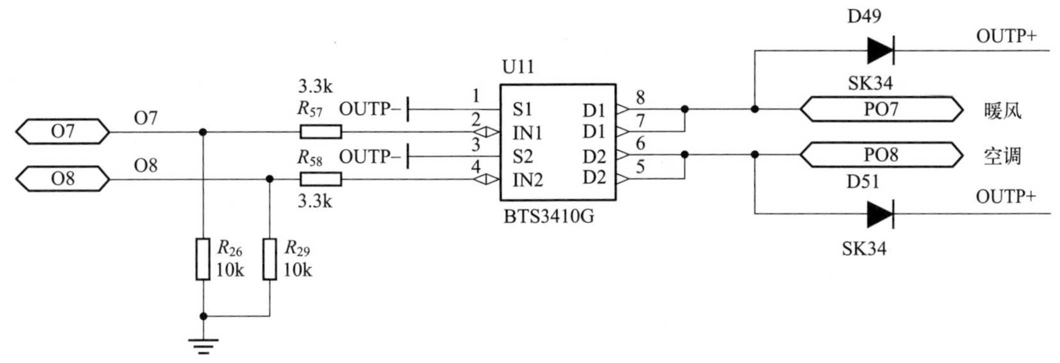


图 9-27　以 BTS3410G 芯片为例的暖风空调驱动电路

## 9.5.3　数据采集电路设计

数据采集主要分为开关量数据采集和模拟量数据采集。开关量数据采集主要是采集那些简单的开关信号，例如钥匙开关信号、挡位开关信号、空调开关信号等。模拟量数据采集主要采集各个传感器的信号，例如加速踏板传感器信号、制动踏板传感器信号等。如图 9-28 所示为开关量信号处理电路。如图 9-29 所示踏板信号处理电路。

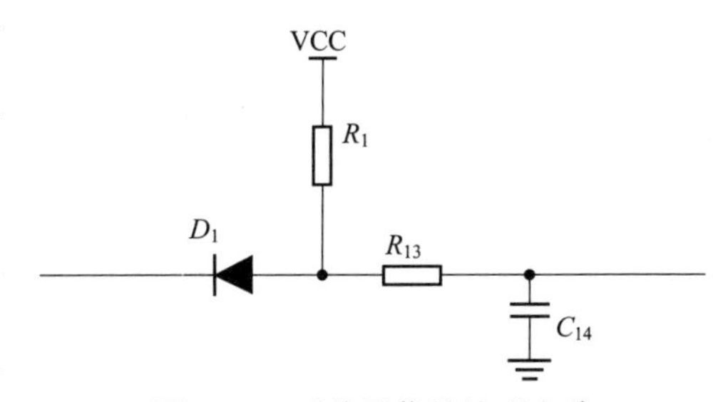


图 9-28　开关量信号处理电路

开关量信号可以通过嵌位二极管和上位电阻转换成与单片机电平兼容的信号，经低通滤波后送给单片机输入端口。

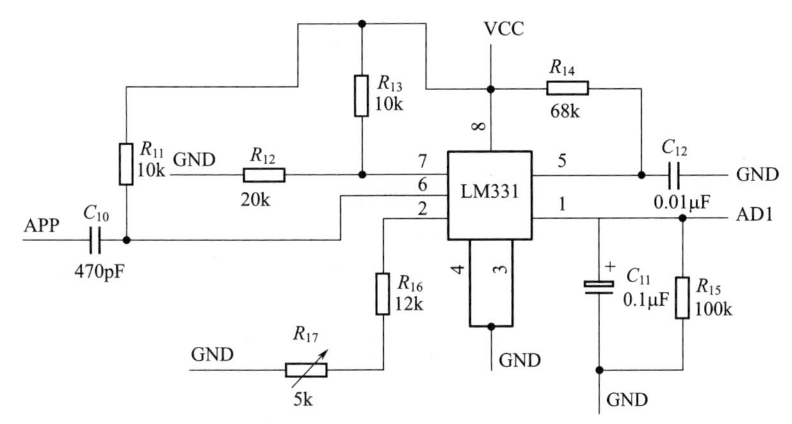


图 9-29　踏板信号处理电路

踏板信号为霍尔元件发出的脉冲信号，随着踏板的开度不同，霍尔元件产生的脉冲信号的频率也不同。整车控制器会将踏板信号处理为数字信号，而 A/D 模块就可以将直流电压信号转换为数字信号。在实际应用过程中，踏板发出的脉冲方波信号先转化为直流电压信号，然后经过 A/D 模块转化为数字信号量，将数字信号量输入整车控制器进行相应的处理。将踏板发出的方波脉冲信号转换为直流电压信号，踏板信号处理原理就是频压转换原理。

图 9-29 中，LM331 共有 8 个引脚，1 引脚为直流电压输出，将与整车控制器里的 MCU 的 A/D 转换引脚连接；2 引脚为增益调整段，通过调整 $R_{17}$ 对踏板的信号进行匹配，目的是最终使得踏板开度为最大时，1 引脚的输出电压为 5V；3 引脚为脉冲信号输出端接地用；4 引脚为电源地；5 引脚为定时比较正相输入端；6 引脚为脉冲信号输入端，连接踏板信号；7 引脚为输入比较器正相输入端；8 引脚为电源输入端连接 5V 电源用。电路中的电容起到滤波作用，提高电路的抗干扰性。

## 9.5.4 通信接口电路设计

整车控制器在调试过程中，需要与上位机进行通信，而整车控制器与上位机通信需要串口，通常采用 RS232 串口进行通信。整车控制器还需要和其他控制系统进行通信，例如电机控制器。有些设计整车控制器与其他控制系统节点的通信方式采用 RS485 串口进行通信。在整车中，主要的信息交流采用 CAN 总线方式。

**(1) RS232 接口电路**

单片机内部集成了 6 路 SCI 接口，RS232 接口主要用于上位机和整车控制器的通信（图 9-30），目的是通过上位机对整车控制器的软件程序进行监控和调试。

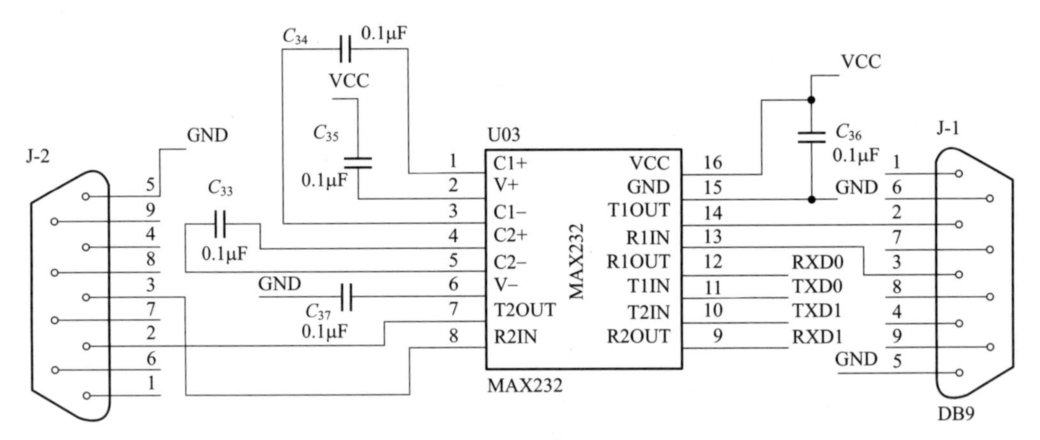


图 9-30 RS232 接口电路

RS232 有 9 个引脚，整车控制器与上位机通信，需要 TXD（发送数据）、RXD（接收数据）和 GND（信号地）。RS232 采用正负电压方式来表示逻辑状态，它与单片机本身串口 TTL 以高低电平方式来表示逻辑状态规定有所不同，所以要在它们连接之间增加一个电平和逻辑关系的变换，这个变换就需要采用 MAX232 芯片来完成上述变换过程。在 TTL 与 EIA 之间电平双向转换过程中，只需用 5V 电源和几个电容就可以提供电平转换，简单易行。

如图 9-30 所示 RS232 接口电路中，U03 为电平转换芯片 MAX232，共有 16 个引脚，可以外接两路 RS232 接口，其中 2、3 和 5 分别表示的是 TXD、RXD 和 GND，9～12 引脚为单片机的 SCI 接口引脚连接，DB9 只使用三个引脚。

**(2) CAN 总线通信电路**

在 MC9S12XEQ384 芯片中，内部集成了 5 路 CAN 通信接口。利用微控制器的片上资源，然后选择性能优良的 TJA1050 接收器来完成正常控制器的接口电路设计。如图 9-31 所示为 CAN 通信电路。图中 CAN 通信接口电路也和 RS485 串口通信一样，采用光电隔离来提高数据传输的抗干扰性。微控制器的 CAN 接口的发送、接收端分别通过光电隔离器件与 TJA1050 收发器的 TXD、RXD 连接。CAN 总线采用双绞线方式，由于在 ISO 11898 协议中定义了线性拓扑结构，因此在使用 CAN 总线时，双绞线两端都要接一个 120Ω 的额定电阻。选用分裂终端的方式，这种方式是把总线端节点的终端的 120Ω 电阻，分成两个相等的 60Ω 电阻，然后在两个电阻之间接一个 0.1μF 的电容至地，这种方法的好处是可以使系统具有更好的抗干扰性。CANL 和 CANH 输出到地的电容 $C_{41}$、$C_{42}$ 以提高抗电磁干扰的性能。电源之间的电容 $C_{40}$ 起到滤波的作用。

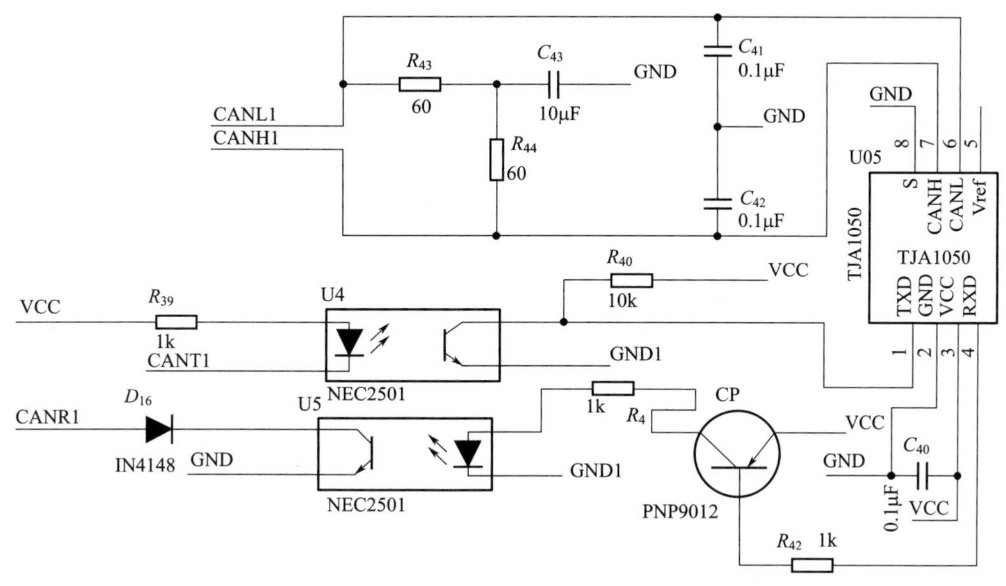


图 9-31　CAN 通信电路

# 9.6 整车控制仪表显示

纯电动汽车与传统汽车一样，都有仪表显示。不同的是，纯电动汽车不仅要显示汽车当前运行状态，还要显示汽车各个重要组件系统的参数，以便于驾驶员以及维修人员对整车的故障检查。在纯电动汽车中，重要的系统有电池系统、电机系统等。在设计过程中，要充分考虑对影响这几部分性能的参数进行显示。电动汽车的仪表需要显示的必要内容要远远多于普通汽车仪表。电动汽车仪表能时时刻刻直观地显示出当前汽车的状态情况，驾驶员通过仪表对电动汽车当前状态进行了解，然后做出合理决策。另外，仪表的存在可帮助维修人员快速查找汽车故障。汽车仪表通过 CAN 总线网络，与车中的系统进行通信。

液晶显示单元将接收不同的信号（电池电压、电池电流、电池温度、SOC 值、电池故障、电机转速、车速、电机故障、加速踏板行程、制动踏板行程、车内温度）。

汽车仪表系统是一个独立系统，通过 CAN 总线与汽车其他单元通信。汽车仪表核心 CPU 采用 MB91590 芯片，如图 9-32 所示为仪表核心板内部软件层次框图（ECU 为电子控制单元；TCU 为变速控制单元；ICU 为仪表控制单元；VMS 为整车控制器；BMS 为电池管理系统)。GDC 液晶显示与 GDC 核心板之间的通信，通过 IIC 总线进行信息传递，然后通过修改 PPG 的占空比和频率达到控制液晶屏的目的。核心板与汽车电子单元通过 CAN 总线进行信息传递。

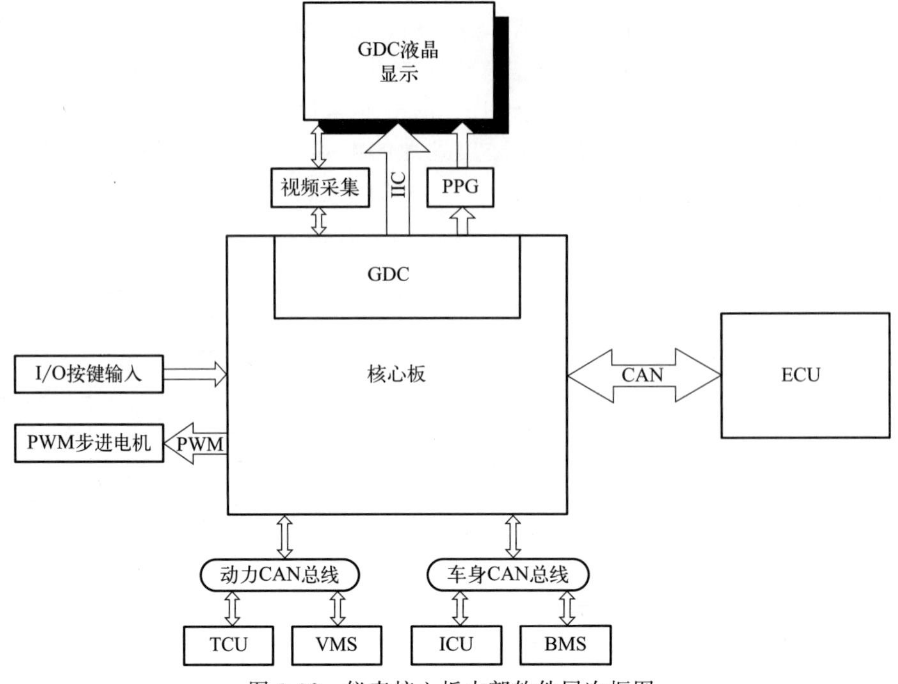


图 9-32 仪表核心板内部软件层次框图

# 第4篇

# 网络篇

4

# 第10章 新能源汽车车载网络

据统计，一辆高档汽车的用线长度已达 20km，电气节点高达 2000 个，质量在 100kg 左右。为适应汽车电子设备迅速增加，满足电控单元之间能够有效、快速传递信息的需求，汽车车载网络技术应运而生，如控制器局域网（CAN）、局部连接网络（LIN）等。目前，汽车内部已基本形成了从低速到高速、从电缆到光纤、从有线到无线、从离散 ECU 的数据通信到中央智能控制，以及从集中控制到分布控制的复杂网络系统。

所谓数据总线，是指在一条数据线上传递的信息可以被多个系统共享，从而最大限度地提高系统整体效益，充分利用有限的资源（即一辆汽车上无论有多少个 ECU，每个 ECU 都只需引出两条导线共同接在两个节点上，这两条导线就是总线，也称网线）。采用车载网络技术可以通过不同的编码信号来表示不同的开关动作，信号解码后，根据指令接通或断开对应的负荷（如灯光、空气调节等），从而将过去一线一用的专线制改为一线多用制，大大减少了车上的电线数目，缩小了线束尺寸，减轻了线束重量，减少了连接器的数量，降低了成本。

CAN（controller area network）现场总线是德国博世公司于 1983 年为解决现代汽车中众多的控制与测试仪器之间的数据交换而开发的一种串行数据通信协议。该协议是简单的主/从配置，主要流程在主节点上完成；使用单线通信，减少了大量线束的重量和费用。为了降低成本，从节点应当尽量简单。其目标应用是不需要 CAN 网络的性能、带宽及复杂性的低速系统，如开关类负载或位置型系统，包括汽车后视镜、车锁、汽车座椅、车窗等的控制。

目前，汽车上的电子控制系统主要通过 CAN 总线实施通信互联，只在局部区域采用 LIN 总线进行通信，如总线式组合开关等。

## 10.1 车载数据传输网络的划分及应用范围

### 10.1.1 类型划分

目前，汽车车载网络存在多种网络标准，SAE 车辆网络委员会将汽车数据传输网划分为 A、B、C、D 四类。

**(1) A 类网络**

A 类网络是面向传感器/执行器控制的低速网络，数据传输位速率通常只有 1～10kbit/s，主要应用于车内分布式电控系统，尤其是面向智能传感器或执行器的数字化通信，如电动门窗、座椅调节及灯光照明等控制。在 A 类网络中存有多种协议标准，其中 LIN 总线是面向低端通信的一种协议，主要应用在通信速率要求不高的场合，通过单总线的方式来实现。

**(2) B 类网络**

B 类网络是面向独立模块间数据共享的中速网络，位速率一般为 10～100kbit/s。主要应用于车辆电子的舒适性模块、故障诊断、仪表显示和安全气囊（SRS）等系统，以减少冗余的传感器和其他电子部件。

B 类网络系统标准主要包括控制器局域网（CAN）协议、车辆局域网（vehicle area network，VAN）协议以及汽车工程师协会（society of automotive engineers，SAE）的 SAE J1850 协议等。在容错性能和故障诊断方面，CAN 具有明显的优势，因此在汽车内部的动力电子系统等对实时性和可靠性要求较高的领域占有不可替代的地位；考虑到成本因素，VAN 也在汽车网络中占有一席之地，特别适用于车身电子系统等对实时性和可靠性要求相对较低，网络上的某些节点功能比较简单的场合；而对于 SAE J1850，由于其通信速率上的限制已逐渐被淘汰。

**(3) C 类网络**

C 类网络是面向高速、实时闭环控制的多路传输网，最高位速率可达 1Mbit/s，主要用于悬架控制、牵引控制、先进发动机控制和 ABS、ASR 等系统控制，以简化分布式控制和进一步减少车身线束。

在 C 类标准中，欧洲的汽车制造商从 1992 年以来，基本上采用的都是高速通信的 CAN 总线标准 ISO 11898-1，它可支持高达 1Mbit/s 的各种通信速率；但从 1994 年以来，SAE J1939 则广泛用于卡车、大型客车、建筑设备、农业机械等工业领域的高速通信，其通信速率为 250kbit/s。目前，网络协议种类主要有 ISO 11898-1（高速 CAN）、TTP/C 和 FlexRay 等。随着汽车网络技术的发展，将会使用具有高速实时传输特性的一些总线标准和协议，包括采用时间触发通信的 X-by-Wire 系统总线标准和用于安全控制及诊断的总线标准、协议。

**(4) D 类网络**

D 类网络称为智能数据总线（intelligent data base，IDB），是主要面向信息和多媒体系统、高速数据流传输的高性能网络，采用 D2B、MOST 光纤传输和 IDB-Wireless 无线通信技术，速率一般在 250kbit/s～400Mbit/s，主要用于实时的音频和视频通信，而 800Mbit/s 的网络标准也在研究使用。这类网络系统主要在汽车内部连接，用于多媒体功能的电子设备，包括语音系统、车载电话、音响、电视、车载计算机和 GPS 等系统。

目前，世界上多媒体网络系统标准主要是智能数据总线（intelligent data bus-CAN，IDB-C）、光芯片协会（optical chip consortium）的共用数据总线（domestic digital bus，D2B）、绿洲硅系统（oasis silicon system）的多媒体定向系统传输（media orientated system transport，MOST）协议，以及电气和电子工程师学会（institute for electrical and electronic engineers，IEEE）的 IEEE 1394—1995 标准等。

D 类网络近期才被采纳入 SAE 对总线的分类范畴之中。其带宽范畴相当大，用到的传输介质也有好几种，被分为低速（以 IDB-C 为代表）、高速（以 IDB-M 为代表）和无线（以 bluetooth 蓝牙为代表）三大范畴。

B 类网支撑 A 类网的功能，C 类网能同时实现 A 类网和 B 类网功能。从发展趋势看，C 类网将占主导地位。

### 10.1.2 应用范围

考虑到功能分布和位传输速率等因素，在现有的汽车通信网络应用中大致可划分为五方面，即传动控制、安全控制、车身控制、行驶控制、信息控制（亦称“五类网络”），如

图 10-1 所示。汽车上这五类网络一般使用相似的总线结构和通信协议，通过网关连接在一起，共享信息。

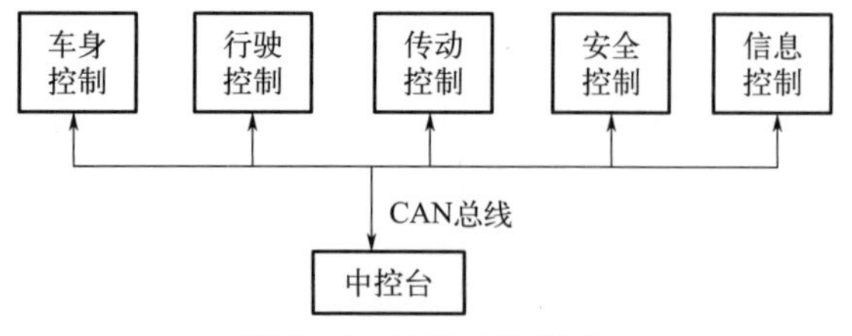


图 10-1 汽车网络组成

除以上系统外，还有面向日益严格的安全、排放控制系统和智能控制系统及主干网络系统等。为此，将会有不同的网络并存，网络之间可以相互连接，也可以断开。为了实现即插即用，将每个局域网与总线连接，再根据汽车的平台选择并建立所需要的网络。

如图 10-2 所示是目前汽车设计中的网络结构，采用两条 CAN 网络：一条用于动力系统的高速 CAN，速率为 250kbit/s～1Mbit/s；另一条用于车身系统的低速 CAN，速率为 10～125kbit/s。高速 CAN 主要连接对象是发动机控制器、变速器、ABS 控制器、助力转向和安全气囊控制器等；低速 CAN 主要连接和控制汽车内外部照明、灯光信号、空调和组合仪表等其他低速电子控制单元。由于 CAN 总线的实现成本较高，在一些对速度要求不高的车身电子单元上，如传感器输入、车窗控制、门锁控制和座椅控制等，可采用成本相对较低的 LIN 总线来替代。

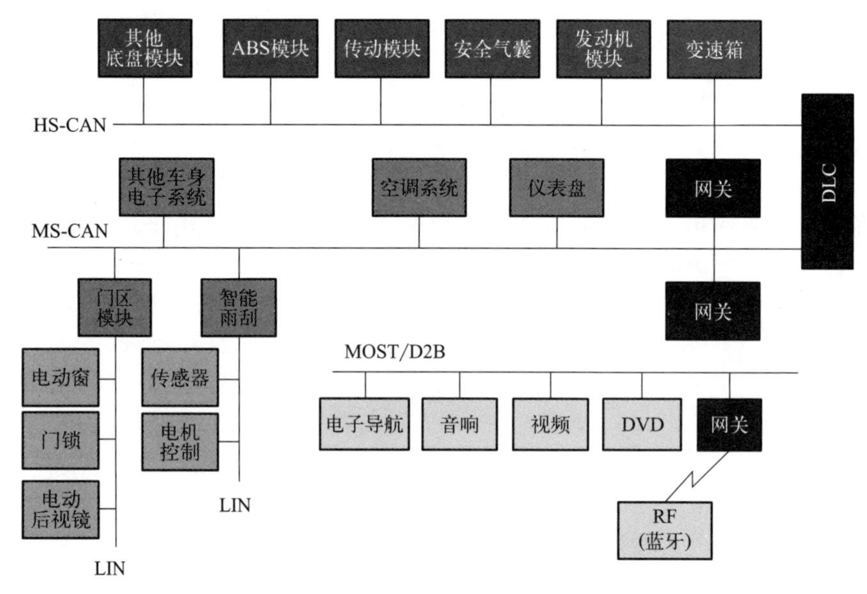


图 10-2 目前汽车设计中的网络结构

# 10.2 CAN 技术规范

CAN 总线是计算机网络与控制系统结合的产物，其本质上就是一种计算机控制网络。在国际标准化组织（ISO）提出的“开放系统互联（OSI）”参考模型中，网络系统划分为七层模式，即应用层、表示层、会话层、传输层、网络层、数据链路层和物理层。CAN 2.0技术规范规定了物理层和数据链路层，并且分为 CAN 2.0A 和 CAN 2.0B 两部分，其中 CAN 2.0B 给出了标准帧和扩展帧两种 CAN 报文格式。1994 年美国汽车工程师协会（SAE）以 CAN 2.0B 协议为基础，制定了面向汽车和载重货车的 CAN 网络通信协议 SAE J1939，对汽车中应用到的各类参数都进行了规定。车载网络通信模型示意如图 10-3 所示。

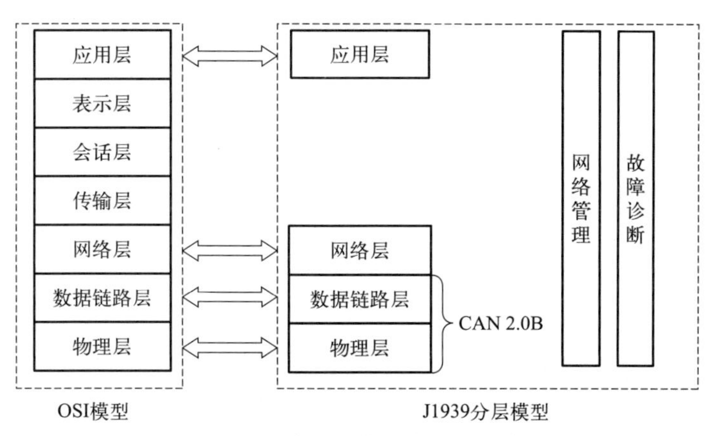


图 10-3　车载网络通信模型示意

## 10.2.1　物理层

CAN 2.0B 物理层定义了 CAN 总线的电气接口和物理介质，规定了使用的接插件形状、尺寸等力学特性，总线线缆上各条线的电压范围及电平的逻辑含义，实现网络中电控单元（ECU）之间的电气连接。物理层分为用于实现与位表示、定时和同步关系功能的物理层信号（PLS），以及用于耦合节点至发送媒体的物理层的功能部分的媒体访问单元（MAU）。其中，MAU 由物理层媒体附属装置（PMA）和媒体从属接口（MDI）构成。PMA 层实现总线发送/接收的功能电路并可提供总成故障检测方法，MDI 实现物理媒体和 MAU 之间的机械及电气接口。

CAN 总线采用差分信号，差分电压 $U_{\mathrm{diff}}=U_{\mathrm{CAN\text{-}H}}-U_{\mathrm{CAN\text{-}L}}$。总线空闲时，CAN-H 和 CAN-L 的电平都是 2.5V；数据传输时，显性电平（CAN-H 为 3.5V，CAN-L 为 1.5V）代表逻辑 0，隐性电平（CAN-H 为 2.5V，CAN-L 为 2.5V）代表逻辑 1，如图 10-4 所示。

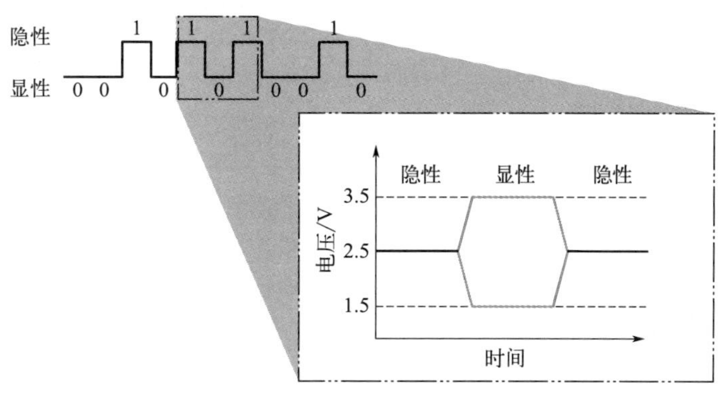


图 10-4　CAN 总线差分信号示意

当总线上节点 A 发送显性电平，而另一个节点 B 发送隐性电平时，总线的电平状态呈显性；从逻辑电平的角度来看，就是节点 A 发送“0”，节点 B 发送“1”时，总线上的逻辑状态为“0”，这种机制称为“线与”。

## 10. 2. 2 数据链路层

**(1) CAN 总线通信机制**

当节点要往 CAN 总线上发送数据时，先检测总线的状态，只有当总线处于空闲时，节点才能往总线上发送数据；并且在发送过程中要进行总线“回读”，判断是否与其他节点发送的数据有冲突；若有冲突发送，则进行总线仲裁。总线仲裁根据 CAN 报文 ID 进行，ID 值越小，报文的优先级越高，发生仲裁时优先级高的报文正常发送，优先级低的报文会停止发送，但在总线空闲时会自动重发。

如图 10-5 所示，CAN 总线上有节点 A 和节点 B，某一时刻节点 A 欲发送 ID 为 20 的报文，节点 B 欲发送 ID 为 30 的报文。这时出现总线仲裁，优先级最高的 ID 为 20 的报文成功完成，ID 为 30 的报文停止发送；ID 为 20 的报文发送完成后，总线进入空闲状态，节点 B 自动重新尝试发送报文 30，此时总线若没有优先级更高的报文，则报文 30 成功发送。

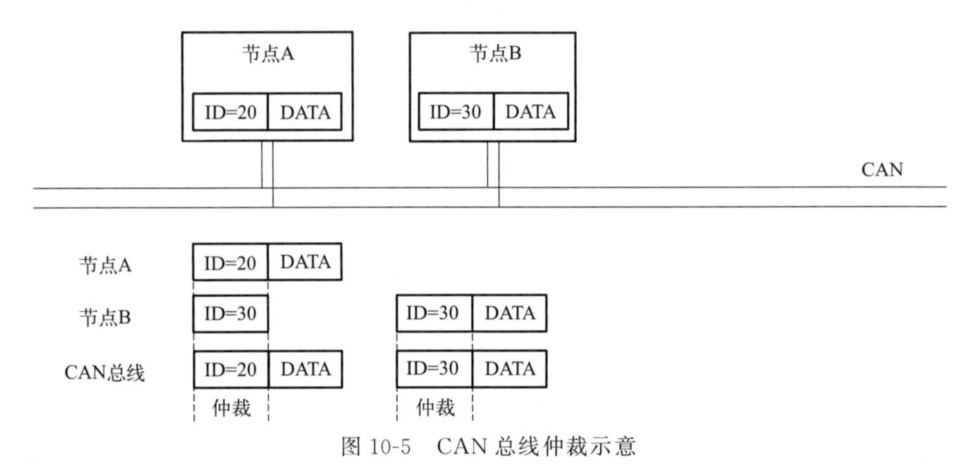


图 10-5 CAN 总线仲裁示意

**(2) 帧格式**

在 CAN 2.0B 的版本协议中有两种不同的帧格式，即标准帧和扩展帧。两者不同之处为标志符域的长度不同，含有 11 位标志符的帧称为标准帧；含有 29 位标志符的帧称为扩展帧，是 CAN 2.0B 协议新增加的特性。为使控制器设计相对简单，并不要求执行完全的扩展格式，对于新型控制器而言，必须不加任何限制地支持标准格式，但无论是哪种帧格式，在报文传输时都有以下四种不同类型的帧。

① 数据帧（data）。存放所要查询的状态或控制命令，将数据由发送器传输到接收器。

② 远程帧（remote）。远程帧由总线单元（节点）发送，用于向其他节点请求发送具有同一 ID（相同标识符）的数据帧。

③ 错误帧（error）。亦称“出错帧”，任何单元检测到总线错误时都发出错误帧，以检验总线错误。

④ 过载帧（overload）。亦称“超载帧”，用于接收节点告知发送节点接收准备尚未完成，即用于提供先前和后续数据帧或远程帧之间的附加延时。

**(3) 协议数据单元(PDU)**

J1939使用扩展帧格式定义了标准化通信策略，即为每个节点规定了唯一的源地址，并将源地址映射到CAN标识符中。此外，J1939通过协议数据单元(PDU)定义了一个框架，用于组织J1939协议中定义的相关信息。PDU由CAN扩展帧中的ID和数据场组成，并将其分为七个部分，分别是优先级、保留位、数据页、PDU格式、PDU特定域(可作为目标地址、组扩展或专用)、源地址和数据域。PDU被封装在一个或多个CAN数据帧中，而每个CAN数据帧只能有一个PDU。协议数据单元组成格式如图10-6所示。

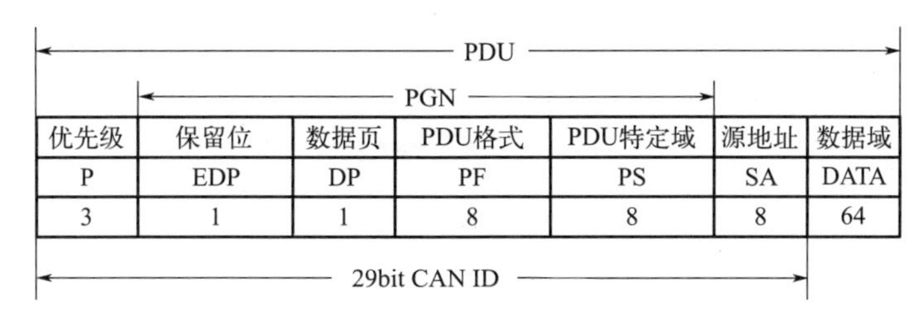


图10-6　协议数据单元组成格式

图10-6中，优先级用于优化总线传输中的报文延迟，控制报文的缺省优先级是3，其余报文的缺省优先级为6；EDP目前为保留位，SAE将来用此扩展数据页；DP为数据页位，用于将所有参数组分页，目前所有已分配的参数组均在数据页0；PF用于确认PDU的格式，PDU分为PDU1和PDU2两种格式，前者用于向特定地址或全局地址(PS=255时)发送报文，后者用于向全局地址发送报文；PF值为0～239时，PDU为PDU1，PF值为240～255时，PDU为PDU2；PS值的含义由PDU格式决定，PDU1中PS表示报文要发送的目的地址，PDU2中PS与PF最低4个有效位共同确定4096个PDU2格式的参数组；SA表示报文源地址，网络中的一个源地址只能匹配一个设备，其中0xFE表示空地址，0xFF表示全局地址。数据域包含参数组中的数据内容。

**(4) 多帧传输机制**

长度大于8字节的报文无法用单个CAN数据帧来装载。因此，它们必须被拆分为若干个小的数据包，然后使用单个的数据帧对其逐一传送。而接收方必须能够接收这些单个的数据帧，然后解析各个数据包并重组成原始的信息。

CAN数据帧包含一个8字节的数据域。由于组成长信息的单个数据包必须能被识别出来以便正确重组，因此把数据域的首字节定义为数据包的序列编号。每个数据包都会被分配到一个从1～255的序列编号，然后通过网络传送给接收方。接收方接收后，利用这些编号把数据包重组成原始信息。由此可知，多帧传输最大的数据长度是255包×7字节/包=1785字节。

### 10.2.3 网络层

网络层定义了网段之间的连接协议，当同时存在不同传输速度或使用不同传输介质的多个网段时，必须有至少一个网络互联电控单元提供从一个网段到另一个网段的报文传递功能，具体包括报文转发、报文过滤、波特率转换、地址翻译和协议转换等。典型J1939网络层示意如图10-7所示。

图10-7中，网桥(bridge)主要用于数据的转发和过滤。它可以把网络拆解成网络分支、分割网络数据流、隔离分支中发生的故障，这样就可以减少每个网络分支的数据信息流

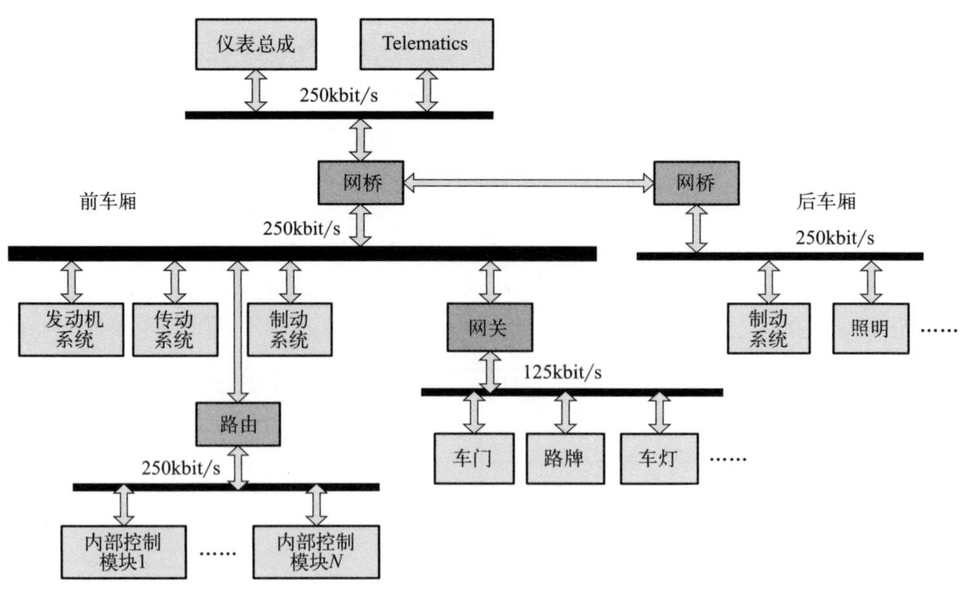

图 10-7　典型 J1939 网络层示意

量而使每个网络更有效，提高整个网络效率；网段间可以是不同的数据传输速率和媒介；路由器（router）不仅有网桥的全部功能，还可使它连接的不同网段具有独立的地址空间；网关（gateway）则可以在不同的协议或报文集的网段之间传送数据。

### 10.2.4　应用层

J1939 针对车辆应用定义了一系列信号（参数）和报文（参数组），并用可疑参数 SPN 来描述信号，将相关的参数组合成可疑参数组 PGN。协议中规定了每个 SPN 的名称、功能描述、类型、数据长度、分辨率、偏移值和有效数值范围，以及在 CAN 数据场中的起始位置和所属的 PGN。参数字节序采用 Intel 型，即当某个参数长度超过 1 个字节时，传输时先传输低字节。每个参数至少采用 2bit 来表示，当参数的每个 bit 是 1 时为无效值。

## 10.3　CAN 的基本组成和数据传输原理

### 10.3.1　基本组成

CAN 由每个 ECU 内部的 CAN 控制器和收发器、每个 ECU 外部连接的两条 CAN 总线和整个系统中的两个终端组成，如图 10-8 所示。中央 ECU（CEM）的 CAN 控制器具有双通道的 CAN 接口，接到两个不同的 CAN 总线（CAN-H 和 CAN-L）上。各 ECU 通过收发器与 CAN 总线相连，相互交换数据。CAN 控制器根据两根线的电位差判断其总线的电平。总线的电平分显性电平与隐性电平两种，两者必居其一。发送节点通过改变总线电平，将报文发送到接收节点。与总线相连的所有节点都可以发送报文，在两个以上的节点同时开始发送报文的情况下，具有优先级报文的节点获得发送权，其他所有节点转为接收状态。

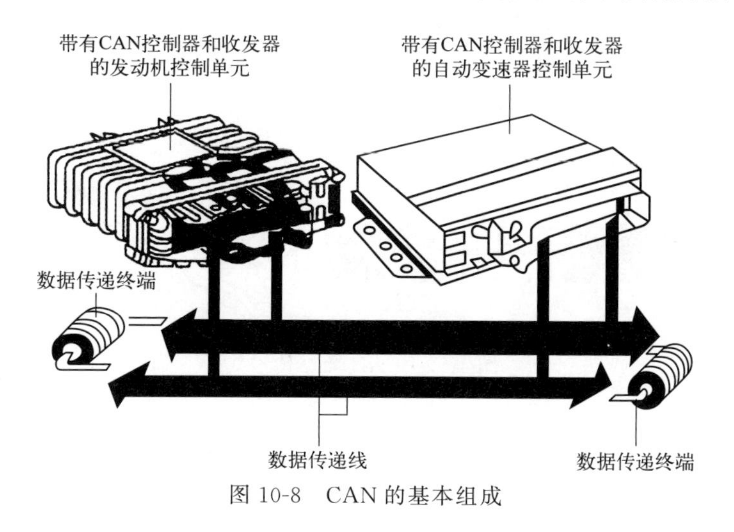

图 10-8　CAN 的基本组成

**（1）ECU**

CAN 控制器接收来自传感器的信号，将其处理后再控制执行元件工作，同时根据需要将传感器信息通过 CAN 总线发送给其他 ECU。ECU 的主要构件有 CPU、CAN 控制器和 CAN 收发器，此外还有输入/输出存储器和程序存储器。

ECU 接收到的传感器信号被定期按顺序存入输入存储器，并按存储的程序处理输入值，处理结果存入相应的输出存储器，然后控制各执行元件工作。为了能够处理数据传输总线信息，各 ECU 内还有一个数据传输总线存储区，用于容纳接收和发送的信息。

由于 ECU 通过 CAN 控制器实现网络传输，因此 CAN 网络成为 ECU 输入的信息来源，同时也是 ECU 的信息输出对象。

**（2）CAN 控制器**

CAN 控制器由一块可编程芯片上的逻辑电路组成，实现通信模型中物理层和数据链路层的功能，并对外提供与 ECU 的物理接口。通过对 CAN 控制器编程，可设置其工作方式，控制其工作状态，进行数据发送和接收，以它为基础建立应用层。

目前，CAN 控制器可分为 CAN 独立控制器和 CAN 集成 ECU 两种。CAN 独立控制器使用灵活，可与多种类型的单片机、微型计算机的各类标准总线进行接口组合；而 CAN 集成 ECU 在许多特定情况下，可使电路设计简化和紧凑，可靠性提高。

**（3）CAN 收发器**

CAN 收发器提供了 CAN 控制器与物理总线之间的接口，是一个发送/接收放大器。其中，发送器将数据传输总线构件中连续的比特流（逻辑电平）转换成电压值（线路传输电平），以适合铜导线上的数据传输；接收器将电压信号转换成连续的比特流，以适合 CPU 处理。

收发器通过 TX 线（发送导线）或 RX 线（接收导线）与数据传输总线构件相连，RX 线通过一个放大器直接与数据传输总线相连。

**（4）数据传递终端**

数据传递终端是一个电阻器，可避免数据传输终了反射回来，产生反射波而使数据遭到破坏。无论何种情况，不同终端的等效电阻都应小于 500Ω。双向总线的传输延迟时间与总线的时间常数有关，时间常数等于整个网络的电容值与等效放电电阻的乘积。

**（5）CAN 总线**

CAN 总线上的数据没有指定接收器，数据通过数据总线发送给各 ECU，各 ECU 接收后进行计算。为了防止外界电磁波干扰和向外辐射，CAN总线采用两条线缠绕在一起的方式，两条线上的电位相反，若一条线的电压为5V，另一条线的电压则为0，两条线的电压和总等于常值，如图10-9所示。通过此办法，CAN总线将免受外界电磁场干扰，同时CAN总线向外辐射也保持中性，即无辐射。

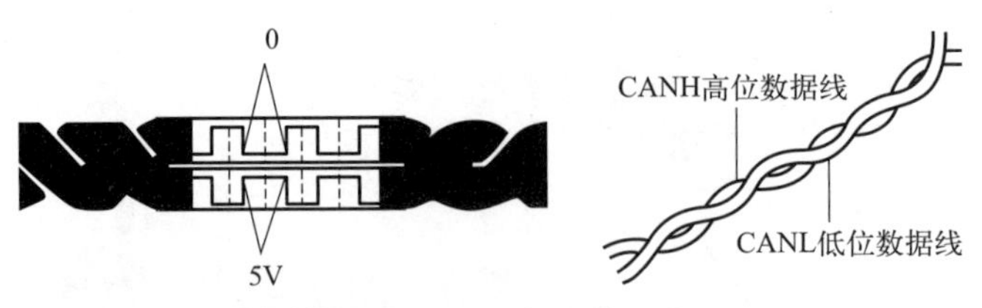


图10-9　CAN数据传输线

### 10.3.2　数据传输原理

现代汽车和轿车及其他商用车辆一样，一般装有多个ECU，ECU之间数据传输的主要差别在于数据传输频率。如发动机高速运转，进行的是高频数据传输，每隔几毫秒就传输一次；而在低转速运转时，进行的是低频数据传输，每隔几十毫秒甚至几百毫秒才传输一次。

CAN总线上的每个节点（ECU）都有自己的地址，连续监视着总线上发出的各种数据，当所收到的数据地址值与自身地址吻合时，该节点就获得令牌（一种通信规约，只允许唯一获得令牌的一个节点有权发送数据，以防止两个或两个以上的节点同时传输数据引起混乱），每一个节点都有机会获得令牌，完成数据传输。

以发动机为例，其电控单元向某电控单元的CAN收发器发送数据，该电控单元的CAN收发器接收到由发动机电控单元传来的数据，转换信号并发给本电控单元的控制器。CAN数据传输系统的其他电控单元收发器均接收到此数据，但是要检查判断此数据是否为所需要的数据，如果不是，将被忽略掉。

## 10.4　汽车CAN网络架构及其特点

汽车CAN网络架构一般有单路和多路两种网络架构形式。不管哪种架构，都主要由动力和传动控制系统、底盘和安全控制系统、车身和舒适控制系统、通信和信息娱乐系统以及诊断系统等组成，并随着汽车CAN网络的发展而扩展。

### 10.4.1　总线架构

某型汽车的CAN网络拓扑架构如图10-10所示。

按照J1939的要求，CAN线缆可以采用屏蔽双绞线，干线长度$L$应不超过40m，在干线的两端各有一个120Ω的终端电阻；节点支线的长度$I$应尽可能短，允许的最大长度为1m；两个节点间的距离$D$应该大于0.1m，且节点在网络中的布置不能相同，即$D$和$I$的值应不同，以减小信号传输过程中的驻波。而对于CAN线缆的屏蔽层应使用低阻抗的导线，在电磁干扰最小的地方单点接地。如果屏蔽层多点接地，由于接地点间的电压差，将导

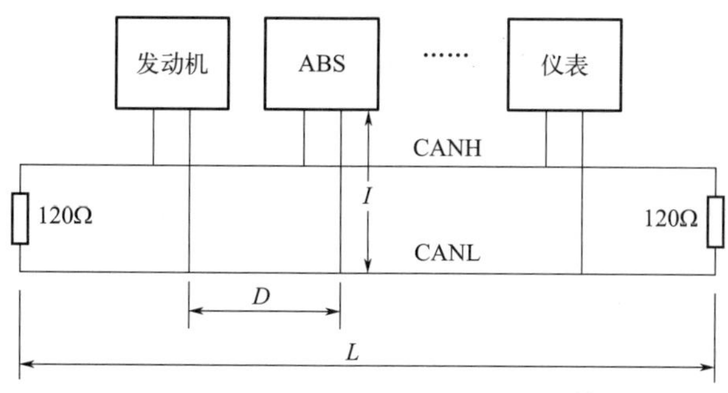

图 10-10　某型汽车的 CAN 网络拓扑架构

致屏蔽层形成电流回路，该回路容易耦合电磁干扰。因此，多点接地的屏蔽层反而起不到屏蔽作用，甚至比没有屏蔽层的线缆更不适合 CAN 信号传输。

CAN 网络的容量是有限的，网络中的节点数目最多 30 个。同时，为了保证 CAN 通信的及时性和可靠性，对 CAN 网络的负载率和错误帧率应做出规定，即通常负载率在 40%以下是较为良好的情况，最好不超过 60%，而错误帧率应在 15%以下。

## 10.4.2　汽车 CAN 网络的组成

汽车 CAN 总线网络架构按功能区分由基本 CAN 总线系统和网关组成。基本 CAN 总线系统如下。

**(1) 动力和传动控制系统**

燃油汽车常见的动力和传动控制系统包括发动机控制系统（EMS)、自动变速控制系统(TCU)、制动防抱死系统（ABS)、缓速器控制系统（retarder)；新能源汽车包括整车控制系统（VCU/HCU)、电机控制系统（MCU）和电池管理系统（BMS）等。

对于燃油汽车，动力与传动控制系统利用 CAN 数据总线将发动机、ABS 及自动变速器的 ECU 连接起来，实现诸如车辆行驶、停车及转弯等功能。动力与传动系统 ECU 的固定位置比较集中，节点数量也有限制。总线可同时传递 10 组数据，即发动机 ECU 5 组、ABS ECU 3 组和自动变速器 ECU 2 组，以 500kbit/s 的速率传递数据，每一组数据传递大约需要 0.25ms，每个 ECU 7～20ms 发送一次数据。其顺序为 ABS ECU、发动机 ECU 和自动变速器 ECU。CAN 数据总线连接点通常置于 ECU 外部的线束中，在特殊情况下连接点也可能设在发动机 ECU 内部。

**(2) 底盘和安全控制系统**

常见的汽车底盘和智能主动安全控制系统有电子控制制动系统（EBS)、电子稳定控制系统（ESC/ESP)、空气悬架电子控制系统（ECAS)、车道偏离预警系统（LDWS)、360°全景影像环视系统（360°环视)、夜视系统（NVS)、前向防撞预警系统（FCWS)、胎压监测系统（TPMS)、电动助力转向系统（EPS)、仪表（Cluster）和行驶记录仪等。

这些控制系统根据多个传感器的信息进行工作，因此使用的节点数多，要求系统通信速度快、可靠性高且成本低。

**(3) 车身和舒适控制系统**

汽车的车身和舒适控制系统包括雨刮系统（Wiper)、自适应前照灯系统（AFS)、遥控钥匙（RKE)、车身控制模块（BCM）和空调控制系统（ACS）等。

车身和舒适控制系统的线束较长，易受干扰，应尽量降低通信速度，以提高抗干扰能力。与性能（通信速度）相比，一般更看重成本，目前多采用直连总线及辅助总线。

舒适 CAN 数据总线连接中央 CAN 和空调、照明开关及自动诊断等控制功能。ECU 的各条传输线以星状形式汇集一点，若某个 ECU 发生故障，其他 ECU 仍可发送各自的数据。

数据总线以 62.5kbit/s 的速率传递数据，每一组数据传递约需 0.25ms，每个 ECU 20ms 发送一次数据。由于舒适系统中的数据可以用较低的速率传递，所以发送器性能比动力与传动系统发送器的性能要求低。

**(4) 通信和信息娱乐系统**

通信和信息娱乐系统包括智能导航系统（NAV）、车联网车载终端、汽车影音系统、实时交通信息咨询系统、车辆定位系统和信息化服务系统等。

信息娱乐系统通信总线具有容量大、通信速度快等特点。因此，通信媒体已采用光纤取代以往使用的铜线。

**(5) 诊断系统**

诊断系统指车载诊断设备 VDU、外部诊断设备及 OBD-Ⅱ 车载诊断接口。OBD-Ⅱ 车载诊断接口是内部总线与外部诊断设备通信的接口。

通常情况下，厂商会根据实际车型对上述基本 CAN 总线系统进行取舍、组合，网关可以集成在其他 ECU 中或作为独立模块存在，因此形成最终的汽车 CAN 总线网络架构。

### 10.4.3 CAN 节点规范

由于每个节点都会对网络造成影响，可能导致网络中的其他节点通信异常，因此，对于接入整车 CAN 网络的每个节点，都应规范节点的 CAN 物理层和数据链路层的相关参数。CAN 节点的测试框图如图 10-11 所示。

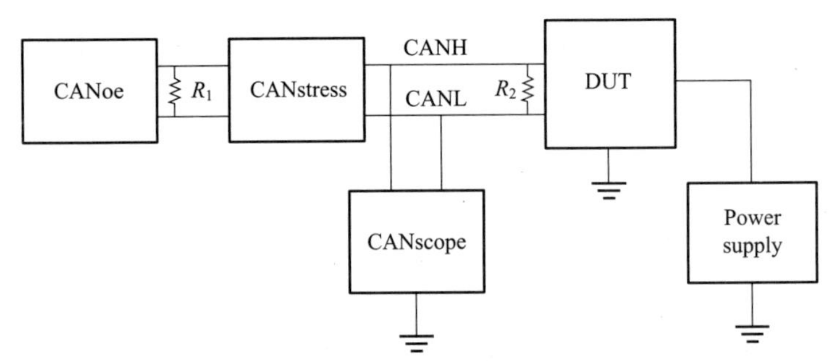


图 10-11 CAN 节点的测试框图

图 10-11 中，DUT 为待测节点，CANoe 用于模拟网络中其他节点的发送/接收功能，CANstress 用于模拟待测节点受到的 CAN 干扰，CANscope 为总线示波器，能够检测 CAN 报文对应的波形等。物理层常见测试项如表 10-1 所示，数据链路层常见测试项如表 10-2 所示。

**表 10-1 物理层常见测试项**

| 测试项 | 最小值 | 额定值 | 最大值 | 备注 |
| --- | --- | --- | --- | --- |
| 欠电压测试 | — | 18V | — | 24V 系统 |
| 过电压测试 | — | 32V | — | 24V 系统 |

续表

| 测试项 | | 最小值 | 额定值 | 最大值 | 备注 |
|---|---|---|---|---|---|
| 显性位输出电压 | $U_{CANH}$ | 3.0V | 3.5V | 5.0V | |
| | $U_{CANL}$ | 0.0V | 1.5V | 2.0V | |
| | $U_{diff}$ | 1.5V | 2.0V | 3.0V | |
| 隐性位输出电压 | $U_{CANH}$ | 2.0V | 2.5V | 3.0V | |
| | $U_{CANL}$ | 2.0V | 2.5V | 3.0V | |
| | $U_{diff}$ | −0.12V | 0.0V | 0.05V | |
| 跳变沿时间 | $t_R$ | 200ns | | 500ns | |
| | $t_F$ | 200ns | | 500ns | |
| 总线短/断路故障测试 | | — | — | — | 发生故障时，报文发送停止；故障移除时，报文发送恢复 |
| 终端电阻测试 | | $R\times0.95$ | $R$ | $R\times1.05$ | $R$ 为规定值 |

**表 10-2 数据链路层常见测试项**

| 测试项 | 评判准则 | 备注 |
|---|---|---|
| 报文 DLC 测试 | 所有报文 DLC 都应符合通信矩阵表中定义 | |
| 位元时间测试 | $3998\text{ns}\leqslant t_{bit}\leqslant4002\text{ns}$ | 波特率 250kbit/s |
| 采样点测试 | 75%≤采样点≤87.5% | |
| 预期帧接收遍历 | DUT 发送的所有 CAN 报文类型全部为扩展帧格式，接收到 ID 为 0x00000000～0x1FFFFFFF 之间的报文都能够正常通信，无错误帧产生 | J1939 网络 |
| 非预期帧接收遍历 | DUT 接收到 ID 为标准帧和远程帧的报文都能够正常通信，无错误帧产生 | J1939 网络 |

## 10.5 几种常见的汽车网络架构

### 10.5.1 单路网络架构

单路网络架构是指汽车上只有一路 CAN 总线系统的网络架构，由仪表直接连入动力和传动 CAN 总线形成，具体结构形式如图 10-12 所示。

### 10.5.2 多路网络架构

多路网络架构是实现全车负载由 ECU 控制的一种网络架构。根据应用不同，有多种形式。

**(1) 基本多路网络架构**

在单路网络架构中接入车身和舒适总线系统就形成基本多路网络系统，如图 10-13 所示。图 10-13 中各设备的名称除标注的外，其他与图 10-12 相同。

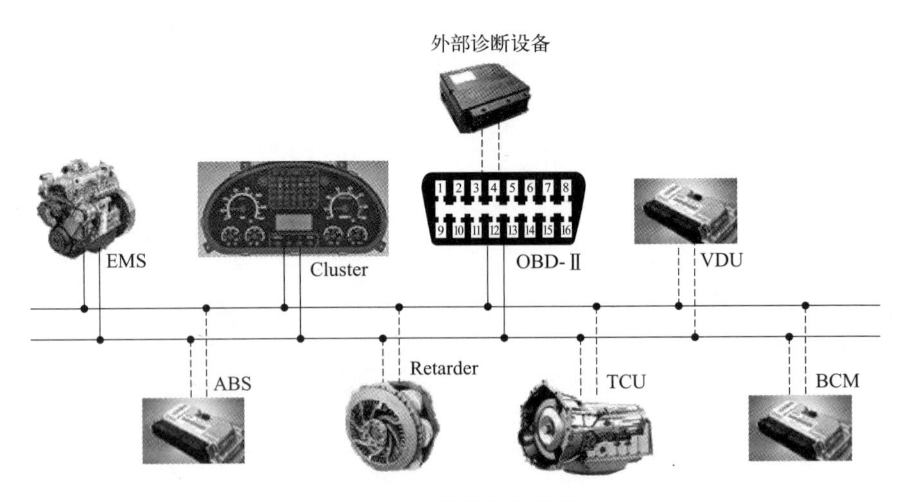


图 10-12 单路网络架构

EMS—发动机管理系统；Cluster—汽车仪表；OBD-Ⅱ—车载自动诊断系统；VDU—视频显示器；ABS—制动防抱死系统；Retarder—缓速器；TCU—自动变速箱控制单元；BCM—车身控制模块

图中的设备仅用于示例，受功能和成本等限制及各厂商使用模块情况的不同，采用虚线连接的模块不一定在实际架构中存在

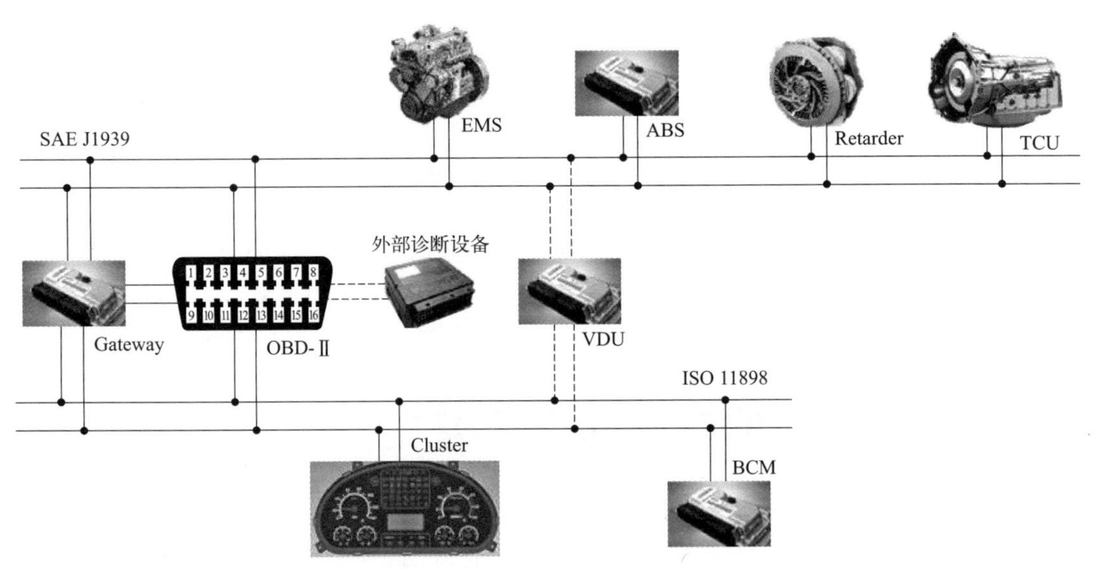


图 10-13 独立网关的基本多路网络架构

SAE J1939—目前在大型汽车中应用最广泛的应用层协定；Gateway—网关；ISO 11898—符合国际标准 ISO 11898 的 CAN 控制器局域网

图中的设备仅用于示例，受功能和成本等限制及各个厂商使用模块的情况不同，采用虚线连接的模块不一定在实际架构中存在

在图 10-13 的例子中，网关模块采用独立存在的形式，但在实际架构中网关模块也可能集成在仪表或其他控制模块，这样的架构如图 10-14 所示，图中各设备的名称与图 10-12 和图 10-13 相同。

**(2) 基于车联网的多路网络架构**

基于车联网的多路网络架构是在基本多路网络架构基础上增加了车联网终端，从而使车

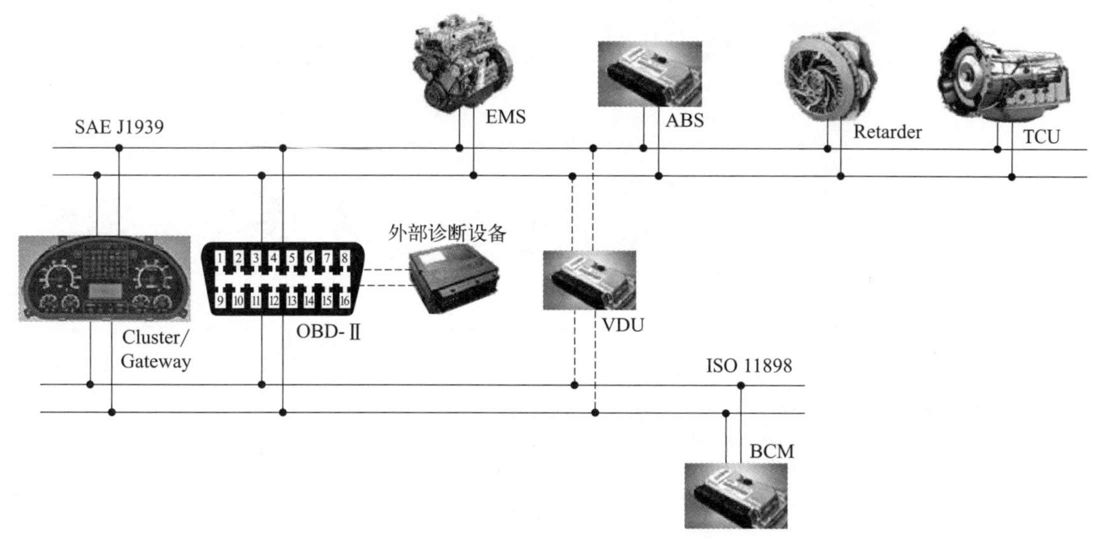


图 10-14　集成网关的基本多路网络架构

辆具备远程通信、远程运营管理和远程诊断等功能，如图 10-15 所示，图中各设备的名称与图 10-12 和图 10-13 相同。

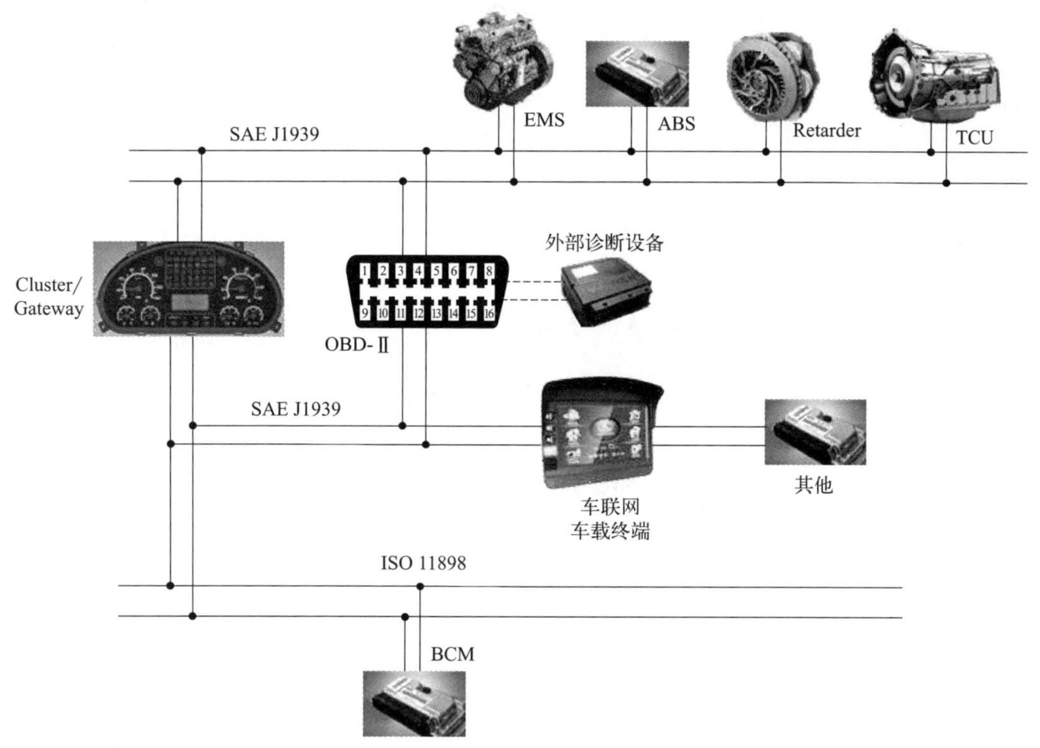


图 10-15　基于车联网的多路网络架构

**(3) 新能源汽车多路网络架构**

新能源汽车的多路网络架构如图 10-16 所示，图中各设备的名称除标注的外，其他与图 10-12 和图 10-13 相同。

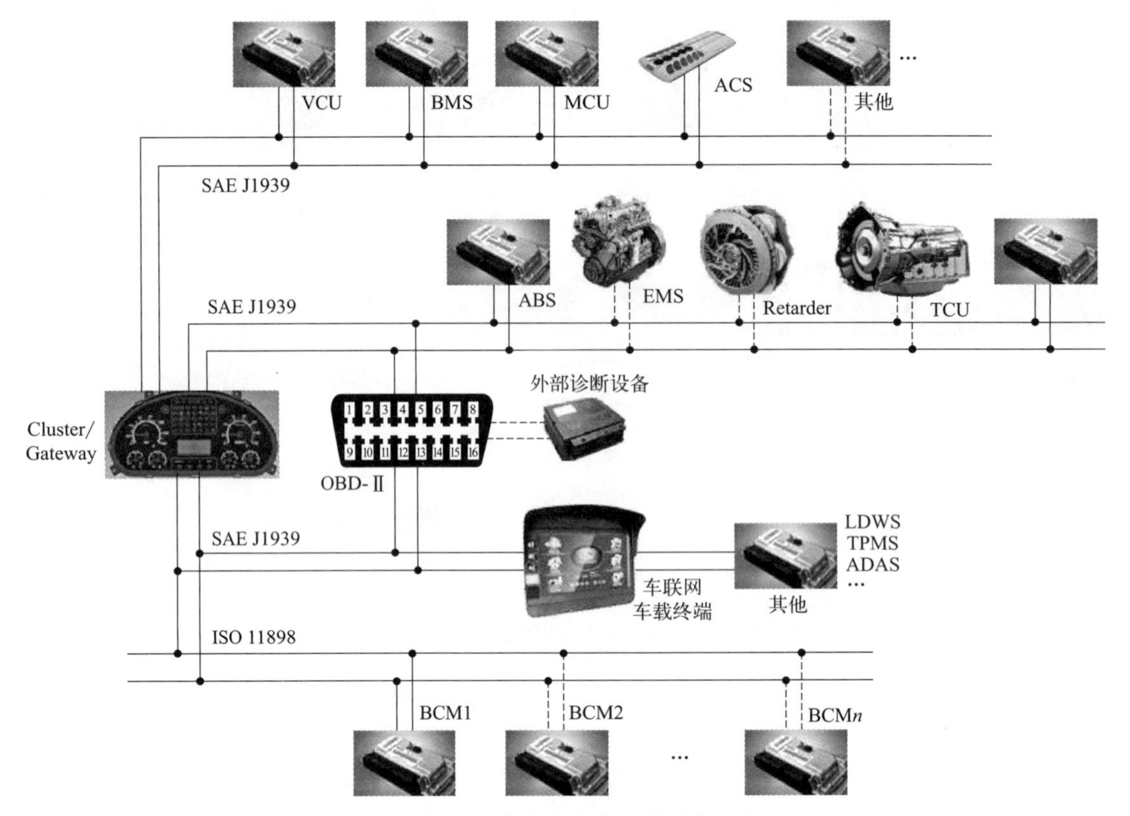


图 10-16　新能源汽车的多路网络架构

BMS—车身用控制模块；ACS—安全访问控制服务器；Cluster/Gateway—仪表/网关集成模块；
LDWS、TPMS、ADAS…—偏离车道警报、轮胎压力监测、汽车主动安全预警等控制系统

## 10.6　典型汽车的 CAN 网络拓扑结构

依据网络节点控制的目标、范围，以及各网络节点的特点、重要性、容错性和实时性，汽车厂通常将整车网络划分为动力 CAN 和车身 CAN；而部分品牌的车型还会根据某个网络上节点数量及零部件生产厂家的不同，进一步将车身 CAN 拆分成一些子网络。其中，动力 CAN 主要负责发动机、变速器等底盘动力系统，车身 CAN 主要负责车身电气、舒适性总成（如悬架等）和仪表等系统，动力 CAN 和车身 CAN 通过网关进行通信。一般采用独立网关，或在仪表或某个节点内集成网关功能。

如图 10-17 所示为某国产典型中高档汽车的 CAN 网络拓扑结构。该 CAN 网络根据各个节点的特点、数据关联关系和总线负载情况，将整车网络分为动力 CAN 和车身 CAN 两大网络。其中，底盘动力 CAN 网络包括发动机 ECU、后处理 ECU、变速器、ABS/ASR、缓速器、限速控制器、发动机智能驱动控制模块、汽车电子控制的空气悬架系统（ECAS）、电子风扇控制系统、轮胎压力监测系统（TPMS）、仪表动力 CAN 和信息服务系统动力 CAN 等；车身 CAN 网络包括车身前控模块、车身中控模块、车身后控模块、空调控制器、总电源管理模块、车道偏离报警系统、自动大灯控制系统、全景环视系统、多功能方向盘、仪表车身 CAN 和信息服务系统车身 CAN 等。对于仪表系统和信息服务系统，还常常带有

两路 CAN，可分别接入整车 CAN 和车身 CAN，以实现两路 CAN 数据的显示和远程诊断等功能。

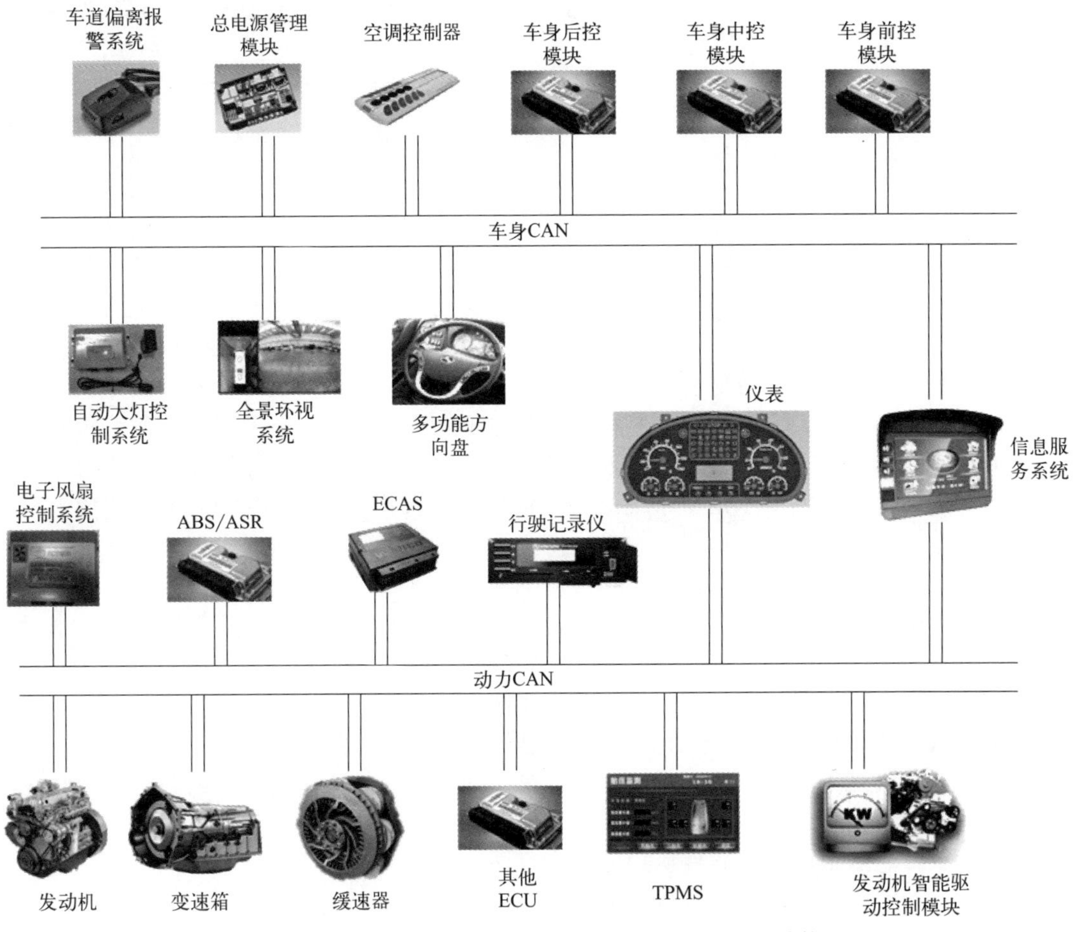


图 10-17　某国产典型中高档汽车的 CAN 网络拓扑结构

# 第11章 新能源汽车车载智能终端

车载智能终端是基于道路动态信息数据采集技术、智能交互技术以及高精度位置服务，在智能交通系统的基础上，实现高精度导航、远程车辆感知、交通安全预警和基于位置的服务等功能。而车联网则是以车内网、车际网和车载移动互联网为基础，按照约定的通信协议和数据交互标准，在车-X（X：车、路、行人及互联网等）之间，进行无线通信和信息交换，以实现智能交通管理、智能动态信息服务和车辆智能化控制的一体化网络，是在智能交通系统领域的典型应用。为此，国家有关部门制定了《道路运输车辆卫星定位系统车载终端技术要求》（JT/T 794—2019）、《道路运输车辆卫星定位系统平台技术要求》（JT/T 796—2011）和《道路运输车辆卫星定位系统终端通信协议及数据格式》（JT/T 808—2019）等标准，对道路车辆提出了新的技术要求。建立车载智能终端设备与系统平台符合性认证管理体系，从而建立营运车辆的联网联控体系，是规范整个行业技术进步并推动快速发展的需要。

所谓车内网，是指应用成熟的总线技术建立一个标准化的整车网络；车际网是指基于专用短程通信技术（dedicated short range communications，DSRC）和 IEEE 802.11（国际电工电子工程学会为无线局域网络制定的标准）系统无线局域网协议的动态网络；车载移动互联网是指车载终端通过 4G/5G 等通信技术与互联网进行无线连接。

车载智能终端是车联网的重要组成部分，是车内网的人机交互、车内网与车外网互联的设备。目前，国内外的终端产品都是基于嵌入式系统开发模式而开发的，研发内容包括硬件设计、驱动软件、通信软件及软件应用等多个方面。

随着信息技术的发展，特别是全球定位系统（global positioning system，GPS）/北斗卫星定位系统（Beidou navigation satellite system，BDS）、全球移动通信系统（global system for mobile communication，GSM）/通用分组无线通信技术（general packet radio service，GPRS）、地理信息系统（geographic information system 或 geo-information system，GIS）技术的成熟和 CAN 总线技术在汽车上的广泛应用，使汽车的智能化信息管理系统成为可能。

## 11.1 车载终端的组成及功能

车载终端主要由终端主机及外围设备等组成，其中终端主机主要包括微处理器、数据存储器、卫星定位模块、车辆状态信息采集模块、无线通信传输模块、实时时钟、数据通信接口、显示器、打印机和读卡器等；外围设备主要包括卫星定位天线、无线通信天线、应急报警按钮和语音报读装置，也可包括通话装置、操作键、车辆营运状态信息显示和信息发布等设备，以及胎压监测、空调管理、图像、视频、音频、驾驶员身份、电子运单、物流、营运、收费结算和服务评价等信息的采集设备等。

车载终端的主要功能如下。

**(1) 自检**

车载终端具备开机自检功能，开机后能通过点阵LCD显示屏显示车载终端当前主要状态，包括卫星定位及通信模块工作状态、主电源状态、紧急按钮、仪表CAN和当前时间等信息。

**(2) 位置监控和查询**

根据服务中心设置的时间或区域，实时间隔上报当前车辆的位置信息（包括时间、经纬度、速度、方向和高程等），从而提供需求服务功能。

**(3) 报警**

具备人工紧急报警和自动报警功能。

① 人工报警。按住防劫报警开关按钮3s以上，车载终端即视为抢劫报警发生，并立即向服务中心发送抢劫报警信息。

② 自动报警。

a. 断电报警。如主电源被切断时间持续15s以上，则视为断电报警，并向服务中心发送断电报警信息。

b. 在规定的时间段外行驶报警。服务中心可根据配置车辆规定的行驶时间段和后台上传的行驶数据，判断车辆是否在规定时间段外被发动行驶。

c. 非法发动车辆报警。如果在插入车辆启动钥匙后未能在规定时间内输入合法的驾驶员身份或IC身份识别卡，则后台将其当作非法发动车辆报警，并往服务中心发送非法发动车辆报警信息。

d. 路段超速报警。服务中心配置路段超速阈值，然后通过后台上传的行驶数据，每隔1min判断一次是否超速，当发现车辆超速时，中心发送超速报警信息给后台，后台收到信息后语音播报。

e. 越过设定区域报警。终端中存储有不少于24个的多边形或圆形区域，当车辆驶入禁入区域或驶出禁出区域时触发报警，监控区域可由监控中心远程设置更改。

f. 偏移设定路线报警。终端中存储有不少于24条路线，每条路线应是16个或以上点构成的折线。当车辆驶离设定的路线时触发报警，监控路线可由监控中心远程设置更改。

g. 疲劳行驶报警。车辆或者驾驶员连续驾驶时间超过疲劳驾驶时间阈值时触发报警，疲劳驾驶时间阈值可由监控中心远程设置。

h. 超时停车报警。停车时间超过系统预设时间触发报警。

i. 欠压报警。当主电源供电电压低于设定的欠压阈值，且持续30s时，后台启动欠压报警，并向服务中心发送欠压报警信息。

**(4) 远程监听**

在有必要进行远程监听时，服务中心可以启动对车辆的监听。此外，如果激活了紧急报警按钮，车载终端也会主动向服务中心发起监听请求。监听时扬声器须处于关闭状态，同时启动图像和音频采集功能。监听时将需要上传的数据保存，监听结束后上传。

**(5) 远程遥控**

需要时，服务中心可以发起对车辆的远程遥控，例如对车辆行驶的车速范围作限制操作等。

**(6) 调度功能**

收到来自监控中心的调度或广播信息后，可以自动通过语音播报出来，也可以通过LCD屏查阅、删除接收到的调度或广播信息，还可以通过LCD屏编辑或发送预先设置好的调度信息。

**（7）呼叫限制**

监控中心下载最多30组的电话号码及相应的呼入、呼出权限到后台上，并可设置每次通话的最长时间，超过最长时间，则后台自动挂机；每组电话号码包括姓名、最长通话时间、呼入呼出权限等信息；电话本与呼叫限制关联，用户无法对电话本进行增加、删除、修改等编辑操作；支持常用的特服号码无限制呼出。

**（8）参数配置**

通过红外遥控器可在调度屏上配置本机号码、IP地址（互联网协议地址，internet protocol address，IP）、TCP（传输控制协议，transmission control protocol，TCP）端口号、UDP（用户数据报文协议，user datagram protocol，UDP）端口以及APN（access point name，APN。一种网络接入技术，决定了手机通过哪种接入方式来访问网络）等；也可通过无线通道（如平台中心）配置本机号码、IP地址、TCP端口号、UDP端口以及APN等。

**（9）GPRS通信**

可按要求设置APN名称，支持TCP、UDP数据传输方式，支持通用分组无线服务技术（general packet radio service，GPRS）和短消息备份功能，根据车载终端的运行环境和监控中心的要求，选择当前的传输方式。

**（10）车载电话**

具有通话功能和通话管理功能，包括通话限制、语音存储、电话簿管理、电话回拨、音量调节和来电自动摘机等。通话时将需要上传的数据保存，通话结束后上传。

电话簿具有不少于20名联系人的存储容量，可由监控中心设定只允许呼入号码和只允许呼出号码。

**（11）短消息功能**

支持收发短消息，并可通过LCD屏查看接收的短消息。

**（12）通信方式**

可根据客户需要，通过更换通信模块和相应的硬件升级，支持GSM、CDMA（码分多址，code division multiple access，CDMA。一种在扩频通信技术基础上发展起来的无线通信技术）、TD-SCDMA（时分同步码分多址，time division-synchronous code division multiple access，TD-SCDMA。中国提出的第三代移动通信标准）、WCDMA（宽带码分多址，wideband code division multiple access，W-CDMA。一种3G蜂窝网络）、CDMA2000（code division multiple access 2000，CDMA2000。一种3G移动通信标准）等无线通信网络中的一种或多种。

**（13）RFID**

可通过射频识别技术（radio frequency identification，RFID。亦称“无线射频识别”），实现驾驶员身份信息的采集与识别，通过LCD屏显示，能够将驾驶员身份信息上传至监控平台。

**（14）蓝牙来电转接与数据传输**

支持驾驶员手机来电通过蓝牙转接至后台，同时实现手机通过蓝牙与后台进行数据交互。

**（15）驾驶员身份记录**

支持通过接触式IC卡方式实现驾驶员身份信息的采集与识别，通过LCD屏显示，并能够将驾驶员身份信息上传至监控平台。由服务中心根据需要对每个后台设置一组驾驶员身份。当车辆启动钥匙插上后，后台语音提醒驾驶员输入驾驶员身份代码，如超过2min未输入合法的驾驶员身份代码，则后台视为非法发动车辆，并将该信息作为报警传往中心。如果中心未对后台设置驾驶员身份，则表示无须后台对驾驶员的身份进行确认和记录。

**(16) 行驶记录**

满足 GB/T 19056 所要求的汽车行驶记录功能。

能以不大于 1s 的时间间隔持续记录并存储停车前 20s 时间内对应的行驶数据及状态信号，包括日期、时间、经纬度、行驶速度、方向、平均行驶速度、车辆行驶里程、GPS 模块定位状态、ACC（高级音频编码，advanced audio coding，AAC）状态、报警状态，以及行车制动、倒车、前车门、后车门、前大灯、左转向灯、右转向灯和电子喇叭信号、驾驶员身份识别码等，并按照中心平台设置的时间间隔压缩上传，后台和中心应保证定时上传的行驶数据可靠传输到中心平台。

**(17) 实时时钟、日期及驾驶时间的采集、记录、存储**

能够提供北京时间的日期和时钟，该日期和时钟被用于终端实现所有功能（记录、输出、显示、数据通信等）标注的日期和时间；能以年、月、日或 yyyy/mm/dd/的方式记录实时日期；能以时、分、秒或 hh：mm：s 的方式记录实时时钟。

当无按键操作时，7in LCD 屏可以显示以下信息：通信传输模块（如 GPRS/CDMA）的信号强度、指示是否已登录中心平台状态、卫星定位状态，以及实时时钟、车辆的实时行驶速度、行驶方向、运营商名称或驾驶员代码等。

**(18) 打印信息输出**

在行驶记录模块中可点击打印记录数据按钮，向微型打印机设备发送命令，打印输出车牌号码、车牌分类、驾驶员代码、驾驶证号码、打印实时时间、停车时刻前 15min 内每分钟的平均车速和疲劳驾驶记录（一次连续驾驶时间超过设定时间的所有记录）等。

**(19) 图像抓拍**

提供多种抓拍图片参数。车载终端能够支持 176×144、352×288 和 720×576 三种分辨率及三种图片质量（高、中、低）参数，每次拍照最大可支持 10 张图片连续抓拍；抓拍间隔最小为 3s，支持四路摄像头不同角度抓拍。

用户可根据实际情况，在车辆的不同位置安装摄像头。在抓拍中，四路摄像头能够轮流拍摄一张或者多张图片；支持远程遥控实时抓拍；支持中心系统不同的监控终端遥控抓拍，以及根据需要任意时刻远程遥控抓拍；支持用户根据不同的事件类型触发车载终端抓拍。这样极大方便了各个分控中心的监控。

车载终端目前还可提供两种触发事件抓拍，分别是抢劫报警和车辆着火。为了满足用户后续需求，预留了信号传感线束，提供需要的其他事件触发抓拍。

**(20) 录音**

具有音频信息采集及存储功能。根据监控中心控制和事件触发方式，实现音频信息的采集、压缩、存储、上传及检索上传；支持通过 USB（通用串行总线，universal serial bus）、SD（安全数码卡，secure digital memory card，亦称“手机存储卡”）、TF 卡（trans-flash card，现更名为 micro SD card，即 micro SD 卡）等接口对音频数据的导出；支持 1 路音频输入采集。

**(21) 语音提示**

终端可通过 TTS（从文本到语音，text to speech）语音播报短消息、调度信息以及终端某些特殊状态的提示，如故障报警提示、驾驶员登录/登出提示和来电提示等。

**(22) CAN 总线接口**

具有 CAN 接口，供接入车辆的 CAN 总线读取车内网总线信息，如车速、发动机扭矩、发动机转速、制动、冷却液温度、前后门状态、发动机累计油耗和变速器挡位等。

**(23) 数据导出**

可以使用U盘或USB从车载设备中导出黑匣子、事故疑点数据、照片数据、音频数据等，供进一步分析处理。

**(24) 本地升级**

支持通过USB、SD卡移动存储设备和LCD屏进行交互操作来升级软件版本，包括应用软件升级和系统软件升级两种方式。

**(25) 远程无线升级**

支持中心平台从通信网络升级车载终端的应用程序，通过中心配置挂载升级程序包文件，待后台登录升级中心后会自动下载更新，更新完毕系统自动重启。

# 11.2 卫星定位系统

目前，全球卫星定位系统主要有四个，分别是美国的全球定位系统（GPS）、俄罗斯的格洛纳斯（GLONASS）全球卫星导航系统、欧盟的伽利略（Galileo）卫星定位系统和中国的北斗卫星导航系统（BDS）。

GPS全球定位系统是20世纪70年代由美国陆海空三军联合研制的新一代空间卫星导航GPS定位系统。经过20余年的研究实验，耗资300亿美元，到1994年3月，其全球覆盖率高达98%的24颗GPS卫星星座已布设完成。

GLONASS系统最早开发于苏联时期，后由俄罗斯继续该计划，于2007年开始运营，初期只开放俄罗斯境内的卫星定位及导航服务。到2009年，其服务范围已拓展到全球，主要服务内容包括确定陆地、海上及空中目标的坐标及运动速度信息等。

Galileo系统是由欧盟研制和建立的全球卫星导航定位系统，其计划于1999年2月由欧洲委员会公布，欧洲委员会和欧空局共同负责。系统由轨道高度为23616km的30颗卫星组成，其中27颗工作卫星，3颗备用卫星。卫星轨道高度约2.4万千米，位于3个倾角为56°的轨道平面内。2014年8月，Galileo卫星定位系统第二批第一颗卫星成功发射升空，现在太空中已有6颗正式的伽利略系统卫星可以组成网络，初步发挥地面精确定位的功能。

BDS系统是中国自行研制的全球卫星导航定位系统。2000年首先建成北斗导航试验系统，使我国成为继美国、俄罗斯之后世界上第三个拥有自主卫星导航系统的国家；2012年覆盖亚太地区的定位、导航和授时以及短报文通信服务；2020年左右，建成覆盖全球的北斗卫星导航系统。目前，已基本完成建设计划，成功应用于测绘、电信、水利、渔业、交通运输、森林防火、减灾救灾和公共安全等诸多领域。2014年11月23日，国际海事组织海上安全委员会审议通过了对北斗卫星导航系统认可的航行安全通函，标志着BDS系统正式成为全球无线电导航系统的组成部分，取得面向海事应用的国际合法地位。

下面以GPS和BDS两大系统为例进行介绍。

## 11.2.1 卫星定位系统的主要构成

### 11.2.1.1 GPS定位系统的主要构成

GPS全球定位系统是一种具有全方位、全天候、全时段、高精度的卫星导航系统，能为全球用户提供低成本、高精度的三维位置、速度和精确定时等导航信息，是卫星通信技术在导航领域的应用典范，极大提高了地球社会的信息化水平，有力地推动了数字经济的发展。

GPS卫星定位系统主要由空间卫星星座、地面监控站及用户设备三部分构成，如图11-1和图11-2所示。

图11-1　GPS卫星定位系统

图11-2　GPS卫星定位系统的组成

1—空间卫星星座；2—地面监控站；3—用户设备

**（1）空间卫星星座**

GPS空间卫星星座由21颗工作卫星和3颗在轨备用卫星组成。24颗卫星均匀分布在6个轨道平面内，用L波段的两个无线电载波向广大用户连续不断地发送导航定位信号，导航定位信号中含有卫星的位置信息，使卫星成为一个动态的已知点。在地球的任何地点、任何时刻，在高度角15°以上，平均可同时观测到6颗卫星，最多可达到9颗。

**（2）地面监控站**

地面控制部分由一个主控站、5个全球监测站和3个地面控制站组成。监测站配装有精密的时钟和能够连续测量到所有可见卫星的接收机；监测站将取得的卫星观测数据（包括电离层和气象数据等）经过初步处理后，传送到主控站；主控站从各监测站收集跟踪数据，计算出卫星的轨道和时钟参数，然后将结果送到3个地面控制站；地面控制站在每颗卫星运行至上空时，把这些导航数据及主控站指令注入卫星。这种注入对每颗GPS卫星每天进行一次，并在卫星离开注入站作用范围之前进行最后的注入。如果某地面站发生故障，那么在卫星中预存的导航信息还可用一段时间，但导航精度会逐渐降低。

**（3）用户设备**

GPS用户设备由GPS接收机、数据处理软件及其终端设备（如计算机）等组成。接收机可捕获到按一定卫星高度截止角所选择的待测卫星信号，跟踪卫星的运行，并对信号进行交换、放大和处理，再通过计算机和相应软件，经基线解算、网平差，求出GPS接收机中心（测站点）的三维坐标。GPS接收机的结构分为天线单元和接收单元两部分。目前，各种类型的接收机体积越来越小，重量越来越轻，便于野外观测使用。

对于行驶中的汽车，可通过车载终端的GPS接收模块接收卫星信号，确定经度和纬度，从而可精确计算出车辆位置来实现定位，同时配合地图信息还可实现导航。

#### 11.2.1.2 BDS定位系统的主要构成

**（1）系统构成**

BDS系统由空间段、地面段和用户段三部分构成，可在全球范围内全天候、全天时为各类用户提供高精度、高可靠定位、导航和授时服务，并具有短报文通信功能。定位精度10m，测速精度0.2m/s，授时精度10ns。

**（2）空间段**

BDS定位系统的空间段由35颗卫星组成，包括5颗静止轨道卫星、30颗非静止轨道卫星（其中27颗中地球轨道卫星、3颗倾斜同步轨道卫星）。5颗静止轨道卫星定点位置为东经58.75°、80°、110.5°、140°、160°；中地球轨道卫星运行在3个轨道面上，轨道面之间为相隔120°均匀分布。

BDS定位系统的组成和定位示意如图11-3和图11-4所示。其地面监控和用户设备与GPS基本相同。

图11-3 BDS定位系统的组成

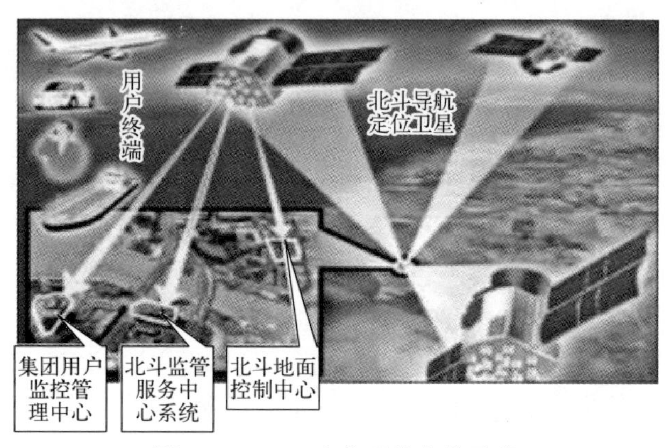


图11-4 BDS定位系统定位示意

### 11.2.2 卫星定位系统的工作原理

**（1）GPS定位系统工作原理**

GPS定位系统的工作原理是：由地面主控站收集各监测站的观测资料和气象信息，计算各卫星的星历表及卫星钟改正数，按规定的格式编辑导航电文，通过地面上的注入站向GPS卫星注入这些信息。测量定位时，用户可以利用接收机的储存星历得到各个卫星的粗略位置；根据这些数据和自身位置，由计算机选择卫星与用户连线之间张角较大的四颗卫星作为观测对象；观测时，接收机利用码发生器生成的信息与卫星接收的信号进行相关处理，并根据导航电文的时间标和子帧计数测量用户与卫星之间的伪距；将修正后的伪距及输入的初始数据及4颗卫星的观测值列出3个观测方程式，即可解出接收机的位置，并转换所需要的坐标系统，以达到定位目的。

**（2）BDS定位系统工作原理**

BDS系统的定位原理是：35颗卫星在离地面2万多千米的高空上，以固定的周期环绕地球运行，使得在任意时刻，在地面上的任意一点都可以同时观测到4颗以上的卫星。

由于卫星的位置精确可知，在接收机对卫星的观测中，可得到卫星到接收机的距离，利用三维坐标中的距离公式，由3颗卫星就可以组成3个方程式，解出观测点的位置（$X$、$Y$、$Z$）。考虑到卫星的时钟与接收机时钟之间的误差，实际上有4个未知数，即$X$、$Y$、$Z$和钟差，因而需要引入第4颗卫星，形成4个方程式进行求解，从而得到观测点的经纬度和高程。事实上，接收机往往可以锁住4颗以上的卫星，这时接收机可按卫星的星座分布分成若干组，每组4颗，然后通过算法挑选出误差最小的一组用作定位，从而提高精度。

卫星定位实施的是“到达时间差”（时延）的概念：利用每一颗卫星的精确位置和连续发送的星上原子钟生成的导航信息，获得从卫星至接收机的到达时间差。卫星在空中连续发送带有时间和位置信息的无线电信号，供接收机接收。由于传输的距离因素，接收机接收到信号的时刻要比卫星发送信号的时刻延迟，通常称为时延，因此也可以通过时延来确定距离。卫星和接收机同时产生同样的伪随机码，一旦两个码实现时间同步，接收机便能测定时延；将时延乘以光速，就能得到距离。

由于卫星运行轨道、卫星时钟存在误差，以及大气对流层、电离层等对信号的影响，使得民用的定位精度只有数十米量级。为提高定位精度，普遍采用差分定位技术（如DGPS、DGNSS），建立地面基准站（差分台）进行卫星观测，利用已知的基准站精确坐标，与观测值进行比较，从而得出一个修正数，并对外发布。接收机收到该修正数后，与自身的观测值进行比较，消去大部分误差，得到一个比较准确的位置。实验表明，利用差分定位技术，定位精度可提高到米级。

## 11.2.3 卫星定位系统的主要功能

### 11.2.3.1 GPS定位系统的主要功能

**（1）车辆跟踪**

利用GPS和电子地图可以实时显示车辆的实际位置，并可任意放大、缩小、还原、换图；也可以随着目标移动，使目标始终保持在屏幕上；还可实现多窗口、多车辆、多屏幕同时跟踪。利用该功能可对重要的车辆和货物进行跟踪运输。

**（2）提供出行路线规划和导航**

提供出行路线规划是汽车导航系统的一项重要辅助功能，其包括自动线路规划和人工线路设计。所谓自动线路规划是指由驾驶者确定起点和目的地，由计算机软件按要求自动设计最佳行驶路线，包括最快路线、最简单路线以及通过高速公路路段次数最少的路线等。人工线路设计是指由驾驶员根据自己的目的地设计起点、终点和途经点等，系统自动建立路线库。线路规划完毕后，显示器能够在电子地图上显示设计路线，并显示车辆运行路径和运行方法。

**（3）信息查询**

为用户提供主要目标（如旅游景点、宾馆、医院等）数据库，用户能够在电子地图上显示其位置。同时，监测中心可以利用监测控制台对区域内的任意目标所在位置进行查询，车辆信息将以数字形式在控制中心的电子地图上显示出来。

**（4）话务指挥**

指挥中心可以监测区域内的车辆运行状况，对被监控车辆进行合理调度。同时，也可随时与被跟踪目标通话，进行实时管理。

**（5）紧急援助**

通过 GPS 定位和监控管理系统，可以对遇有险情或发生事故的车辆进行紧急援助。监控台的电子地图显示求助信息和报警目标，规划最优援助方案，并以报警声光提醒值班人员实施应急处理等各种人性化服务。

### 11.2.3.2 BDS 定位系统的主要功能

**（1）个人位置服务**

当进入不熟悉的地方时，可以使用装有北斗卫星导航接收芯片的手机或车载卫星导航装置找到需要走的路线。

**（2）气象应用**

在气象应用领域，可以促进天气分析和数值天气预报、气候变化监测和预测，也可以提高空间天气预警业务水平，提升气象防灾减灾的能力。

**（3）道路交通管理**

采用 BDS 卫星导航，将有利于减缓交通阻塞，提升道路交通管理水平。通过在车辆上安装卫星导航接收机和数据发射机，车辆的位置信息就能在几秒内自动转发到中心站，这些位置信息可用于道路交通管理。

**（4）铁路智能交通**

卫星导航将促进传统运输方式实现升级与转型。在铁路运输领域，通过安装卫星导航终端设备，获得高可靠、高精度的定位、测速和授时服务，从而极大缩短列车行驶间隔时间，降低运输成本，有效提高运输效率，实现传统调度向智能交通管理的转型。

**（5）海运和水运**

海运和水运是全世界最普及的运输方式之一，也是卫星导航最早应用的领域之一。目前，在世界各大洋和江河湖泊行驶的各类船舶基本都安装了卫星导航终端设备，使海运和水运更为高效和安全。BDS 系统可在任何天气条件下，为水上航行船舶提供导航定位和安全保障，同时其特有的短报文通信功能将支持各种新型服务的开发。

**（6）航空运输**

当飞机在机场跑道着陆时，最基本的要求是确保飞机相互间的安全距离。利用卫星导航精确定位与测速的优势，可实时确定飞机的瞬时位置，有效减小飞机之间的安全距离，甚至在大雾天气情况下，也可实现自动盲降，极大提高了飞行安全和机场运营效率。此外，通过将 BDS 系统与其他系统的有效结合，将为航空运输提供更多的安全保障。

**（7）应急救援**

卫星导航已广泛用于沙漠、山区、海洋等人烟稀少地区的搜索救援。在发生地震、洪灾等重大灾害时，救援成功的关键在于及时了解灾情并迅速到达救援地点。BDS 系统除导航定位外，还具备短报文通信功能，通过终端设备可及时报告所处位置和受灾情况，有效缩短救援搜寻时间，提高抢险救灾时效。

**（8）指导放牧**

2014 年 10 月，开始在青海省牧区试点建设北斗卫星放牧信息化指导系统，主要依靠牧区放牧智能指导系统管理平台、牧民专用北斗智能终端和牧场数据自动采集站，实现数据信息传输，并通过北斗地面站及北斗星群中转、中继处理，实现草场牧草、牛羊的动态监控。

### 11.2.4 卫星定位系统的应用

卫星定位系统主要是为船舶、汽车、飞机等运动物体进行定位导航。其中，汽车导航系统由 GPS/BDS 导航、自律导航、微处理机、车速传感器、陀螺传感器、CD-ROM（只读光盘，compact disc read-only memory）驱动器和 LCD 显示器等组成。导航系统与电子地图、无线电通信网络、计算机车辆管理信息系统相结合，可以实现车辆跟踪和交通管理等许多功能。

目前，与 GPS 不同的是 BDS 的应用已扩展到众多领域，除交通运输外，已在资源和环境监督、后期管理、统一调度、提高工作效率和降低成本等方面发挥着越来越重要的作用。

## 11.3 GPRS 通信系统

**(1) 通信平台**

车载终端的主要功能就是利用卫星导航定位系统所接收到的定位数据，提取其中有用的信息，然后通过无线模块将信息发送到通信网络上。

在目前的多种无线通信方式(GSM、GPRS 和 CDMA 等）中，我国主要用的是 GSM 通信。但是，GSM 存在的时延问题，特别是在 GSM 出现严重阻塞、负荷过重等问题时，对车辆的实时监控不能得到保证；在综合传输速率和频率的利用率、信息时延和覆盖范围大小等方面均存在一定的不足；作为通信手段存在大量的通信盲区等。而 CDMA 网虽然传输速度快，但其建网范围相对较小。综合传输速率、频率利用率、网络时延和覆盖范围等多方面的考虑，车载终端选用了 GPRS 网络作为通信平台。

GPRS 即通用分组无线通信技术，被认为是 2G 向 3G 演进的重要一步，它不仅能提供 PTP（点对点）和 PTM（点对多点）数据业务，还能支持补充业务和短消息业务，并具有传输速率高、实时性好等优点，支持 IP 协议和 X.25 协议。由于车载终端只在启动之后和监控管理系统保持相连，需要随时进行数据传输才能实时监控车辆，因此其和监控管理系统之间必须保持良好的通信。而车辆监控系统正是充分利用了 GPRS 支持 IP 协议和能访问外部数据网的特点。此外，GPRS 以营运商传输的数据量而不是连接时间为基准来计费，从而使每个用户的服务成本更低；和 GSM 相比，其实时性、突发性和性价比都要高很多。

**(2) GPRS 的主要特点**

目前，GPRS 网络在全国所开通的信号覆盖率高，且信号稳定，因此给车辆监控的数据传输提供了一个简单易行的渠道。用户既能够实现一机对一机的点对点通信，也可实现一点对多点的通信服务，这为组合监控与调度的可靠性创造了条件。

GPRS 通信是建立在蜂窝数据通信上的，而 SIM（subscriber identity module）卡就是手机接入蜂窝数据通信网络的载体。SIM 卡亦称“用户身份识别模块”，是一张内含大规模集成电路的智能卡，用来登记用户身份识别数据和信息。一张 SIM 卡可唯一标识一个客户，可以插入任何一部 GSM 手机中，而使用手机所产生的通信费用则自动记录在该 SIM 卡所唯一标识的客户账户上。SIM 卡的使用，有效地防止了信息的窃听和泄露，使用户的正常通信得到了可靠的保障。GPRS 主要具有以下特点。

① 资源利用率高。采用分组交换技术，能高效传输高速或低速数据和信令，优化了对

网络资源和无线资源的利用。

② 定义了新的 GPRS 无线信道，且分配方式十分灵活。

③ 支持中、高速率数据传输。

④ 网络接入速度快，提供了与现有数据网的无缝连接。

⑤ 支持基于标准数据通信协议的应用，可以和 IP 网、X. 25 网互联互通；支持特定的点到点和点到多点服务，以实现一些特殊应用（如远程信息处理）；允许短消息业务（SMS）经 GPRS 无线信道传输。

⑥ 既能支持间歇的爆发式数据传输，又能支持偶尔的大量数据的传输；计费一般以数据传输量为依据。

⑦ 实现安全功能和接入控制。

⑧ 与有的 GSM 安全功能一样，每个用户都需要使用唯一的 SIM 卡来接入无线网络，其认证和加密功能均由 SGSN（服务支持节点，serving GPRS support node）来执行。

⑨ 可以实现实时在线的数据流量和多种业务及服务等级的功能，每个连接到 GPRS 的终端都连接到中心服务器。

## 11. 4 故障诊断系统

现代汽车越复杂，电子控制系统数量就越多，出现故障时对实际情况的记录也就越困难。为了达到必要的检测点，需要大量地连接电缆和适配器。一个系统的具体故障诊断需要大量的不同子系统及工作数据，由带自诊断功能的电子仪器检测出实际数据与标准数据比较，存储其故障码，以便于维修人员进行故障诊断。事实上每次打开电子控制单元时，其内部功能都会进行一次自检。车载终端可对 CAN 总线上有关电器，以及发动机、底盘、变速箱、空调和 TPMS 胎压等信息的故障报文进行诊断和分类解析。

维修人员借助一个合适的接口可以和电子控制单元进行交流，获得所测数据和故障存储器内的信息，并向执行器发送信号。为了尽可能使用自诊断功能，各生产厂家的接口已标准化，并确定了合适的数据交换方式。由于现代故障诊断的多种需要，目前借助有关协议、连接器、工具和辅助设备等相关国际标准，已逐步使故障诊断过程标准化，节约了诊断时间和维修成本。

## 11. 5 车路协同系统

专用短程通信（dedicated short range communication，DSRC）技术是智能交通系统（intelligent transport system，ITS）的基础之一。该技术的特点是能提供高速的数据传输，保证通信链路的低延时和系统可靠性，是专门用于车辆通信的技术；能够在车-车、车-路之间传送实时信息和数据，有利于高速移动车辆的通信效率提升；在物理层协议上，采用较高的频率（5. 8GHz）和较窄的信道（以 10MHz 为单位切分信道），可以有效减少车辆高速移动时带来的多路径效应和多普勒效应带来的通信效率下降，更适合于高速移动中的车辆通信。

车路协同系统基于无线通信、传感探测等技术进行车辆和道路信息的获取，通过车-车、车-路信息交互和共享技术，实现车辆和基础设施之间的智能协同与配合，达到优化利用系统资源、提高道路交通安全、缓解道路拥堵的目标。

## 11.6 车载信息管理系统

车载信息管理系统是一个基于GSM/GPRS移动通信网络（或CDMA通信网络）、GPS/BDS全球卫星定位网络和Internet网络等技术的高科技综合系统。该系统以GSM/GPRS移动通信网（或CDMA通信网络）为信息的通信媒介，应用GPS/BDS卫星定位技术、CAN总线技术、高频无线技术、传感器技术、计算机软硬件技术及相关电子显示技术为手段，将车辆状态信息（包括位置、速度、方向、客流量和车辆状态等）实时传回管理中心，结合GIS矢量化地理信息系统软件平台、数据调度管理及Internet网络通信等，实现对车辆全程实时监控与记录、智能调度和管理、自动语音报站、IC卡信息和视频信号无线传输、求助报警处理、实时通话等功能，以及远程故障诊断、发动机油耗管理和驾驶员不良驾驶行为记录与纠正。

该系统能从根本上为车辆运营数据采集提供先进的手段，同时将以往由人工进行的各级、各类繁杂的统计工作改由计算机完成，不仅节省了大量人力和物力，降低了运营成本，而且可根据公司领导及各职能部门需要，方便地输出各种不同种类、不同时间段的统计报表，为公司决策和管理提供及时、真实的第一手资料。同时，政府有关部门还可实时监控车辆状态，防止违规行为的发生。

车载信息管理系统主要由车载终端和后台管理系统两大部分组成。车载终端主要是信息采集、信息存储记录和数据传输。信息采集的主要内容有，通过GPS/BDS卫星定位系统采集车辆的位置信息、实时的时间、经度、纬度、速度、里程和方向等定位状态信息；通过车身CAN采集车速、转向、油耗、制动以及和行车安全有关的信息；通过视频采集车内外的状态信息等。这些信息及时通过GPRS/4G/5G无线通信传送到后台信息管理系统进行分析处理，或生成相应的图片和报表等。车联网运营平台示意如图11-5所示。

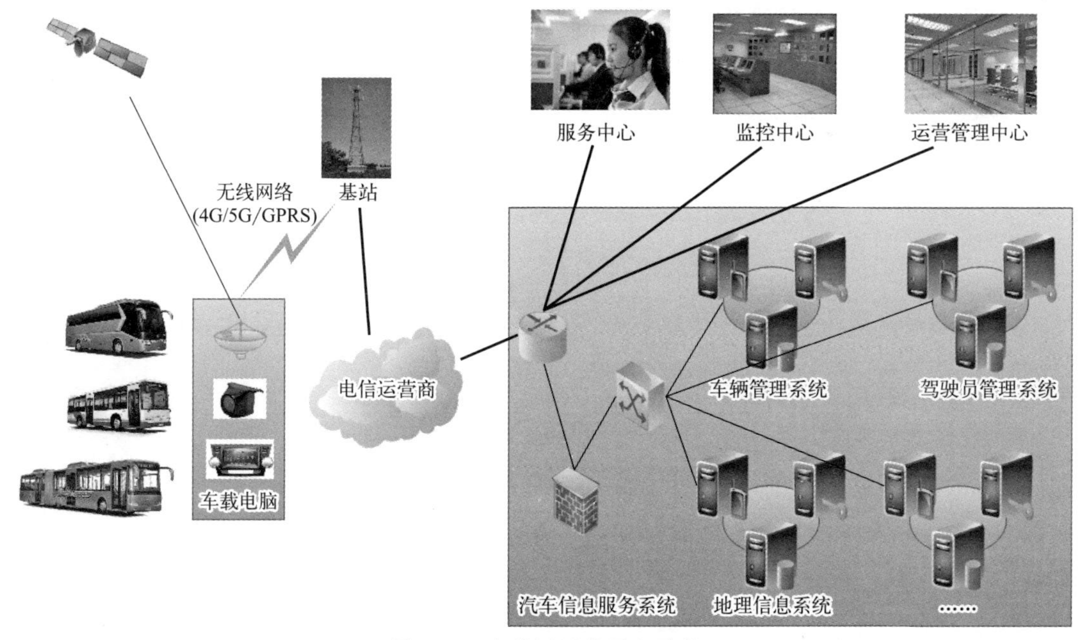


图11-5 车联网运营平台示意

后台信息管理系统以GPRS/4G/5G无线网络为手段，智能远程监控车身状态信息和发动机底盘信息，分析记录车辆状态和报警信息、驾驶员的不良驾驶行为；实现车辆定位、监控、地图搜索、运营调度、信息管理等功能；实现人、车、线的智能运营管理，为驾驶员提供行驶过程中的各种动态指标和各系统的工作情况，保证车辆安全可靠行驶。后台中心平台的组成及其功能如下。

**（1）位置管理系统**

通过GPS/BDS定位信息，对车辆进行定位和追踪；根据运行轨迹进行车速、里程、油耗、转矩、转速等的统计和分析，实现智能监控和管理。

**（2）不良行为管理系统**

通过采集发动机网络信息和车身网络CAN报文信息并解析后，组帧存储和发送给中心平台，经数据整理分析，对超速行车、空挡滑行、急加速、急减速、超转速、ABS制动次数、车辆疲劳驾驶、拖挡和超长怠速开空调等信息进行日报表、月报表、年报表统计和驾驶员不良驾驶行为分析，同时实时监控车辆的状态是否正常，以此督促提高驾驶员的驾驶行为和职业素养。不良驾驶行为考核评分如图11-6所示。

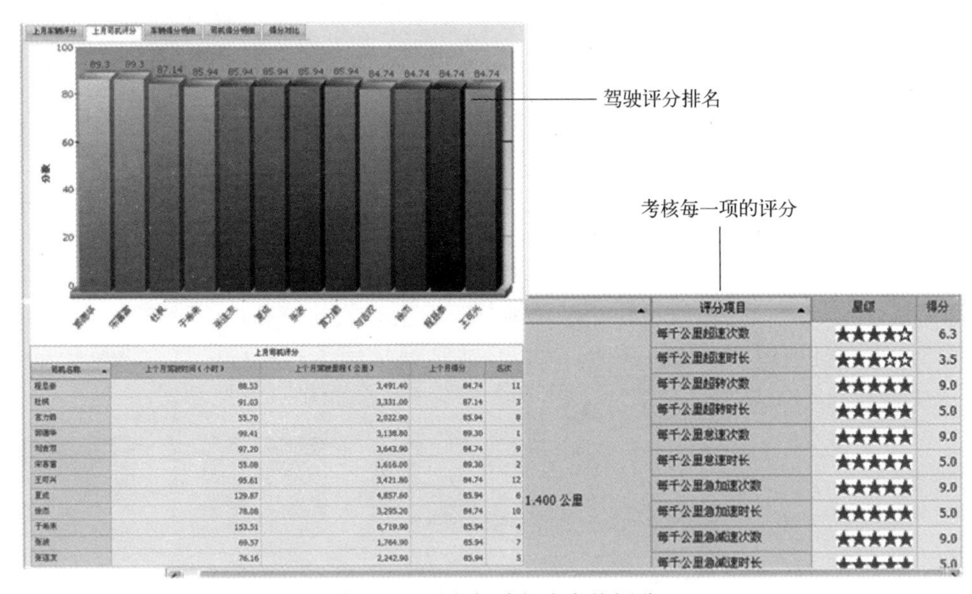


图11-6　不良驾驶行为考核评分

**（3）油耗管理系统**

油耗管理系统的主要功能是完成对驾驶行为影响油耗增大的报表，同时增加了统计驾驶员行为操作值得肯定的报表，即形成对不同后台进行统计后的考核结果报表；另外，还可对报表实现多种形式(如百公里油耗、超转速、空挡滑行等）的名次排队。油耗管理系统报表如图11-7所示。

**（4）视频监控系统**

视频监控系统实现视频实时监控、视频实时记录存储和视频回放等功能，同时存储于本地SD卡，也可通过4G/5G无线网络实时传输视频数据；可根据需要将视频文件进行快速/慢速回放，或按照特定条件对视频进行检索；也可对后台的存储视频进行远程回放。视频监控系统的远程视频监控画面可以是多方位的，如图11-8所示。

**（5）行驶记录系统**

终端平台具有查询驾驶员身份的功能；通过设置疲劳驾驶时限，可查询360h的历史数

首页　油耗核对

车辆月油耗　车辆整体油耗

任意时间段　上上月　上月　导出

按车辆进行月油耗核对

2页 共2页 (共27条) 1 2

| 车牌号码 | 统计月份 | 运行时长(h) | 行驶里程(km) | 燃油消耗量(L) | 操作员记录加油量(L) | 司机记录加油量(L) | 自动记录加油量(L) |
|---|---|---|---|---|---|---|---|
| BJ8703(于*深) | 2012-05 | 78.83 | 3,879.00 | 679.50 | 300.00 | 300.00 | 299.52 |
| BJ8709(陈*刚) | 2012-05 | 69.49 | 3,085.00 | 569.00 | 300.00 | 300.00 | 307.20 |
| BJ8710(张*友) | 2012-05 | 58.25 | 2,747.70 | 504.00 | 310.00 | 310.00 | 0.00 |
| BJ8712(杨*曾) | 2012-05 | 59.11 | 2,810.30 | 565.50 | 660.00 | 660.00 | 652.80 |
| BJ8716(张*波) | 2012-05 | 61.63 | 2,729.70 | 528.50 | 700.00 | 700.00 | 696.96 |
| BJ8717(姜*健) | 2012-05 | 64.73 | 3,216.40 | 626.00 | 340.00 | 340.00 | 336.00 |
| BJ8718(杜*枫) | 2012-05 | 55.86 | 2,667.90 | 509.50 | 730.00 | 730.00 | 725.76 |
| BJ8719(徐*杰) | 2012-05 | 53.20 | 2,583.30 | 435.50 | 340.00 | 340.00 | 336.00 |
| BJ8726(于*来) | 2012-05 | 86.87 | 3,488.70 | 569.50 | 310.00 | 310.00 | 305.28 |

图 11-7　油耗管理系统报表

图 11-8　远程视频监控画面

据，查询的疲劳驾驶内容包括：驾驶员代码、驾驶的起始时间和结束时间等，并生成事故疑点数据报表和停车前 15min 的平均车速。

**（6）远程监听**

管理中心借助终端平台可远程监听车内情况，即通过输入中心监听电话号码发出指令，后台收到指令后向中心拨号，接通电话后即可监听到车内的情况，而此时车内则听不到中心电话的声音。

**（7）车辆运营调度系统**

车辆运营调度系统包含运营调度、设置排班间隔、增加发车计划、指令发送和线路管理等。运营调度系统主要向调度员提供发车调度操作，允许调度员向驾驶员下发指令或信息。车辆运营调度系统界面如图 11-9 所示。

图 11-9　车辆运营调度系统界面

第
5
篇

# 安全篇

# 第12章 新能源汽车主动安全系统

汽车安全性可分为主动安全和被动安全两大类，其中主动安全性是指汽车避免发生意外事故的能力，而被动安全性则是指汽车在发生意外事故时对乘员进行有效保护的能力。所谓主动安全技术和安全装置就是汽车能主动避免发生意外事故的技术，以及为此而开发和装备的有关装置（系统）、总成和部件。汽车作为公路交通中最主要的乘员运输载体，行驶速度高、载客量大，一旦发生交通事故往往会造成群死群伤的重大灾难和巨大财产损失。因此，近年来随着计算机、网络、信息传输和电子技术等的发展，汽车主动安全技术和安全装置已成为重点研究的内容之一，并已在高档汽车上开始应用和推广，从而极大地提高了行驶安全性。

新能源汽车主动安全技术可大致分为两大类，即防滑控制和智能安全系统。其中，防滑控制主要指动力学控制，包括防抱死制动（ABS）、驱动防滑控制（ASR）、电子制动力分配（EBD）、电子驻车（EPB）、电子制动（EBS）、驱动力控制（TCS）和电涡流缓速、液力缓速、发动机进排气辅助制动、轮胎气压自动监测及辅助充气等；智能安全主要包括智能避撞（前面碰撞预警、车道偏离预警、疲劳驾驶预警、自动泊车、行人识别和标志识别等）、电子稳定性控制、自适应巡航控制、环境感知、夜视增强、夜视巡航、抬头显示、自适应前照灯控制和360°全景环视等内容。如图12-1和图12-2所示为两款欧洲某知名品牌汽车所采用的主动安全技术和安全装置，如图12-3所示为汽车所采用的主、被动安全技术和安全装置，如图12-4所示为我国宇通汽车所采用的主动安全技术和安全装置。

图12-1 欧洲某品牌汽车所采用的主动安全技术和安全装置（一）

下面分别对防滑控制系统和智能安全系统进行介绍。考虑到轮胎气压自动监测系统的重要和特殊性，故放在12.3节单独介绍。

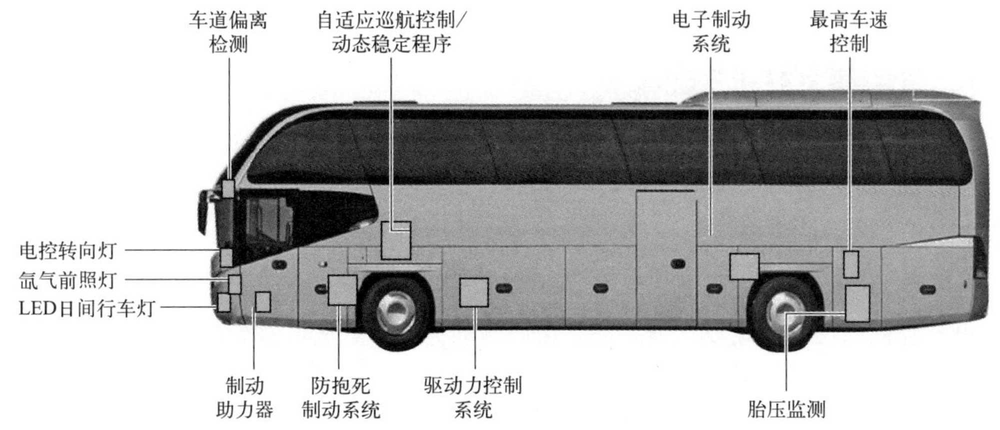

图 12-2　欧洲某品牌汽车所采用的主动安全技术和安全装置（二）

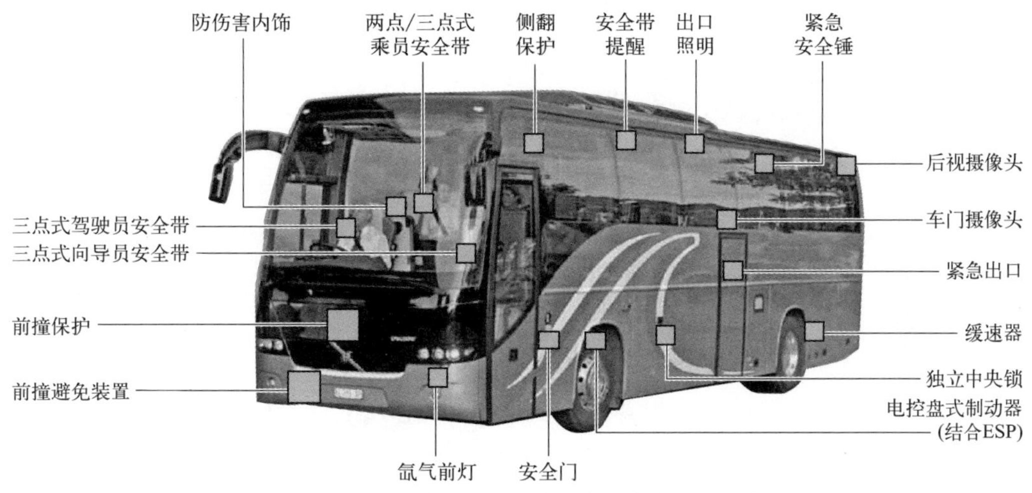

图 12-3　汽车所采用的主、被动安全技术和安全装置

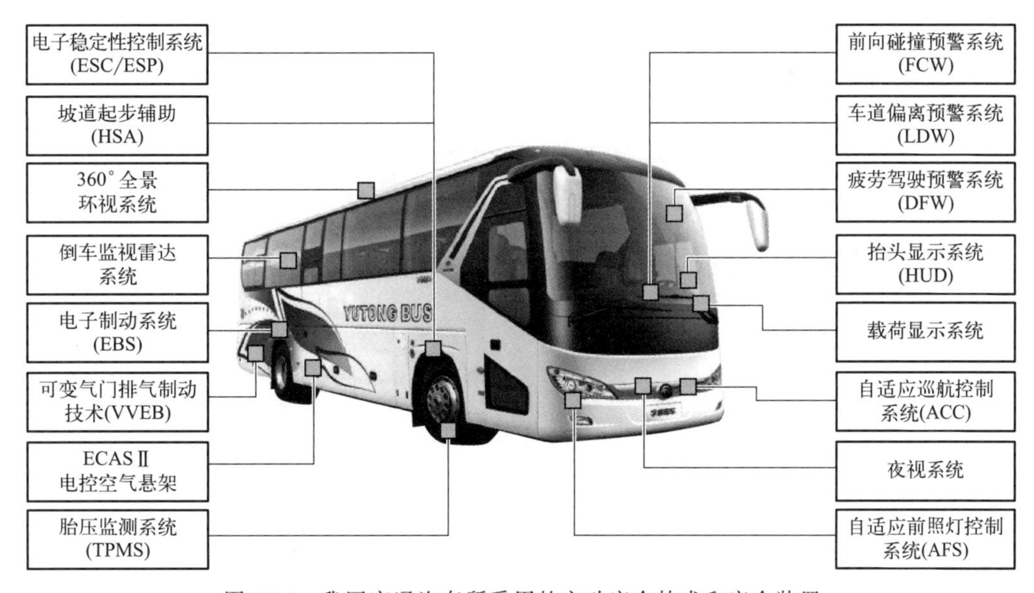

图 12-4　我国宇通汽车所采用的主动安全技术和安全装置

# 12.1 防滑控制系统

## 12.1.1 防抱死制动系统

防抱死制动系统（anti-lock braking system，ABS）是一种在制动期间监视和控制车辆速度的电子控制系统，其主要功能是防止由于制动力过大造成的车轮抱死（尤其是在光滑的路面上），从而使得即使全制动也能维持横向牵引力，以保证制动过程驾驶的稳定性和车辆的转向控制性。同时，由于ABS通过常规制动系统起作用，因此能够充分利用轮胎与路面之间的峰值附着性能，提高车辆抗侧滑性能并缩短制动距离，充分发挥制动效能，可提高车辆的主动安全性。如果ABS失效，常规制动系统将仍然起作用。

### 12.1.1.1 ABS系统组成

目前，在汽车上使用的ABS主要有两种，即标准气制动四通道（可对四个车轮进行单独控制）和六通道ABS（可对六个车轮进行单独控制），分别适用于4×2和6×2型汽车。这两种系统均由一个电子控制器（ECU）、四个（或六个）压力调节器和四个（或六个）轮速传感器、四个（或六个）弹性衬套和四个（或六个）齿圈、一根电线束以及一个指示灯组成。其中，传感器、弹性衬套和齿圈分别安装在四个（或六个）车轮的制动器内，四个（或六个）调节器则串联在四个（或六个）车轮附近的制动管路中，控制器和指示灯安装在驾驶室内。

如图12-5和图12-6所示分别为四通道和六通道ABS系统布置。

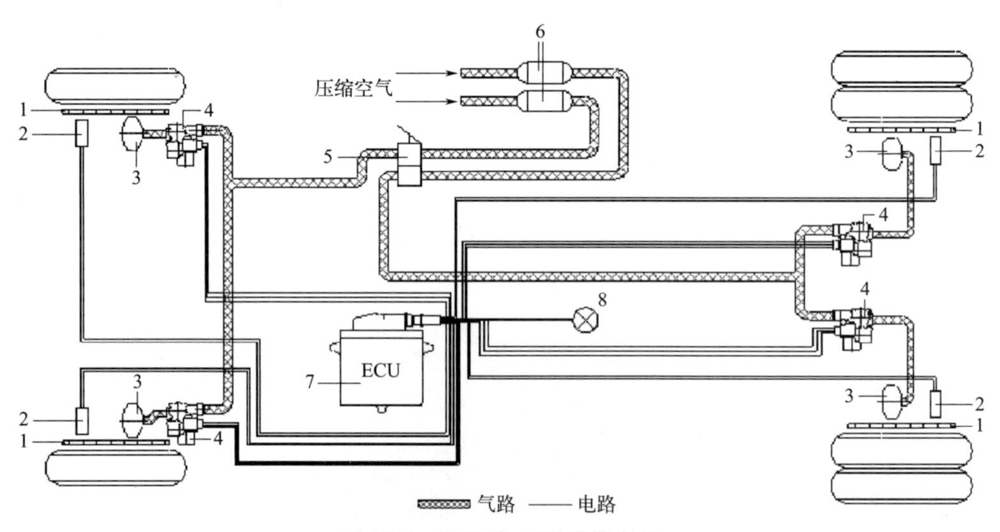


图12-5　四通道ABS系统布置

1—齿圈；2—传感器；3—制动气室；4—调节器；5—制动总阀；6—储气筒；7—控制器；8—ABS警示灯

### 12.1.1.2 ABS系统工作原理

汽车行驶中，车轮在地面上的纵向运动有两种形式——滚动和滑动。分析和研究发现，汽车制动过程中轮胎胎面留在地面上的印痕显示车轮从滚动到抱死拖滑是一个渐变过程。当

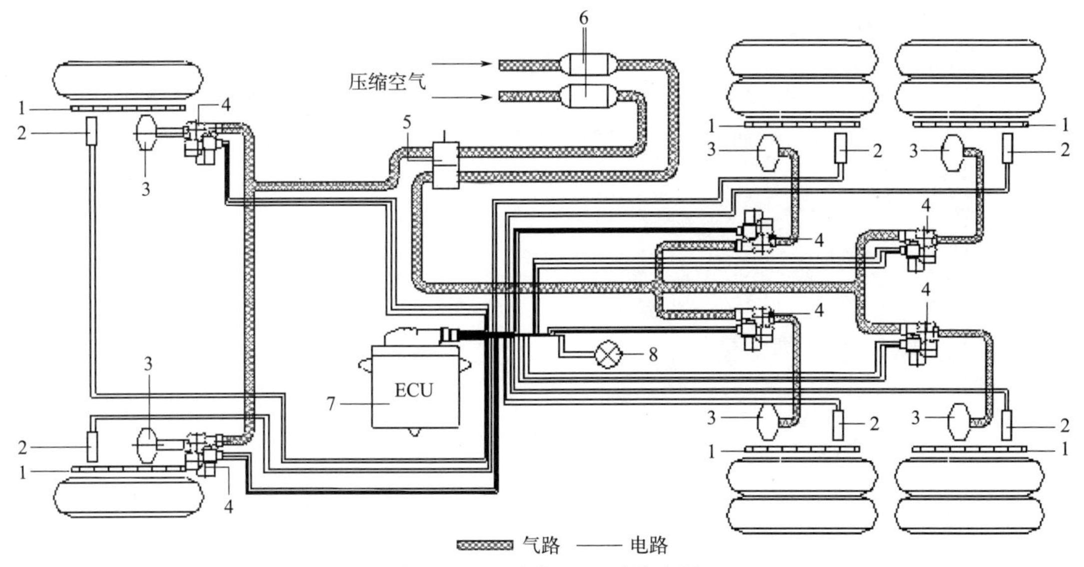


图 12-6　六通道 ABS 系统布置

1—齿圈；2—传感器；3—制动气室；4—调节器；5—制动总阀；6—储气筒；7—控制器；8—ABS 警示灯

车轮抱死时，在车轮纵向和横向的路面摩擦力都大大下降，此时滑移率为 100%，车辆容易发生跑偏、甩尾甚至丧失转向能力；而当车轮在半滚半滑的状态时，路面对车轮的摩擦力为最佳，制动效果最好，其滑移率为 8%～35%，如图 12-7 所示。因此，在湿滑的路面行驶或车速很高时紧急制动，必须连续地轻踩制动踏板，才能使车辆处于受控状态。

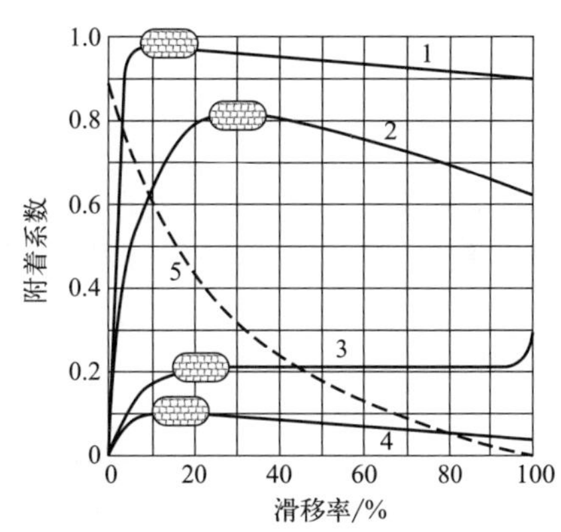


图 12-7　附着系数与滑移率对应曲线

1—子午线轮胎和干燥混凝土路面；2—防滑轮胎和湿柏油路面；3—防滑轮胎和软的新雪路面；4—防滑轮胎和湿的冰路面；5—干混凝土路面侧向附着系数

制动时，首先由轮速传感器测出与制动车轮转速成正比的交流电压信号，并将该信号送入电子控制器（ECU）；由 ECU 的运算单元算出车轮速度、滑移率及车轮的加、减速度；再由 ECU 的控制单元对这些信号进行分析比较后，向压力调节器发出制动压力控制指令；压力调节器中的电磁阀（若为液压制动系统还有液压泵、驱动电机）直接或间接控制制动压力的增减，以此调节制动器的制动力矩，使之与地面附着状况相适应，防止车轮被抱死。

ECU 中还有故障诊断单元，其作用是对 ABS 其他部件的功能进行监测。当这些部件发生异常时，由指示灯或蜂鸣器发出警报，使整个系统停止工作，恢复常规制动方式。

**(1) 电子控制器**

ECU 是 ABS 系统的控制中枢（图 12-8），其作用是接收轮速传感器传来的每个车轮速度的感应电压信号，加以分析、运算，并根据车轮的运动状况向压力调节器发出制动压力的控制指令；当发现某个车轮要抱死时，立即让调节器适量排放制动空气，减少制动毂与制动蹄片间的摩擦力，使轮速适当上升；当控制器发现轮速上升过快时，又会使调节器停止排气，让轮速降下来。在此过程中，调节器 1s 内可工作多达 3～5 个控制循环，即通过“抱死-松开-抱死-松开”这样循环调控制动压力，使得车轮的滑移率始终保持在理想范围内，从而获得最佳制动效果。

(2) 轮速传感器

ABS的轮速传感器安装于车轮上，目前主要使用的是电磁感应式轮速传感器。该传感器的中间是永久磁铁，外围是线圈。当磁路中的磁通量发生变化时，线圈上就感应出交流电压并送入控制器。如图12-9所示为电磁感应式轮速传感器的结构原理示意。

图12-8 ABS电子控制器示意

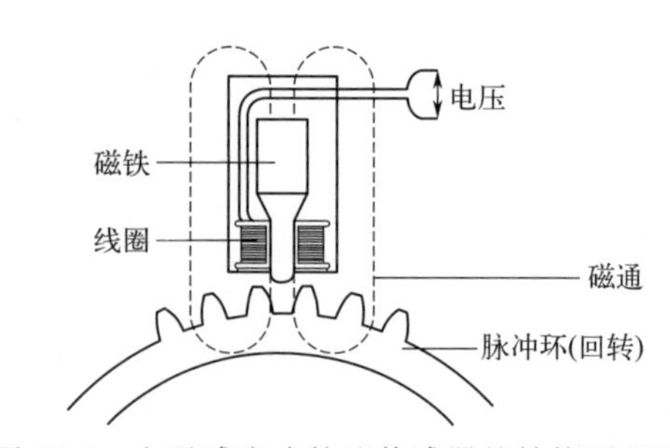

图12-9 电磁感应式轮速传感器的结构原理示意

齿圈一般用铁磁材料或35#钢制成，径加热后套在轮毂上随车轮旋转。传感器头部靠近齿圈的齿顶，齿圈旋转时齿顶和齿谷交替通过传感器头，产生磁通量变化，从而感应出交流电压并送入控制器。传感器头部离齿顶最大间隙应小于0.75mm，齿顶的端面跳动量应不大于0.1mm，否则将由于间隙过大会使信号太弱；而端面不平则会造成信号紊乱。传感器与弹性衬套之间的夹持力应保持在120～200N范围内。

(3) 压力调节器

压力调节器亦称“液压控制单元”，为三位三通先导阀，串联在制动气室前的制动管路中（图12-10），是ABS的执行器，其功用是接收来自ECU的控制指令，控制制动压力的增减。车辆正常行驶时，压力调节器处于常通状态；当紧急制动时，通过接收ECU的控制信号，使制动气室处于增压、保压或减压的状态，如图12-11所示。

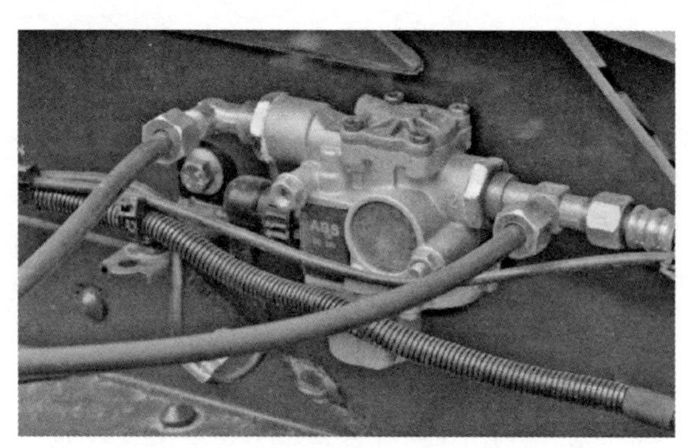
图12-10 压力调节器安装示意

一般情况下（车辆正常行驶或常规制动时），ABS不干涉制动过程，调节器无信号输入，进气阀常开，排气阀常闭，进、出气口处于常通状态；驾驶员轻踩制动踏板时，压缩空气便由进气口到出气口，进入制动气室开始制动，这就是增压状态［图12-11(a)］。

当紧急制动时，ABS工作，干涉制动过程。控制器给调节器的进气先导阀通电，此时进、排气阀关闭，进、出气口和排气口互不相通，制动气室的压力保持不变，这就是保压状态［图12-11(b)］。

当控制器给调节器的进、排气先导阀同时通电时，进气阀关闭，排气阀打开，出气口与

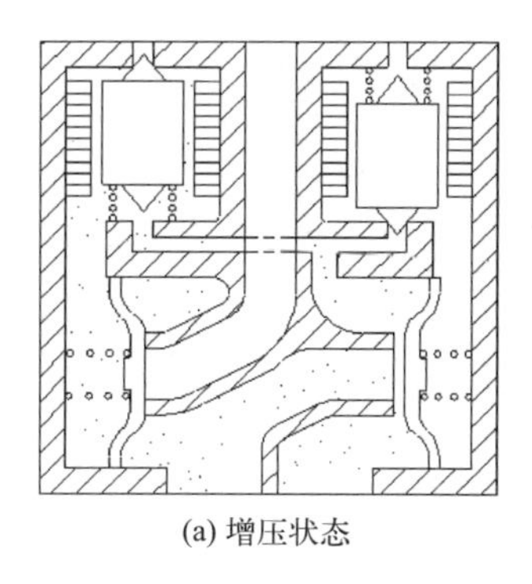
(a) 增压状态

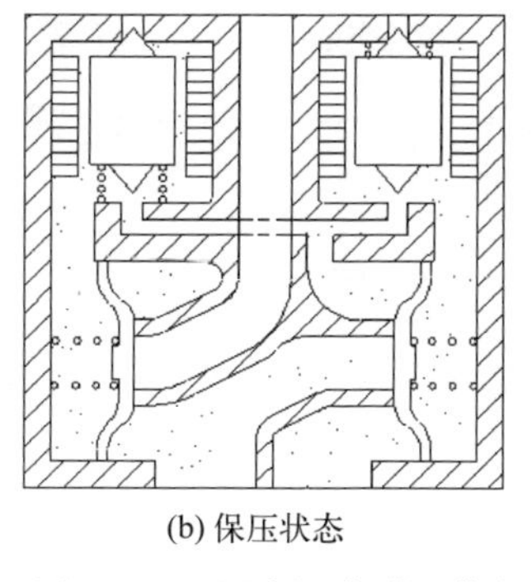
(b) 保压状态

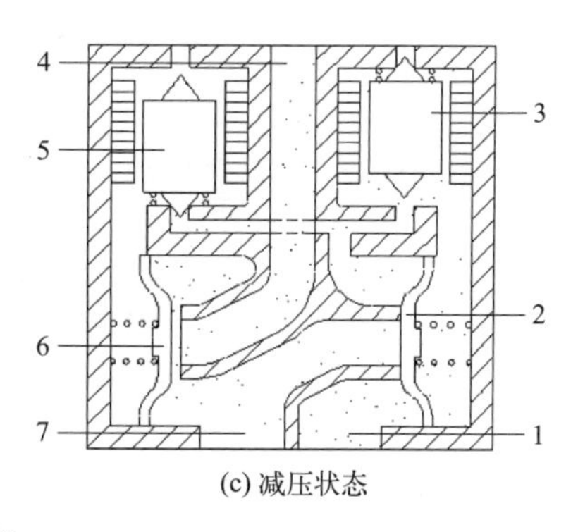

(c) 减压状态

图 12-11　压力调节器工作状态

1—进气口；2—进气阀膜片；3—进气先导阀（常闭）；4—排气口；5—排气先导阀（常开）；6—排气阀膜片；7—出气口

排气口相通，制动气室的压缩空气通过排气口排入大气，使之压力降低，这就是减压状态［图 12-11(c)］。

## 12.1.2　驱动防滑控制系统

在汽车行驶过程中，时常会出现车轮转动而车身不动，或者汽车的移动速度低于驱动轮轮缘速度的情况，这时就意味着轮胎接地点与地面之间出现了相对滑动，甚至出现原地打滑现象。这种滑动被称为驱动轮“滑转”，以区别汽车制动时车轮抱死而产生的车轮“滑移”。驱动轮的滑转，同样会使车轮与地面的纵向附着力下降，从而使得驱动轮上可获得的极限驱动力减小，最终导致汽车起步、加速性能和在湿滑路面上的通过性能下降。同时，还会由于横向摩擦附着系数几乎完全丧失，使驱动轮出现横向滑动，并随之产生汽车行驶过程中的方向失控。

驱动防滑控制系统（anti-Slip regulation，ASR）是继防抱死制动系统（ABS）之后，设置在汽车上专门用于防止驱动轮起步、加速和在湿滑路面行驶时滑转的电子驱动力调节系统，也被称为牵引力控制系统（traction control system，TCS）。它可以最大限度地利用发动机的驱动力矩，帮助驾驶员实现对驱动轮运动方式的控制，以便使汽车驱动轮获得尽可能大的驱动力，保证车辆起步、加速和转向过程中的稳定性。同时，保持汽车驱动时的方向控制能力，改善燃油经济性，减少轮胎及动力传动系统的磨损。

**（1）ASR 系统组成**

ASR 与 ABS 一样，主要由电子控制器、轮速传感器和压力调节器等组成。由于 ASR 与 ABS 在技术上较为接近，部分软、硬件可以共用，其系统的组成及布置示意如图 12-12 所示。一般情况下，ABS 所用的压力传感器和压力调节器均可为 ASR 所利用，其中 ABS 的电子控制器只需要在功能上进行相应的扩展即可用于 ASR；而在 ABS 的基础上，只需添加 ASR 电磁阀及双向阀，即可对过分滑转的驱动轮实施制动。使用时，对电控发动机来说，通过总线就可控制发动机的输出力矩；对非电控发动机，只需增加一些传感器和执行机构，就可控制发动机的输出力矩。

**（2）ASR 系统工作原理**

汽车行驶过程中，其驱动力主要取决于两个方面：一是发动机的输出转矩和功率；二是路面附着系数。如果路面附着系数较小，当车辆起步或是加速时，容易出现牵引力超过车轮

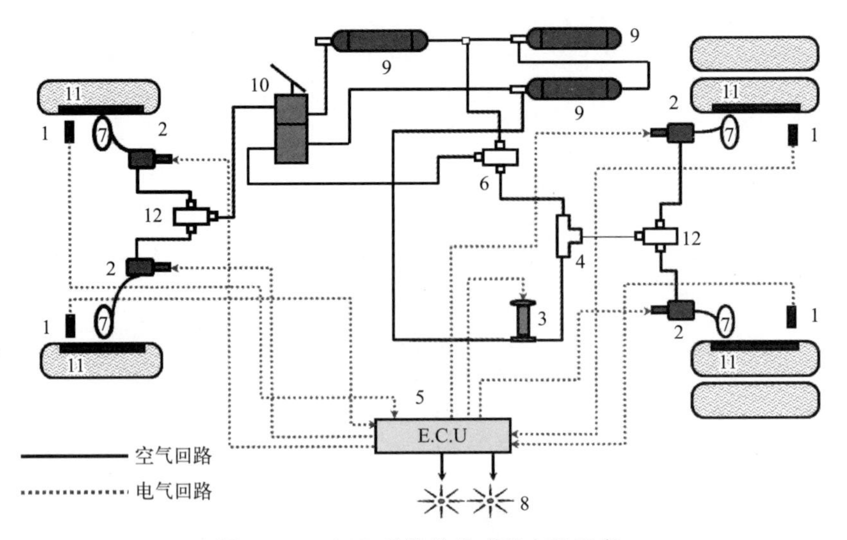


图 12-12　ASR 系统的组成及布置示意

1—轮速传感器；2—ABS 电磁阀；3—ASR 电磁阀；4—双向阀；5—中央处理器；6—继动阀；7—制动气室；8—报警灯；9—储气筒；10—双腔制动阀；11—轮胎；12—快放阀

与路面间的附着极限，产生驱动轮过度滑转，后轮驱动的汽车则可能甩尾，前轮驱动的汽车则容易方向失控，导致汽车向一侧偏移。ASR 的基本工作原理与 ABS 相似，利用 ABS 轮速传感器产生的车轮轮速信号，确定驱动轮的滑移率，并与控制器内存储的设定范围进行比较，根据地面附着系数和车轮滑移率的关系曲线，把车轮滑移率控制在一定范围内，提高地面附着力的利用率，改善驱动性能。

ASR 系统采用的控制方式主要有两种：发动机输出转矩控制和驱动轮制动力矩控制。其中，发动机输出转矩控制是最早应用的驱动防滑控制方式。在附着系数较小的路面或车辆行驶速度较高的情况下，当驱动轮发生过度打滑现象时，轮速传感器将车轮转速转变为电信号传输给 ASR 的电子控制器（ECU），ECU 则根据车轮转速计算驱动轮的滑移率，如果滑移率超出了目标范围，ECU 再综合参考节气门开度信号、发动机转速信号以及转向信号（有的车没有）等确定其控制方式，并向控制机构发出指令使其动作。这时只要适当减小发动机的输出转矩，就可以把传递到驱动轮上的转矩控制在一定值，以便控制驱动轮打滑的程度，有效降低滑移率。而驱动轮制动力矩控制则是当一侧驱动轮轮速超过滑移率门限控制值时，对打滑的驱动轮施加制动力矩，从而降低其速度，将滑移率控制在一定范围内。驱动轮制动力矩控制的牵引性很好，但舒适性和操纵稳定性较差。当 ASR 处于防滑控制过程中，只要驾驶员一踩下制动踏板，ASR 便会自动退出控制而不影响制动过程。

**（3）ABS 和 ASR 系统比较**

ABS 和 ASR 均以改善汽车行驶稳定性为前提，以控制车轮运动状态为目标。ASR 是 ABS 系统应用的一种扩展，两者可统称为“防滑控制系统”。

ABS 在汽车制动时调节控制制动压力，以获得尽可能高的减速度，使制动力接近但不超过轮胎与路面间的最大附着力，从而提高制动减速度并缩短制动距离。ABS 虽然能有效提高制动时汽车的方向操纵性和行驶稳定性，但在车速很低时不起作用。

ASR 在汽车驱动加速时发挥作用，以获得尽可能高的加速度，使驱动轮的驱动力不超过轮胎与路面间的附着力，从而防止车轮滑转，改善汽车的操控稳定性和加速性能，提高行驶平顺性。ASR 一般在车速较高时不起作用。

## 12.1.3 电子制动力分配系统

汽车在行驶过程中，轮胎与地面间的附着条件不尽相同，如有时左前轮和左后轮附着在干燥的水泥地面上，而右前轮和右后轮却附着在水中或泥水中，在这种情况下制动，由于轮胎与地面的摩擦力不一样，很容易造成打滑、倾斜或侧翻等事故。

ABS 虽然能防止车轮不发生抱死，但并不能保证车轮制动力矩的分配实现最佳，因此在早期的制动系统中，ABS 有时与感载比例阀等制动力调整机构一同使用，以使车辆的实际制动力分配在不同程度上接近理想的制动力分配曲线。而电子制动力分配系统（electric brakeforce distribution，EBD）则通过感应和计算轮胎与地面间的附着情况，根据汽车制动时产生的轴荷转移的不同而自动调节前、后轴的制动力分配比例（图 12-13），并在运动中不断进行快速调整，使之达到最优，从而最大限度地利用地面附着条件，避免因轮胎制动力不同导致事故发生，提高汽车的制动效能，并配合 ABS 系统提高汽车的制动稳定性。

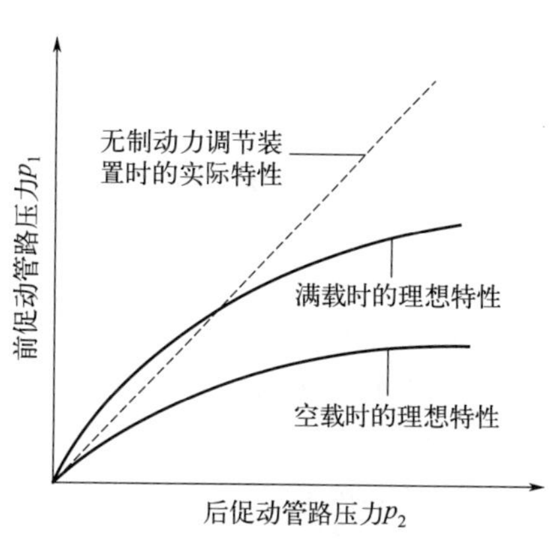

图 12-13　EBD 前、后轴制动力分配特性曲线

**(1) 组成和工作原理**

EBD 是在 ABS 基础上发展而来的，主要是控制逻辑和控制算法的改变，而硬件结构基本没有变化。即 EBD 是在 ABS 基础上增加制动力分配功能，其组成和系统布置基本与 ABS 系统完全一样，通过修改 ABS 控制器内部程序来实现。在安装了 ABS 的汽车上，不需增加任何硬件，只需通过改进 ABS 的控制逻辑，便可实现 EBD 系统的功能。与 ABS 相比，除控制理论不同外，EBD 系统中的安全装置等其他硬件结构与 ABS 基本相同，主要由轮速传感器、电子控制器和执行器三部分组成。

当汽车实施制动时，中央控制器根据接收到的轮速信号、载荷信号、踏板行程信号以及发动机等有关信号，经处理后向电磁阀和轴荷调节器发出控制指令，从而使前、后轴的制动力得到合理分配。可见，EBD 实际是 ABS 功能的升级与扩展，只在车轮出现抱死之前起作用。它以前轮的转速和滑移率为基础，校正后轮的转速和滑移率，当发现后轮滑移程度相对前轮超过一定的门限时，即通过控制单元限制输入后轮的制动力，保证后轮不至于先于前轮发生抱死。一旦 ABS 的功能被触发，EBD 即停止工作。

**(2) EBD 的控制形式**

EBD 一般有前后车轮制动力分配控制和左右车轮制动力分配控制两种控制形式。

① 前后车轮制动力分配控制。采用前后车轮制动力分配控制是为了达到制动器基本的制动效果，而根据车轮行驶状况适当地分配前后轮的制动力。即 EBD 按照因车辆的装载情况以及减速度而产生的负荷变化，有效运用后轮的制动力，特别是在车辆满载时，减小需要的制动踏板力度，保证良好的制动效果。

② 左右车轮制动力分配控制。为确保在弯道行驶制动时的车辆稳定性，EBD 可通过调节左右车轮的制动力分配来进行左右车轮制动力的分配控制，确保制动时车辆的稳定性和良好的制动效果。

**(3) EBD 和 ABS 的比较**

ABS 在驾驶员踩下制动踏板至车轮抱死时才发挥作用，而 EBD 则是在汽车制动时即开始通过调节轮胎制动力以达到良好的制动效果，因此一定程度上减少了不必要的ABS动作以及ABS工作时的振噪感。此外，当ABS因特殊故障状态而失效时，EBD仍然能够保证车辆不会出现因甩尾而导致翻车等恶性事件的发生，在不同路面上都可以获得最佳制动效果，缩短制动距离，提高制动灵敏度和协调性，改善制动的舒适性。

### 12.1.4 电子驻车制动系统

电子驻车制动系统（electrical park brake，EPB）亦称“电子手刹”，其将行车过程中的临时性制动和停车后的长时性制动功能整合在一起，采用电子元件取代部分机械器件，并通过电线代替部分制动线路和传动机构，缩短了驻车制动的响应时间，提高了驻车制动性能。

**(1) 组成和工作原理**

EPB是用电子控制方式实现停车制动的技术，采用EPB可以减少传统手制动的大部分零部件，而省下的空间则可用于其他更需要的地方。EPB主要由按钮开关、电子控制模块、离合器啮合传感器、坡道角度传感器和驻车制动电机（执行机构）等组成。

EPB的工作原理与机械式手制动相同，均是通过制动盘与制动摩擦块产生的摩擦力来控制停车制动，其区别在于控制方式从之前的机械式手制动拉杆变成了电子按钮。在实现方式上，EPB采用电子制动器对汽车进行制动，即集中控制的电子控制单元通过车载网络对车辆参数进行采集后，根据设定的控制策略进行系统整体调节，每个驻车制动器都有各自的控制单元，可以根据驻车环境自动给每个车轮施加最佳的驻车制动力。EPB系统原理如图12-14所示。

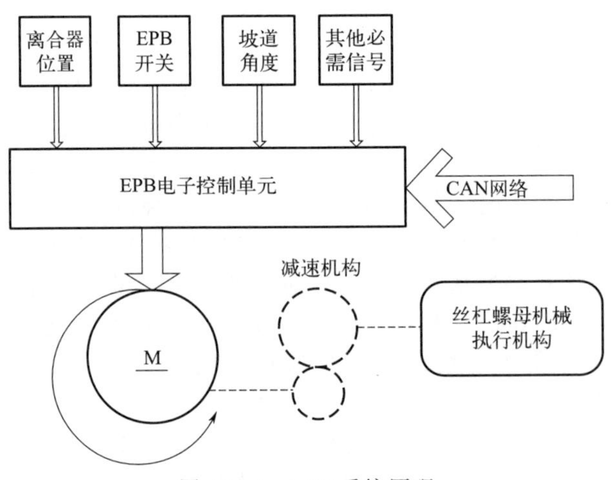


图12-14　EPB系统原理

**(2) 基本功能**

① 驻车制动功能。通过操作EPB系统开关来实现驻车制动和解除驻车制动。当车辆停止时，按下EPB开关，系统开始工作，锁止车辆；需解除驻车制动时，在点火开关处于ON状态下踩下制动踏板，操作EPB开关即可解除制动锁止。

② 动态紧急制动。如果行车制动系统出现故障，EPB可通过动态紧急制动功能强制制动车辆。即EPB电控单元与ABS电控单元数据互通，在行车制动系统出现故障时，两者共同根据车辆行驶工况控制制动过程，通过各轮制动压力执行动态紧急制动操作，保证车辆平

稳制动。

③ 坡道驻车辅助功能。EPB的坡道驻车辅助功能由两部分构成：坡道停车辅助和坡道起步辅助。当系统检测到车辆在斜坡上停车时，会在车辆完全静止之后，自动通过电子系统拉起手制动装置，以确保车辆平稳地停在坡道上；而车辆起步时，EPB系统会自动分配延迟制动，在驾驶员松开制动踏板后一段时间内仍然维持制动的存在，以保证驾驶员有充足的时间踩下加速踏板而启动车辆。

## 12.1.5 电子制动系统

电子制动系统（electronic braking system，EBS）是在ABS基础上发展起来的用电子控制取代传统控制气路来实现气制动控制的系统。可通过电子信号，直接控制安装在轮边的执行部件（如比例继动阀、桥控调节器、挂车桥控阀等）建立各个车轮所需要的制动力，从而可以消除常规气制动系统响应时间慢、制动舒适性差等缺点；在ABS电控回路失效的情况下，EBS的气压控制回路做备用控制回路，保证制动系统的制动性能。

### 12.1.5.1 EBS的结构和工作原理

EBS制动控制有两条气控回路和一条电控回路，典型的两轴车和三轴车EBS系统布置如图12-15和图12-16所示。

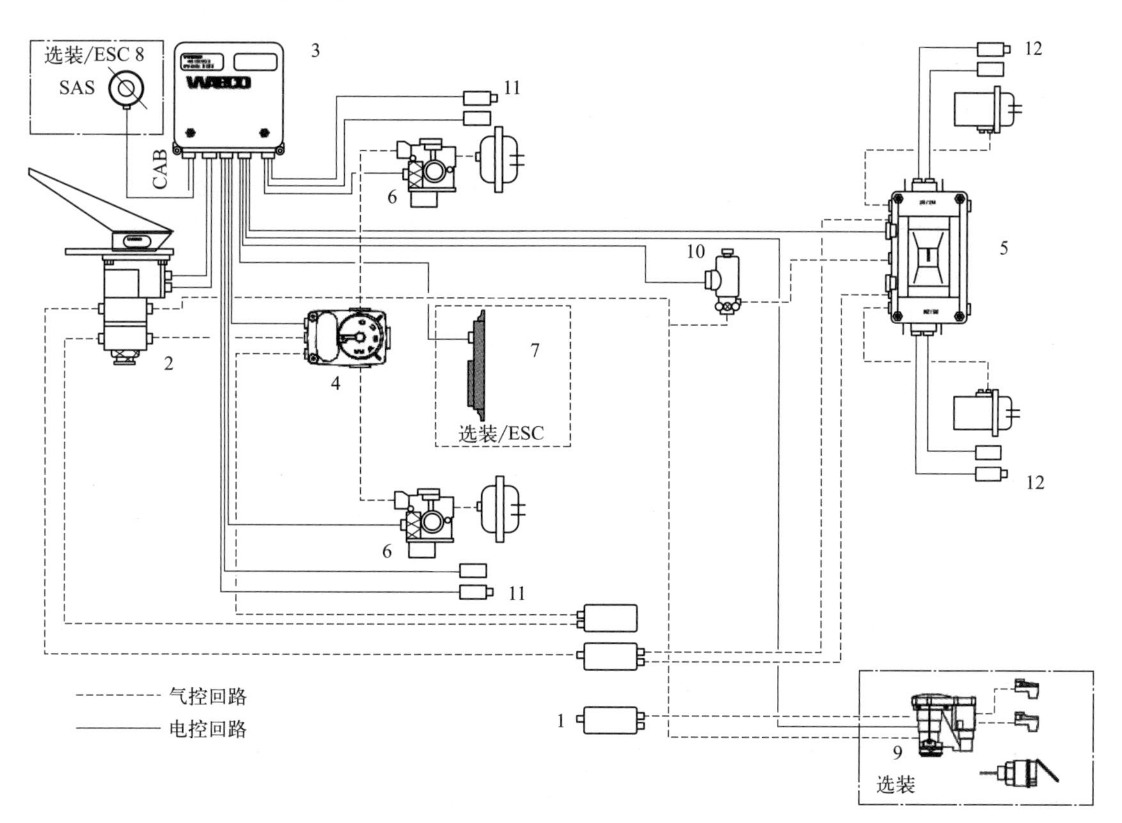


图12-15　两轴车EBS系统布置

1—储气筒；2—制动信号传输器；3—中央处理器；4—比例继动阀；5—后桥控制模块；6—ABS电磁阀；7—ESC模块；8—方向盘角度传感器；9—挂车控制阀；10—备压阀；11—前桥轮速传感器；12—驱动桥轮速传感器

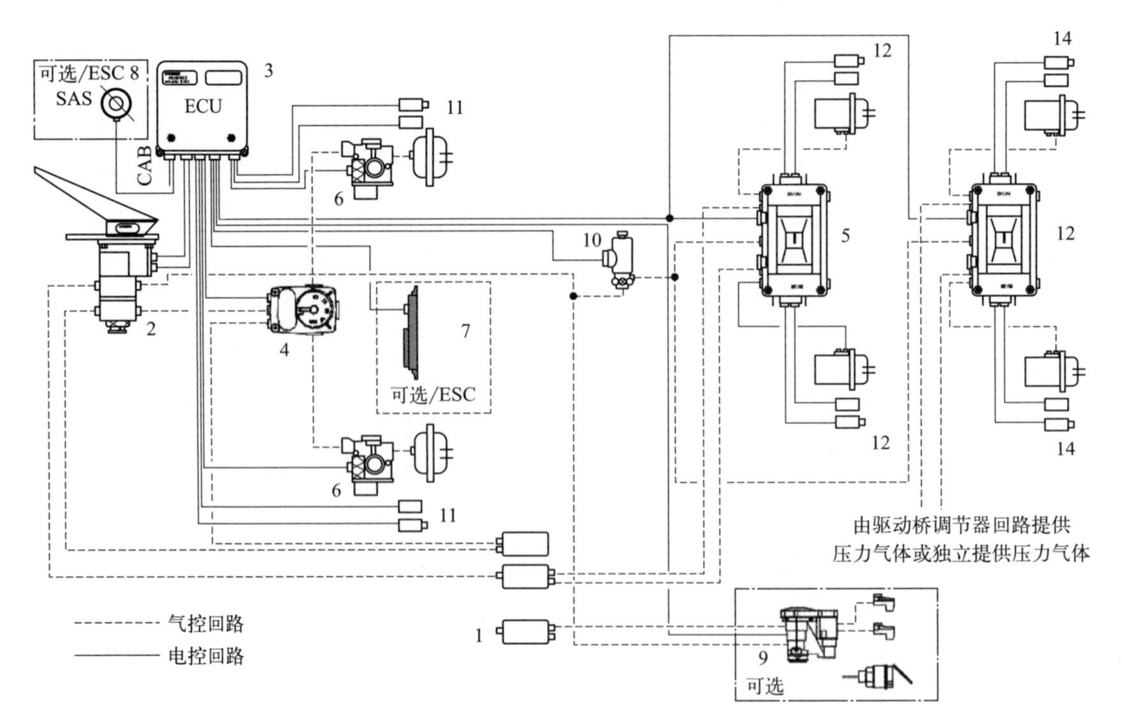


图 12-16 三轴车 EBS 系统布置

1—储气筒；2—制动信号传输器；3—中央处理器；4—比例继动阀；5—后桥控制模块；6—ABS 电磁阀；7—ESC 模块；8—方向盘角度传感器；9—挂车控制阀；10—备压阀；11—前桥轮速传感器；12—后桥轮速传感器；13—随动桥控制模块；14—随动桥轮速传感器

EBS 系统由制动信号传输器（BST）、中央处理模块（CM）、比例继动阀（PRV）、后桥控制模块、后桥备压阀、ABS 电磁阀及挂车控制阀（TCV，可选）等零部件组成。对于没有辅助制动系统的车辆，当驾驶员踩下制动踏板时，制动信号传输器的行程传感器将获得驾驶员的制动请求，并将请求的制动减速度输入中央处理模块，中央处理模块根据计算出的整车质量以及相应的每根轴的载荷和输入的制动器单位压力下的制动扭矩，计算出该减速度对应的每个制动气室需要的制动压力。中央控制模块直接控制内置有压力传感器的前桥比例继动阀和两个 ABS 电磁阀输出前桥所需的制动压力实施制动，并通过 EBS 内部 CAN 总线控制后桥控制模块，而后桥控制模块的 ECU 则控制相应作动元件输出相应的制动压力，实现后桥制动控制。对于有辅助制动系统的车辆，EBS 的中央控制模块能够通过 CAN 总线自动识别车辆是否带有辅助制动系统及其形式。如果带有辅助制动系统，在正常制动过程中，EBS 首先控制辅助制动系统提供制动转矩达到要求的车辆制动减速度；当辅助制动系统提供的制动转矩达不到要求时，EBS 将控制行车制动系统获得额外的制动转矩以达到驾驶员的要求。

**（1）制动信号传输器**

制动信号传输器（BST）通过产生电信号和气信号来促使制动，通常 BST 包含两条电回路和两条气回路，并设有两个开关。当制动产生时，开关关闭，其中一个开关带一个额外的制动信号灯的输出。两个传感器负责记录踏板行程，制动信号传输器同时也控制前桥和后桥的备压，当其中一条回路损坏时（无论是气回路还是电回路），其他回路正常工作；如果制动踏板没有行程，那么制动信号传输器将不会工作。其外观照片如图 12-17 所示。

(2) 中央处理模块

中央处理模块（CM）监督和控制整个制动系统，接收制动信号传输器传递过来的制动信号，根据制动信号计算判断前、中、后桥和挂车的制动力，产生相应的制动减速度。前桥的制动压力可以通过比例继动阀（PRV）调节，利用ABS轮速传感器采集轮速信号，当车轮抱死时，通过ABS电磁阀来调节前桥制动气室压力；通过EBS内部CAN通信系统可实现中央处理模块和后桥控制模块的连接，而其他汽车部件如发动机ECU、缓速器ECU和传动轴ECU也可通过SAE J1939定义地址来实现CAN连接。其外观照片如图12-18所示。

图12-17　制动信号输出器外观照片

图12-18　中央处理模块外观照片

(3) 比例继动阀

比例继动阀（PRV）用于调节前桥制动压力，由比例电磁阀、压力传感器和继动阀等构成，由中央处理模块控制。中央处理模块产生的电流值传输到比例继动阀时会转变成相应的控制压力，来控制PRV中的继动阀，而PRV的输出压力和控制压力成一定比例。无论在什么情况下（包括电回路损坏、PRV的电磁阀不工作等），继动阀都可以通过制动信号传输器输出的备压信号来控制。其外观照片如图12-19所示。

(4) 后桥控制模块

后桥控制模块主要控制后桥两边的制动压力。它包括两个独立的控制回路（通道A和B），每个通道包含一个输入输出的电磁阀、继动阀和压力传感器；两个通道都由集成在后桥控制模块中的ECU来控制。在电回路损坏时，后桥的备压回路可直接控制后桥控制模块。后桥两端的轮速可以通过ABS传感器来测量，当有抱死或打滑趋势时，调节制动气室压力。其外观照片如图12-20所示。

图12-19　比例继动阀外观照片

图12-20　后桥控制模块外观照片

图 12-21　后桥备压阀外观照片

#### (5) 后桥备压阀

后桥备压阀是一个三位两通电磁阀，它由中央控制模块控制。在正常工作情况下，该电磁阀作为关闭制动信号传输器回路（后桥）的备压阀；当损坏时，通过此备压阀来控制后桥控制模块的继动阀，实现制动控制。其外观照片如图 12-21 所示。

### 12.1.5.2　EBS 系统的功能特点

EBS 作为新一代的电子制动控制系统，集成了 ABS、ASR 和制动管理等功能，在制动过程中减少了制动系统的响应时间并解决了车辆的制动跑偏等问题，从而缩短了制动距离，使车辆行驶更加安全；在成本方面，通过系统零部件的标准化和高度集成化，降低了生产及安装成本；在安全性及制动舒适性方面，相应的制动管理功能提高了车辆的制动舒适性。其中，制动管理功能是 EBS 系统最强大的功能，具体体现在以下几方面。

① 制动力分配控制。在车辆行驶加速过程中，EBS 监测发动机的动力转矩和车辆加速度，动态计算出车辆总质量和每根轴的动态载荷；在 EBS 控制过程中，根据驾驶员的制动需求，通过控制前后桥之间的滑移差异接近零来实现最优的制动力分配，并同时考虑车轮间摩擦片的均衡磨损。

② 减速度控制功能。通过内置参数设定不同踏板行程对应的车辆减速度。无论车辆处于何种载荷状态下，都可根据驾驶员踏板行程的大小，输出相应的减速度，从而很好地避免了热衰退，或者轴荷变化对制动造成的影响。

③ 车辆所有辅助制动系统的自动控制。在装有 CAN 总线的车辆上，EBS 能够通过 CAN 总线报文自动识别车辆辅助制动系统类型（如发动机制动、排气制动和缓速器等）以及其能够提供的最大制动力矩，然后根据驾驶员的制动要求合理分配相应的制动力矩。不仅延长了摩擦片、制动盘或制动毂等部件的寿命，同时可使制动车轮尽可能保持冷态，增加了车辆的安全性。

④ 摩擦片磨损控制。系统可以通过磨损传感器获得摩擦片的磨损情况，监控和平衡不同车桥间的摩擦片磨损状态。在正常的制动过程中，EBS 会通过不同车桥间的制动压力调节来实现摩擦片的均衡磨损，从而实现车辆的所有摩擦片同时更换。

⑤ 制动帮助功能。当驾驶员非常快速地踩下制动踏板时，EBS 系统预判出驾驶员需要紧急制动，制动帮助功能将控制相应的作动元件输出最大制动压力进行全制动，直到驾驶员释放制动踏板，结束制动帮助功能。

⑥ 坡道起步功能（自动变速器）。坡道起步控制通过阻止车辆在坡道上的倒滑来保证驾驶员在坡道上舒适地启动车辆，EBS 系统将控制车辆在坡道上所需的制动压力。

## 12.2　智能安全系统

汽车智能安全系统主要包括智能避撞（前面碰撞预警、车道偏离预警、疲劳驾驶预警、自动泊车、行人识别和标志识别等）、电子稳定控制、自适应巡航控制、环境感知、夜视增强、夜视巡航、抬头显示、自适应前照灯控制和 360°全景环视等。目前，已在中、高档汽车上开始采用的主要有电子稳定性控制、前面碰撞预警、车道偏离报警、自动限速、盲区辅助、夜视成像和疲劳驾驶检测系统等。

采用智能安全系统后对汽车行驶安全性的提高十分明显。以主动防撞控制系统为例，研究表明，若所有汽车都装备这个系统，则交通意外率将减少 27%，每年可救回 8000 人的生命。对此，联合国欧洲经济委员会已经宣布，该系统为新设计车辆的标准，并于 2013 年开始强制实施。

## 12.2.1 电子稳定性控制系统

就车辆动力学特性而言，在紧急躲避障碍物或高速急转弯时，汽车将进入大侧向加速度和质心侧偏角的极限工况，很容易产生驾驶员难以控制的侧滑。首先，普通驾驶员不能够精确估计车轮和路面之间的附着系数，而且也不清楚车辆的侧向稳定系数，因此在车轮和路面之间处于附着极限条件下驾驶车辆是一件非常困难的事情；其次，普通驾驶员受限于其反应速度与驾驶经验，不能在附着极限状态下很好地驾驶车辆。相关研究表明，一般驾驶员在车辆侧偏角低于 2°以下时可进行有效的操纵，而专业驾驶员可控的这一角度则不会超过 4°；此外，驾驶员在不同的交通状况下进行深思熟虑的能力已被最小化，如果极限附着发生，车辆动力学特性的突变常使其惊慌失措，进而采取错误的处理方式(如胡乱操纵方向盘等)。

防抱死制动系统（ABS）和驱动防滑控制系统（ASR）可在车辆减速和加速过程中，通过控制纵向滑移率保证车辆在制动和驱动时的纵向动力学性能，以防止制动时车轮抱死和驱动时车轮打滑，同时起到间接控制减速和加速过程中的侧向稳定性。但在极限转向工况下，车辆所受的侧向力接近轮胎与地面的附着极限或达到饱和而引起的转向不足和转向过度趋势时，车辆将丧失操纵稳定性，对此 ABS 和 ASR 则无能为力。

电子稳定性控制系统（electronic stability control，ESC），又称电子稳定程序（electronic stability program，ESP），是在 ABS/ASR 基础上增加测量车辆运行姿态的传感器，当车辆在行驶过程中遇到紧急躲避障碍物或高速急转弯时，ESC 通过在左右车轮上施加不同的制动力对车辆的动力学状态进行主动干预，以防止车辆发生失控旋转等失稳情况，保证行车安全。ESC 具备以下三大特点。

① 实时监控：ESC 能够实时监控驾驶员的操控动作、路面反应和汽车运动状态，并不断向发动机和制动系统发出指令。

② 主动干预：ABS 等安全技术主要是对驾驶员的动作起干预作用，但不能调控发动机，而 ESC 则可以通过主动调控发动机的转速，并调整每个车轮的驱动力和制动力，来修正汽车的转向过度和转向不足。

③ 事先提醒：当驾驶员操作不当或路面异常时，ESC 会用警告灯提醒驾驶员。

### 12.2.1.1 ESC 系统组成

ESC 系统的硬件主要由传统制动系统、电子控制单元（ECU）、轮速传感器、方向盘角度传感器、横摆角速度传感器、加速度传感器以及辅助系统等组成，其系统布置示意如图 12-22 所示。

**(1) 电子控制单元**

电子控制单元（ECU）包括电源管理模块、传感器信号输入模块、执行机构驱动模块、指示灯接口以及 CAN 总线通信接口等，是车辆电子稳定控制系统的核心部件，用于接收和处理传感器的信号信息。作为执行控制算法逻辑的载体，ECU 是整个系统的大脑中枢，继而驱动稳定控制系统的执行器实现对车辆非稳态的干涉和调节。

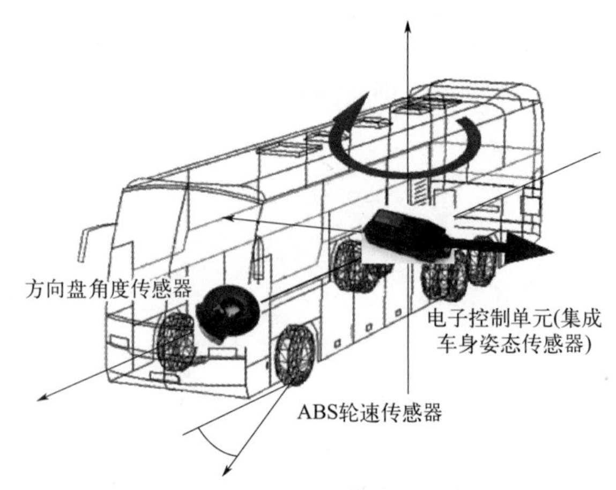


图 12-22　ESC 系统布置示意

**(2) 方向盘角度传感器**

方向盘角度传感器用以测量方向盘角度和转角变化速率，以此预测驾驶员的操作意图，从而为 ESC 系统控制单元提供控制动作的依据。方向盘角度传感器按照其输出信号和应用方式，可分为绝对值转角传感器和相对值转角传感器，其中前者基于电阻分压原理，通常使用导电塑料作为电阻器来分压，属于传统的转角传感器；后者则包括光电感应式传感器、电磁感应式传感器以及纯粹由电器元件组成的传感器等。

**(3) 横摆角速度传感器**

车辆的横摆运动是绕垂直轴的旋转运动，横摆角速度传感器主要测量车辆绕质心垂直轴的角速度，如果偏转角速度达到一定值，则提示车辆将有发生侧滑或甩尾的危险。横摆角速度传感器是一种振动陀螺仪，利用科里奥利（Corioli）力效果，通过物体在转动时的运动速度，即横摆角速度和振动速度产生科式加速度，从而测量转动率，并输出一个高精度的类比电压。

**(4) 加速度传感器**

加速度传感器用以测量汽车纵向和侧向加速度。加速度传感器有很多种，有利用压电石英谐振器的力-频特性进行加速度的测量，还有就是使用衰减弹簧质量系统进行加速度测量。车辆在行驶过程中可通过传感器内部的电压变化来判断加速度的大小和方向。

### 12.2.1.2　ESC 系统工作原理

汽车理论中的轮胎侧偏特性是影响整车操纵性的基础，ESC 系统力求使每个轮胎的受力处于侧偏特性中的稳定区域，而宏观上其实就是改变轮胎受到的横摆力矩，使得车辆有可能在即将冲出临界工况时，被强行拉回稳定行驶的工况。因此，ESC 需要不断地检测驾驶员的操作和车辆当前的行驶信息，并及时判断是否即将失稳，其中转向过度和转向不足是车辆最容易发生的临界稳定状态。

当车辆在低附着路面上行驶时，前轮侧偏力（轮胎所能提供的转弯时所需要的力）首先饱和，这时前轮侧偏力非常小，由于横摆力矩的减小，驾驶员想使车辆按照自己意图轨迹行驶变得很困难，车辆会偏离理想轨迹而驶向外侧，造成转向不足；而当后轮侧偏力首先趋于极限时，后轮侧偏力很小，横摆力矩会突然增加，过多的横摆力矩无疑将造成较大的轮胎侧偏角和横摆角速度，转向过度在所难免。

ESC 的任务就是在这两种工况下主动干涉，协助驾驶员对车辆进行稳定操控。一方面监测驾驶员操控意图（主要是方向盘的转动角度，角速度及转动幅度），另一方面（也是最重要的）是监测车辆当前的行驶状态，有没有跟踪驾驶者的操控意图，评估与操纵意图相差多少。宏观上看就是实际的运动轨迹与理想的运动轨迹相差多少，得到这个偏差，且偏差超过一定范围时 ECU 便发出控制指令，对制动系统或发动机进行干涉，调整施加在相应轮胎上的制动力或减少发动机输出的动力，避免事故的发生。一辆具有转向不足特性的车辆，在左转向时，会在前轮上产生向外拉的效果，通过 ESC 在左后轮上施加制动力，车辆将被拉回到正确的行驶轨迹上来；在同样的弯道上，一辆具有转向过度特性的车辆，会在后轮上产生向外拉的效果而偏离弯道，此时通过在右前轮上施加制动力，ESC 会相应产生一个具有稳定作用的顺时针转矩，从而将车辆拉回到正确的行驶轨迹上来，如图 12-23 所示。

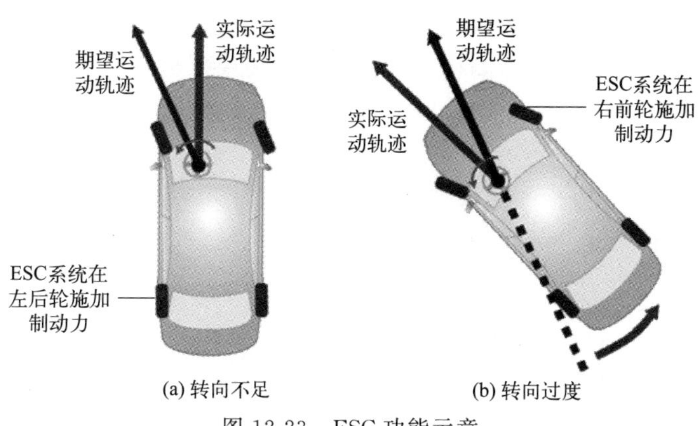


图 12-23　ESC 功能示意

无论是在弯道上或紧急避让状态，还是在制动、加速过程中，或是在车轮打滑时，一旦车辆行驶状态变得危急，ESC 都能利用这一原理来增加车辆行驶的方向稳定性。同时，ESC 还能缩短 ABS 在弯道上和对开路面（车辆的一侧为光滑路面）上的制动距离。

## 12.2.2　前防撞报警系统

根据美国国家公路交通安全管理局（NHTSA）的调查资料显示，世界范围内因车辆追尾引发的交通事故约占全部交通事故的 28%以上，其中驾驶员注意力分散和车距过近是导致追尾事故的主要原因。前防撞报警系统作为一种先进的车载电子安全系统，能够实时探测前方障碍物的运动状态，通过结合自车运行参数及时做出判断，最大限度减少驾驶员对车间距离和相对速度的误判，可有效预防追尾事故的发生。

根据目前的发展现状，前防撞报警系统可以分为两大类：被动防撞预警系统和主动防撞控制系统。其中，被动防撞预警系统可以探测危险并向驾驶员发出危险预警信息，而主动防撞控制系统则在发现危险并可能的前提下主动采取预防措施，以避免发生碰撞事故。两类系统都要求能够探测到前方障碍物，主要区别在于探测到障碍物之后的执行动作是由驾驶员执行还是自动执行。

**(1) 系统组成及关键技术**

前防撞安全系统主要由测距传感器和对应的控制单元 ECU 组成，其中测距传感器的主要作用是向控制单元提供关于自车与潜在危险障碍物之间的距离信息，常用的测距传感器包括超声波雷达、激光雷达、立体视觉及毫米波雷达（图 12-24）等；控制单元利用接收到的距离信息，结合车辆当前的运动状态进行潜在碰撞危险判断，并采取相应的操作策略。

图 12-24 车载毫米波雷达实物

系统实现的关键技术主要是障碍物探测技术及目标识别技术。前者的关键是为了提高系统工作的可靠性，在保证障碍物探测精度的基础上，需要根据自车运行状态进行有效的目标识别，从多个障碍物中挑选出潜在的危险目标。在车辆高速行驶过程中，测距传感器可以探测到前方多个障碍物，包括车辆、路牌、行人和树木等，而只有处于自车预计行驶轨迹上的障碍物才能算为“危险目标”。无论障碍物探测技术采用何种测距传感器，目标识别算法都要求能够估计车辆的行驶路线，以利于区分危险障碍物（自车所在车道的前方车辆等）和那些没有危险的障碍物（比如逆向车道上的车辆和路牌等）。

**(2) 被动防撞预警系统**

在被动防撞预警系统中，当系统探测到潜在的危险目标时，可通过视觉、听觉、触觉等多种方式提醒驾驶员，但不会采取主动措施对车辆进行操控，需要由驾驶员来决定是否采取应急措施以及采用何种措施。其典型代表系统为前向防撞预警系统（forward collision warning system，FCWS），FCWS 的结构组成示意及实际装车示意如图 12-25 和图 12-26 所示。除了上述提到的障碍物探测技术和目标识别技术外，被动防撞预警系统中安全车距控制模型也是系统实现的关键技术之一。

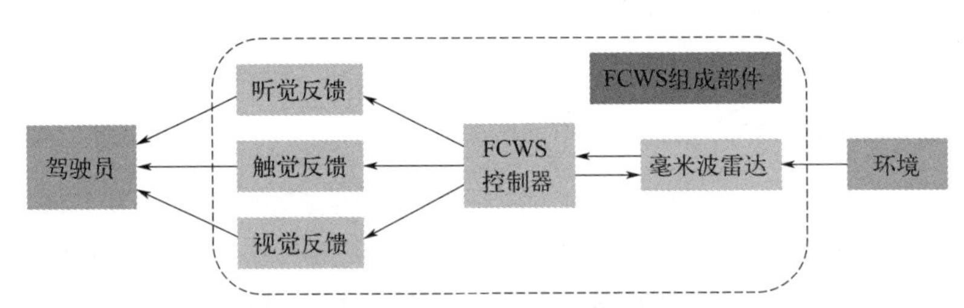


图 12-25 FCWS 系统结构组成示意

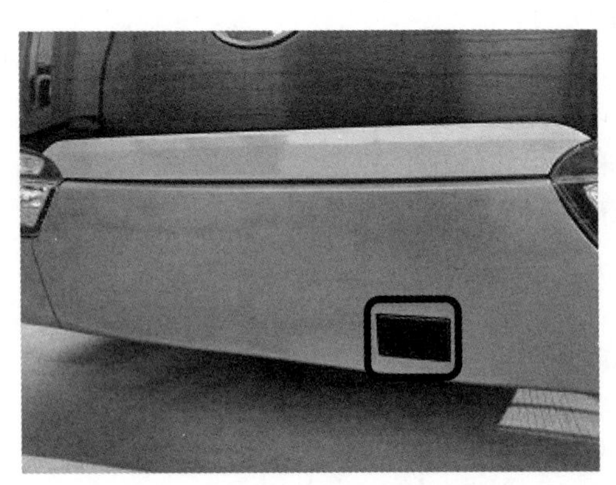

图 12-26 毫米波雷达装车示意（图中黑框内）

根据车辆制动过程的时序分析，两车间的安全车距由三部分组成：反应距离、制动距离及停车间距。

① 反应距离：是指驾驶员在意识到同前方目标障碍物可能存在追尾危险但尚未采取制动措施之前自车行驶的距离，主要取决于驾驶员的反应时间，与驾驶员的年龄、心理状态和疲劳程度等相关。

② 制动距离：是指从驾驶员采取制动措施开始到自车完全停止所行驶的距离，主要影响因素包括车辆制动性能、路面附着系数和两车相对速度等，其中路面附着系统需要考虑天气影响。

③ 停车间距：指车辆完全停止后与前方目标障碍物之间的距离，可根据个人驾驶习惯、道路等级等因素确定。

如图 12-27 所示为宇通汽车开发装车的前碰撞预警系统。该系统可以检测自车和行车路径上其他车辆之间的相对距离和速度，然后综合驾驶员的操控行为（制动、加速、变速等），评估碰撞危险程度，必要时利用报警人机界面进行可视报警，如报警图标（LED）闪烁；或对驾驶员身体产生刺激，如电动安全带、警示声音提醒等。对此，系统采用了区分静止和运动物体的针对性算法处理，以及集成桥梁和护栏的检测算法等，以减少误报警。

摄像头检测　　雷达检测

图 12-27　宇通汽车开发装车的前碰撞预警系统

**(3) 主动防撞控制系统**

主动防撞控制系统的典型应用为自适应巡航控制系统（adaptive cruise control，ACC）及先进紧急制动系统或自主紧急制动（advanced emergency braking system/autonomous emergency braking，AEBS）。

ACC 是在传统定速巡航基础上研发的智能辅助驾驶系统，该系统可以根据自车与前方车辆的实时距离、驾驶员设定的安全车距和巡航车速自动调节车辆的速度。当前方没有其他车辆或前方车辆速度高于设定巡航车速时，系统将自动根据设定巡航车速保持行驶；当系统检测到本车道内存在速度较慢的前车时，可根据两车相对车速依次启动发动机转矩限制、发动机排气制动和车辆应急制动系统等进行制动操作，以保持两车间适当的安全车距；在危险情况下，可紧急制动以避免碰撞或减轻其影响；当前方车辆加速驶离后，自车可以自动恢复到设定的巡航车速运行，以减轻驾驶员的操作强度，提高行驶舒适性。

AEBS同ACC系统一样，可以通过监测前方的交通状况、识别潜在危险的情形和根据需要进行制动，帮助减轻追尾事故的影响或避免追尾发生。其前视雷达传感器采用先进的算法监测前方车辆的距离、速度等运行状态，如果探测到有可能与前方目标发生碰撞时，该系统将通过一系列的听觉和视觉警告，提醒驾驶员采取适当的纠正措施；如果驾驶员没有对警告做出反应，该系统将发出触觉警告，这是在不需要该系统进行干预的情况下防止发生碰撞的最后机会；如果驾驶员仍旧没有做出反应，系统将视情况启用不同的制动策略，以保证车辆在发生碰撞前停止或者达到法规要求的车速限值。

## 12.2.3 车道偏离报警系统

据统计，约有44%的汽车事故与车辆偏离正常车道行驶有关，其主要原因是驾驶员注意力不集中或者疲劳驾驶，造成车辆的无意识偏离。

车道偏离报警系统（lane departure warning system，LDWS）是一种通过报警的方式辅助过度疲惫或者长时间单调驾驶的驾驶员保持车辆在车道内行驶，减少车辆因车道偏离而引发交通事故的系统。该系统由安装在车辆前风窗玻璃内侧的智能摄像头（图12-28），实时检测前方道路环境，对车辆左右两侧道路交通标线进行准确识别，结合车辆运行数据进行车道偏离决策。当驾驶员因疲劳、疏忽、注意力分散等原因被动偏离车道时，通过视觉、听觉、触觉等方式将车辆行驶偏离情况告知驾驶员，避免车辆因无意识偏离车道而造成交通事故。该系统工作原理示意如图12-29所示。

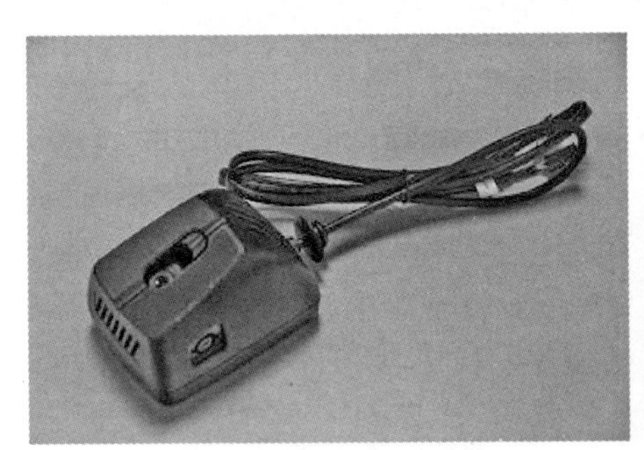

图12-28　车道偏离智能摄像头实物及安装位置示意

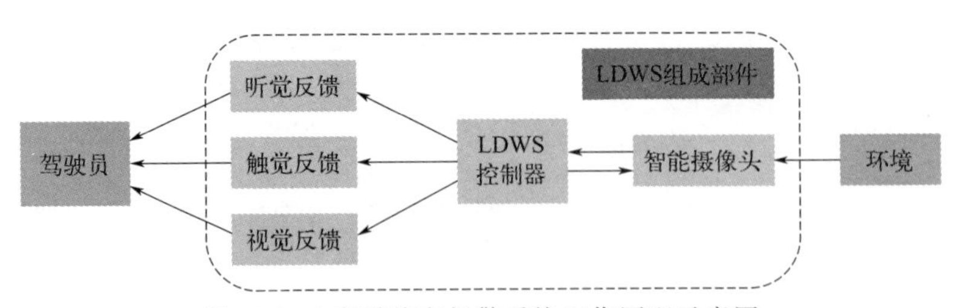


图12-29　车道偏离报警系统工作原理示意图

车道偏离报警系统功能实现的两大关键技术包括车道线识别算法和车道偏离报警算法。

作为车道偏离报警系统的核心，车道线识别算法要求道路路面存在符合国家标准的较为清晰的车道线。现有车道线识别算法可以归结为两大类，即基于特征的识别方法和基于模型的识别方法。基于特征的识别方法主要是结合交通标识线的一些特征（颜色特征、灰度梯度特征等），从所获取的图像中识别出道路边界或车道标识线，是目前应用较多的识别方法；基于模型的车道线识别方法主要是基于不同的道路图像模型（2D或3D模型），采用不同的识别技术（Hough变换、模板匹配技术和神经网络技术等）来对车道线进行识别。

车道偏离报警算法的关键是确定一个合适的预警时刻向驾驶员报警，并在保证报警准确性的情况下不会对驾驶员的操作形成干扰，必要时需要加入车辆的运动参数。目前，车道偏离报警系统采用的报警算法主要包括：基于车辆在车道中的当前位置，仅利用车轮和车道线的相对位置进行偏离决策；基于车辆穿越车道线边界的时间（time to lane crossing，TLC），假设车辆当前运动状态（方向盘角度、车速等）保持不变，通过模型估计出车辆的运动轨迹，并估算出发生偏离所需要的时间；基于稳态预瞄模型，利用车辆纵向加速度的稳态值，将车辆动力学系统的阶跃输入的动态响应模型作为预测模型，根据车辆的当前稳态特性预测未来某时刻到达的位置，对车辆的行驶轨迹进行稳态预瞄，再通过车辆预期轨迹点与车道的纵横向距离对车辆偏离进行评价，并根据驾驶员当前状态和路况等因素建立预警评价值。

欧盟已于2013年11月1日起，要求部分类型的新车强制安装车道偏离报警系统。从目前技术发展现状来看，车道偏离报警系统的准确率及可靠性均能符合法规及实际使用需求，国内主流汽车厂已将该配置列为选装系统，后续该技术的发展方向应结合车辆转向系统进行控制，在检测到车辆无意识偏离车辆时主动控制行进方向，以保持车辆行驶在车道线内。

### 12.2.4 自动限速控制系统

超速行驶是造成交通事故的罪魁祸首。传统的限速手段采用限制车辆本身的最高车速或通过GPS电子围栏进行超速报警，而这两种方式都无法将车速限制在由人、车、路、环境等因素共同决定的实际安全车速范围内。例如，在某些特殊路段或恶劣气候条件下，并不能真正避免因超速导致的交通事故发生。

为了在更大限度上杜绝超速行为，基于车联网的道路自动限速控制系统采用主动限速技术，可结合车辆GPS位置信息和电子围栏技术在后台系统设置不同路段的最高时速；同时，借助智能技术及时检测外部环境变化（例如通过无线通信/5G等通信手段获取前方道路天气状态、利用雨刮工作状态判断当前降雨趋势等），主动限制发动机的输出功率，实现对最高车速的限制，确保车辆在特殊路段和恶劣气候环境下能在安全车速内行驶，让汽车远离因超速引发的交通事故。该系统应具备以下功能特点。

① 主动限速。系统在传统电子围栏限速报警的基础上，通过远程管理平台的控制指令及车速自动控制功能模块，在车辆进入限速区域时根据要求实现主动限速。

② 智能化的车速控制。系统采用安全智能的车速控制模型，利用智能传感及车联网技术，综合判断气候环境、道路特征、车辆特征及驾驶员特征等指标，实现车辆在危险路段、事故多发路段和恶劣环境等因素条件下的智能车速限制，以此最大限度保障行车安全。车速控制模型的参考指标如图12-30所示。

道路自动限速系统可通过接收外部输入条件自主设定车辆速度限值，以有效预防由于超速引发的各类交通事故，如夜间超速行车、危险路段超车等。后续研究将结合车联网技术进一步优化智能控制逻辑，满足不同客户的安全需求。

图 12-30　车速控制模型的参考指标

## 12.2.5　盲区辅助系统

在日常开车过程中，驾驶员通常会通过位于车身两侧的后视镜和车内后视镜，观察车辆两侧及后方的交通状况。但由于后视镜布置方式、车身结构及驾驶员观察角的限制，仅仅依靠后视镜所提供的信息并不能实现对车身周边环境的完整覆盖，所有车辆均存在不同程度的“视野盲区”。

倒车雷达及倒车影像监视系统的出现很好地满足了驾驶员对于车辆后方盲区的视野需求，可以直观、准确地观察车辆后方的障碍物情况。然而车辆两侧及前保险杠附近的盲区对车辆转弯、变道及通过狭窄路段等情况下的安全行驶同样十分必要，因此近年来多种盲区辅助系统陆续面世，其中以换道辅助系统和全景环视系统为主要代表。

**(1) 换道辅助系统**

换道辅助系统（lane change assistant system，LCAS）利用摄像头或雷达传感器监测车辆两侧及后方的道路环境，摄像头一般安装于车辆两侧后视镜处，雷达传感器则通常安装在后保险杠处。在车辆运行过程中，当系统检测到驾驶员有变道意图（转向灯开启）时进行辅助决策；当系统判断邻道内或后方接近车辆可能对换道安全造成影响时，便通过视觉、听觉等交互方式提醒驾驶员。换道辅助系统功能示意及雷达实物如图 12-31 所示。

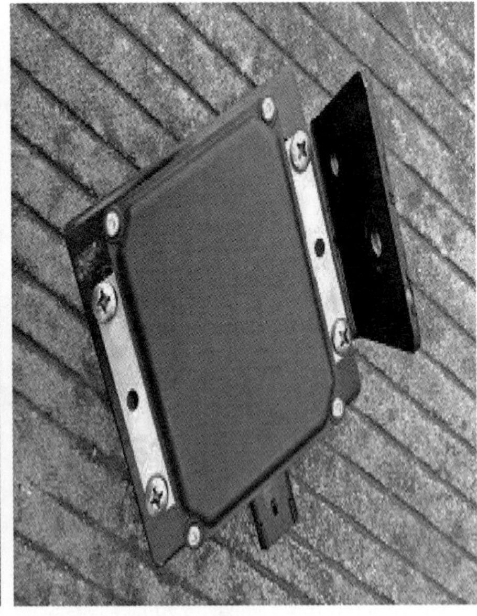

图 12-31　换道辅助系统功能示意及雷达实物

**(2) 全景环视系统**

全景环视系统（top view system，TVS）通过安装在车身周围的多路广角摄像头实时采集四周环境影像，控制器经过参数标定、畸变校正、光照一致性均衡和拼接融合等智能图像算法处理，最终形成一幅车辆四周的全景俯视图并显示在屏幕上，直观地呈现出车辆所处的位置和周边情况。系统无盲区、无死角，大大拓展了驾驶员对周围环境的感知能力，实时了解周边障碍物的相对方位，使驾驶员在处理车辆起步、行车转弯、泊车入位、窄道会车、规避障碍等情况时从容不迫、轻松自如，可以有效减少剐蹭、碰撞、碾压甚至陷落等事故的发生。全景环视系统装车位置示意如图 12-32 所示，如图 12-33 所示为厦门大金龙开发的 TVS 全景环视系统效果示意。

图 12-32　全景环视系统装车位置示意（图中黑框内）

图 12-33　厦门大金龙开发的 TVS 全景环视系统效果示意

## 12.2.6 夜视成像系统

夜间行车对于驾驶员来说是非常危险的。夜间环境能见度较差，车辆前照灯的照射范围和照明亮度有限，面对道路前方突然出现的行人/车辆往往反应不及。车载夜视成像系统（night vision system，NVS）源自军用技术，其主要实现方式可分为主动式近红外成像和被动式远红外成像两种。其中，前者利用能够自主发出红外线的前照灯设备，当红外线遇到障碍物反射后被低照度摄像机接收，并通过显示屏成像，其优点是造价成本较低，但容易受对面来车的强光干扰；后者根据普朗克辐射定理，即自然界中凡是绝对温度大于0℃的物体都能对外辐射红外线，辐射强度与温度及物体表面辐射能力有关。远红外夜视系统将物体的红外辐射聚焦到能够将红外辐射能转换为便于测量的物理量的器件——红外探测器（其内部结构示意及传感器实物如图12-34所示）上，红外探测器再将强弱不等的辐射信号转换成相应的电信号，然后经过放大和视频处理，形成可供人眼观察的视频图像。被动式远红外成像具有全天候作业、不受强光干扰、可穿透雨/雾/沙尘等恶劣环境的优点。

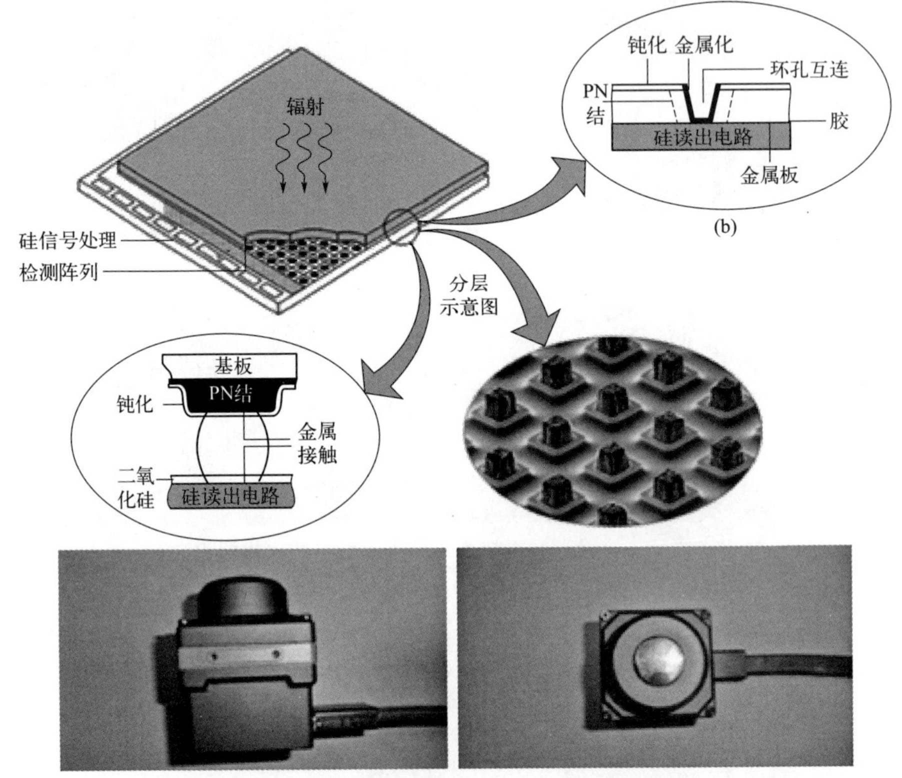


图12-34 红外探测器内部结构示意及传感器实物

## 12.2.7 疲劳驾驶检测系统

美国交通部一项专门针对商用车辆的研究报告中指出，20%～40%的商用车辆事故是由于驾驶员疲劳驾驶造成的；同时，通过分析182起导致驾驶员死亡的重型载货汽车事故发现，31％的事故与驾驶员疲劳有关；然而，更加危险的数字是在对1000名驾驶员的调查中发现，55％的驾驶员承认有过疲劳驾驶的经历，更有23％的驾驶员曾经在行驶过程中睡着。因此，可以说疲劳驾驶是最普遍、最危险的驾驶行为之一。

驾驶员在疲劳时，其对周围环境的感知能力、形势判断能力和对车辆的操控能力都将大幅度降低，很多情况下疲劳驾驶都是导致注意力不集中、反应迟钝、操作不当，甚至超速行驶的直接原因，因此很容易发生交通事故。随着人们安全意识的增强和科学技术的进步，驾驶员安全状态监测技术已成为汽车安全技术领域的一个主要发展方向，研究开发高性能的驾驶员疲劳检测预警技术，对改善我国交通安全状况意义重大。

驾驶疲劳是指驾驶员在驾驶车辆时由于种种原因产生了生理机能或心理机能的失调，从而使驾驶机能失调。驾驶员疲劳时，除表现有循环机能、血液、呼吸机能、神经机能和体温等变化外，在心理状态等方面也会引起各种各样的变化，但国际上并没有一种公认有效的检测疲劳的方法，因此，疲劳驾驶的检测方法也呈现多种多样。目前，疲劳驾驶的检测方法大体可分为主观方法和客观方法两种。其中，主观方法主要是通过驾驶员自评或他评的方式对被试驾驶员的疲劳症状进行评分比较，估计被试驾驶员的疲劳程度。由于主观方法具有评分主观，标准尺度把握不统一，受记忆及其他个人能力影响等缺点，一般只作为试验研究的辅助手段。因此，疲劳驾驶的检测方法研究主要集中在客观方法方面。

疲劳驾驶检测的客观方法主要针对行驶过程中驾驶员生理、心理及车辆行驶状态的一些特异性指标进行检测，检测方法大致分为以下三种。

① 利用生理传感器检测驾驶员的生理变化指标，如脑电、心电、心率、呼吸和肌电等。驾驶员生理指标变化虽然能准确反映驾驶疲劳状态，但由于绝大多数生理传感器侵入性太强，需要在身体表面贴入电极，不仅会引起驾驶员的不适，而且会影响驾驶操作动作，不利于驾驶安全。因此，监测驾驶员生理变化，不适宜在实际驾驶作业中应用。

② 利用机器视觉技术或其他传感器技术检测驾驶员的外部变化特征，如眼睑眨动、点头、打哈欠等。由于其非接触式检测的特性，不会对驾驶员的正常驾驶造成干扰，目前已经成为驾驶疲劳检测的热门研究方向。但这种方法仍存在一定的技术局限，主要表现在机器视觉技术本身受环境影响较大（如光照、驾驶员肤色、着装和墨镜等），导致检测算法可靠性不高；监视驾驶员面部表情需要对监视部位（眼睑、瞳孔、嘴部等）进行精确定位与计算，受算法效率的影响，准确率不高。

③ 利用车载传感器检测驾驶员驾驶行为及其产生的车辆行驶状态变化特征，如转向、加速、挡位、制动及车速、加速度、车辆在车道中的位置等。该方法的最大优势是信号容易提取，数据处理过程相对简单，且由于驾驶行为直接影响车辆行驶的安全状态，因此能有效避免事故的发生。但存在的主要问题在于：受驾驶员驾驶习惯、道路环境等因素的影响，驾驶行为与疲劳之间的相关性不易确定，评价疲劳驾驶的指标阈值难以确定；当车辆低速行驶时这些驾驶行为参数很难准确反映驾驶员的疲劳状态。

## 12.3 轮胎气压自动监测系统

轮胎的正常工作是汽车行驶安全必不可少的因素之一。据调查统计，汽车抛锚故障的26％是由于轮胎异常所致，位列汽车故障的第二位。这其中由于突然爆胎占15％，其余85％是因为轮胎的缓慢漏气而驾驶员不知道的情况下继续行车造成的后果。为此，大部分国家的交通管理部门都颁布了标准法规，要求车辆安装使用轮胎气压自动监测系统（简称“胎压监测系统”）。

轮胎气压自动监测系统（tire pressure monitoring system，TPMS）属于主动安全设备的一种，它可以在轮胎出现危险征兆时及时报警，提醒驾驶员采取相应措施，从而避免严重事故的发生。有了胎压监测系统，就可以随时使轮胎保持在规定的压力、温度范围内工作，从而减少车胎损毁，延长使用寿命。相关数据显示，在轮胎气压不足时行驶，若车轮气压比正常值下降10%，轮胎寿命就减少15%；当胎内的气压过低时，就会增加轮胎与地面的接触面积，从而增大摩擦阻力；若轮胎气压低于标准气压值30%，则油耗将上升10%。

在轮胎气压监测系统的发展过程中，先后出现了直接和间接两种结构，由于后者的成本较低、准确度也较差，主要用于早期的汽车配置中，随后直接式成为主流。

## 12.3.1 轮胎气压对行驶安全的影响

**（1）轮胎气压对承载能力的影响**

轮胎是车辆与地面接触的唯一纽带，是承受车辆负荷的最终部件。轮胎负荷是根据轮胎结构、帘布层（胎体）强度以及使用气压和速度等经过精确计算确定的。车辆超载行驶时，轮胎承受的负荷、变形增大，胎体所承受的压力也相应增加，轮胎与路面的接触面增大，相对滑移加剧，磨损加快，特别是胎侧弯曲变形会引起胎肩磨耗、胎纹升高、轮胎帘布层脱落。如表12-1所示为部分规格轮胎充气压力对照。

**表12-1 部分规格轮胎充气压力对照**

| 轮胎规格 | 充气压力/kPa | 轮胎规格 | 充气压力/kPa |
|---|---|---|---|
| 7.00R16LT | 770 | 10.00R20 | 830 |
| 7.50R16LT | 740 | 11.00R20 | 820 |
| 7.50R20 | 830 | 11.00R20 | 930 |
| 8.25R16LT | 700 | 12.00R20 | 830 |
| 9.00R20 | 790 | | |

**（2）轮胎气压对制动性能的影响**

与标准气压相比，气压提高25%，轮胎寿命将会降低25%；气压降低25%，寿命大约降低30%；而保持标准轮胎气压对于降低油耗有十分明显的作用。根据固特异（Goodyear）公司的数据，充气不足状态下胎压每下降1psi（1psi=6894.76Pa）将使油耗增加1%。胎压过高不仅会引发高速行驶时爆胎，而且平时正常的驾驶也会受到干扰。首先是轮胎噪声变大；其次是在通过一些起伏路面时会令车身跳动频率过大，舒适感下降；此外，过高的气压也许会让转向的感觉变得轻盈，但在转弯时车轮的侧向抓地力则会明显降低，更早地产生转向不足而引发危险；最重要的是过高的胎压还会影响到车辆的制动效果，其原因在于轮胎的接地面积变小后，在低附着力的路面进行紧急制动时会使制动距离变得更长。

**（3）轮胎气压对高速性能的影响**

车辆主要是轮胎与地面接触，在匀速运行下，轮胎的磨损是有规则的。高速公路路面平整，单向行驶的长途车较多，速度快使轮胎与地面形成不规则的磨损，当轮胎内部的磨损深度超过标准胎面花纹时，将出现胎面剥离现象，从而容易产生滑移，发生交通事故。

轮胎寿命受车辆行驶速度影响很大。随着车辆行驶速度的增加，轮胎寿命不断降低。据统计，国内高速公路70%的意外交通事故是由爆胎引起的；当行驶速度达到70km/h时，轮胎寿命下降30%左右；而速度在160km/h以上发生爆胎时死亡率接近100%。速度过快会加速轮胎劣化过程，造成胎圈损伤或轮胎与轮辋脱离，胎面中心快速磨耗，一旦受到外力冲击，很容易产生外伤甚至爆破胎面。

在行驶过程中，轮胎与地面的接触部分因为荷重而使周边产生弯曲，旋转离开地面时，弯曲部分随着胎内压力恢复原状；但如果胎压不足或速度太快，弯曲部分来不及恢复原状，这时轮胎就会产生波状变形，表现在轮胎与接地部位的后半圆附近，俗称“驻波”；“驻波”发生时，轮胎的滚动阻力急剧上升，轮胎在短时间内吸收驻波能量，致使温度急剧上升。此时，如果继续高速行驶，就会发生胎面胶被甩掉，进而引起轮胎爆裂的事故。

**(4) 轮胎气压对侧偏特性的影响**

随着气压的增大，轮胎的侧向力也增大，这是因为提高轮胎气压使其横向刚性增大。一般来说在此情况下侧偏力也增大，但气压提高将使轮胎接地面积减少；受轮胎负荷的影响，侧向力有可能减小。相反轮胎气压低，则横向刚性变小，侧偏可能性增大。轮胎负荷大，即使压力增大，轮胎接地面积几乎没变化，而侧偏力则随横向刚性增大而增大。但在轮胎负荷小的情况下，与轮胎气压增加带来的横向刚性增大的作用相比，轮胎接地面积的减少使得侧向力降低的作用更大。因此，为了保证汽车的可操纵性和安全性，保持合适的轮胎气压非常重要。

此外，在正常装载情况下，当胎压过高时，会减小轮胎与地面的接触面积，而此时轮胎所承受的压力也会相对提高，将影响轮胎的抓地力；当车辆经过沟坎或颠簸路面时，胎内没有足够空间吸收震动，除了影响行驶稳定性和乘坐舒适性外，还会加大对悬挂系统的冲击力度，影响底盘及整车零部件的使用寿命；同时，在高温时爆胎的隐患也会相应增加。

### 12.3.2 轮胎气压自动监测系统的分类与工作原理

目前，轮胎气压自动监测系统主要有间接式、直接式和复合式三种类型，其工作原理如下。

**(1) 间接式轮胎气压自动监测系统**

所谓间接式(wheel-speed based，WSB)，是通过汽车ABS系统的轮速传感器来比较轮胎之间的转速差别，以达到监测胎压的目的。ABS一般通过轮速传感器来确定车轮是否抱死，从而决定是否启动防抱死系统。

间接式胎压监测的工作原理是：当轮胎压力降低时，车辆的重量会使轮胎直径变小，导致其转速比其他车轮快，通过比较轮胎之间的转速差别，以达到监视胎压的目的。

间接式轮胎报警系统实际上是依靠计算轮胎滚动半径来对气压进行监测的。这种变化可用于触发警报系统向驾驶员发出警告。WSB属于事后被动型，只需要在传统ABS系统上增加软件检测功能，即可提醒可能存在的轮胎气压异常。目前，这一技术还没有在汽车上采用。

**(2) 直接式轮胎气压自动监测系统**

直接式胎压监测装置（pressure-sensor based，PSB)，是利用安装在每一个轮胎里的压力传感器来直接测量轮胎的气压，利用无线发射器将压力信息从轮胎内部发送到中央接收器模块，通过显示终端（显示器）对各轮胎气压数据进行显示。当轮胎气压太低或漏气时，系统会自动报警。可见PSB属于事前主动防御型。

PSB胎压监测传感器的安装位置如图12-35所示。

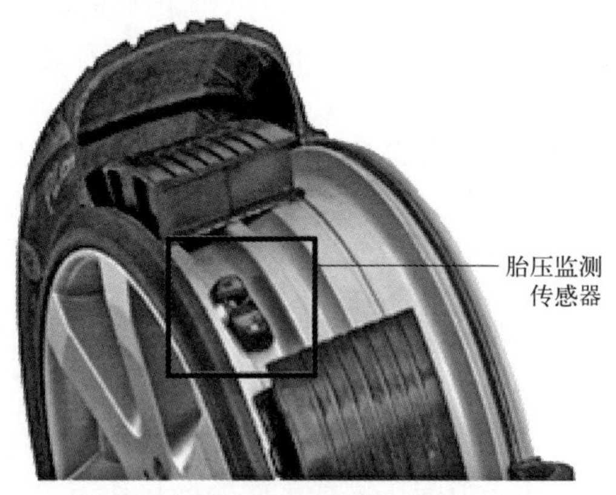


图 12-35　PSB 胎压监测传感器的安装位置

**(3) 复合式轮胎气压自动监测系统**

复合式轮胎气压自动监测系统（TPMS）兼有间接式和直接式的优点，它在两个互相成对角的轮胎内装备直接传感器，并装备一个 4 轮间接系统。与全部使用直接式系统相比，这种复合式系统可以降低成本，克服间接系统不能检测出多个轮胎同时出现气压过低的缺点。其监测系统原理如图 12-36 所示。

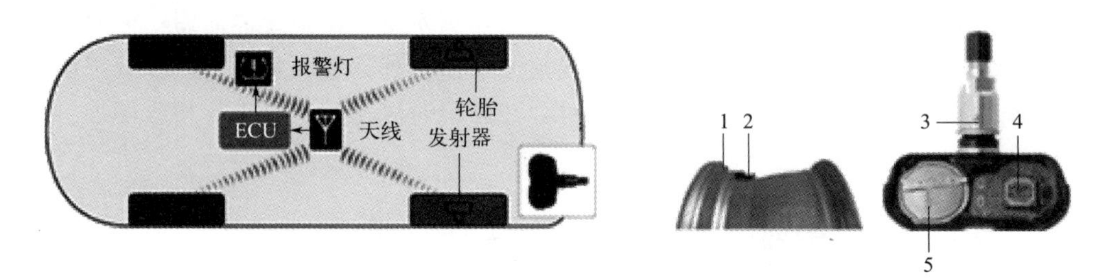


图 12-36　TPMS 胎压监测系统原理

1—轮毂；2—胎压传感器；3—气门嘴；4—发射感应器；5—电池

## 12.3.3　轮胎气压自动监测系统的组成

直接式轮胎气压自动监测系统主要由胎压传感器、无线接收器和显示器三部分组成，如图 12-37 所示。也有把无线接收器与显示器整合在一起的结构。

复合式轮胎气压自动监测系统由胎压传感器、接收器发射感应器、天线、报警灯和显示器等组成。

**(1) 胎压传感器**

胎压传感器是在轮胎的轮毂上安装的一个内置传感器，传感器中包括感应气压的电桥式电子气压感应装置，它将气压信号转换为电信号，通过无线发射装置将信号发射出来。如图 12-38 和图 12-39 所示分别为胎压传感器和胎压传感器在轮毂上的装配。

TPMS 通过在每一个轮胎上安装高灵敏度的传感器，在行车或静止状态下，实时监视轮胎的压力、温度等数据，通过无线方式发射到接收器，在显示器上显示各种数据变化或以蜂鸣等形式提醒驾车者；并在轮胎漏气和压力变化超过安全门限（该门限值可通过显示器设定）时进行报警，以保障行车安全。

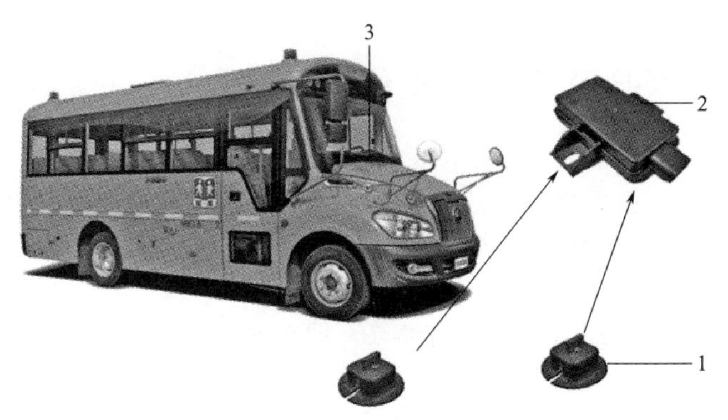


图 12-37　直接式 TPMS 系统的组成

1—胎压传感器；2—无线接收器；3—显示器

图 12-38　胎压传感器

图 12-39　胎压传感器在轮毂上的装配

**(2) 接收器**

接收器也根据供电方式分为两种：一种是通过点烟器或者接汽车电源线的方式供电，大部分的接收器都是这种形式；另一种是通过车载自动诊断系统（on board diagnostics，OBD）接口供电，即插即用，而接收器则是抬头显示器（head up display，HUD，亦称“平视显示器”）。

驾驶者可以根据显示数据及报警信息，及时发现轮胎的异常情况，如压力过低、温度过高等，及时对轮胎进行充气、放气或维修，发现渗漏也可以及时处理。如图 12-40 所示为一种胎压显示器。

图 12-40　一种胎压显示器（含无线接收器）

### 12.3.4 WSB与PSB及TPMS的优缺点对比

无论是WSB还是PSB，都有各自的优点。其中，PSB提供更高级的功能，随时测定每个轮胎内部的实际瞬压，很容易确定故障轮胎。而WSB系统在造价上相比PSB较低，只需在四轮ABS上进行软件升级即可完成。但是WSB没有PSB的准确率高，且不能确定故障轮胎的真实情况。

TPMS兼具PSB和WSB两种系统的优点，即在两个互相成对角的轮胎内装备直接传感器，并安装一个四轮间接系统。这种复合式系统与直接式系统相比，可以降低成本，同时克服间接式系统不能检测出多个轮胎同时出现气压过低的缺点；但是还不能像PSB那样提供所有轮胎的实际压力实时数据显示。

直接式轮胎压力监测系统为传感器供电的电池寿命一般有3年、5年和10年等多种形式。

# 参 考 文 献

[1] 李参，承姿辛，解小琴. 新能源汽车概论. 上海：上海交通大学出版社. 2019.
[2] 崔胜民. 现代汽车新技术解析. 2版. 北京：化学工业出版社. 2021.
[3] 田晋跃，刘新磊. 现代汽车新技术概论. 4版. 北京：北京大学出版社. 2024
[4] 李妙然，邹德伟. 智能网联汽车技术概论. 北京：机械工业出版社. 2019.
[5] 宗俊平，费孝涛，高银龙. 新能源汽车概论. 上海：同济大学出版社. 2020.
[6] 曾小华，王庆年，等. 新能源汽车关键技术. 2版. 北京：化学工业出版社，2023.

## 欢迎订购化工社实用技术图书

| 书号 | 书名 | 定价/元 | 出版时间 |
| --- | --- | --- | --- |
| 46609 | 新能源汽车技术手册 | 298.00 | 2025.04 |
| 35981 | 双定子叶片式液压泵与马达<br>设计·分析·实验·仿真·实例 | 128.00 | 2024.11 |
| 46619 | 多泵多速马达液压基本回路<br>设计·分析·实验·仿真·实例 | 128.00 | 2024.11 |
| 45313 | 双转子构型液压变压器<br>设计·分析·实验·仿真·实例 | 128.00 | 2024.7 |
| 45958 | 汽车 NVH 性能开发及控制 | 128.00 | 2024.11 |
| 46096 | 走进机器人世界——形形色色的机器人 | 60.00 | 2024.10 |
| 45217 | 液压试验技术及应用(第二版) | 99.00 | 2024.06 |
| 44999 | 数据生态治理系统工程 | 228.00 | 2024.05 |
| 23845 | 液压工程师技术手册(第二版) | 298.00 | 2024.03 |
| 43069 | 人工智能项目管理 方法·技巧·案例 | 108.00 | 2023.07 |
| 42811 | 新能源汽车关键技术(第二版) | 128.00 | 2023.06 |
| 41523 | 振动破碎磨碎机械 设计·分析·试验·仿真·实例 | 128.00 | 2023.01 |
| 45586 | 新能源与智能汽车技术丛书<br>——无人驾驶汽车电动底盘技术 | 128.00 | 2024.09 |
| 43504 | 新能源与智能汽车技术丛书<br>——新能源汽车动力电池管理技术 | 128.00 | 2023.09 |
| 43033 | 新能源与智能汽车技术丛书<br>——新能源汽车域控制技术 | 128.00 | 2023.05 |
| 42384 | 新能源与智能汽车技术丛书<br>——混合动力系统优化及智能能量管理 | 128.00 | 2023.03 |
| 42233 | 新能源与智能汽车技术丛书<br>——电动汽车分布式驱动控制技术 | 128.00 | 2023.01 |
| 42061 | 新能源与智能汽车技术丛书<br>——电动汽车一体化动力传动技术 | 128.00 | 2023.01 |
| 38097 | 大型自行式液压载重车:理论基础卷 | 168.00 | 2021.04 |
| 35262 | 汽车轮毂液压混合动力系统关键技术 | 98.00 | 2020.02 |
| 26608 | 车辆液压与液力传动 | 58.00 | 2024.01 |
| 19401 | 车辆与行走机械的静液压驱动 | 198.00 | 2022.05 |

以上图书由化学工业出版社有限公司出版。如要以上图书的内容简介和详细目录，或者更多的专业图书信息，请登录 http：//www.cip.com.cn 。

地址：北京市东城区青年湖南街 13 号（100011）。

**如要出版新著，请与编辑联系。联系电话：010－64519275，邮箱：huangying0436@163.com。**